Empirische Lehrerbildungsforschung
Stand und Perspektiven

Jürgen Seifried, Jürgen Abel (Hrsg.)

Empirische Lehrerbildungsforschung –

Stand und Perspektiven

Waxmann Münster / New York
München / Berlin

Bibliografische Informationen Der Deutschen Bibliothek
Die Deutsche Bibliothek verzeichnet diese Publikation in
der Deutschen Nationalbibliografie; detaillierte bibliografische
Daten sind im Internet über http://dnb.ddb.de abrufbar.

ISBN-10 3-8309-1716-3
ISBN-13 978-3-8309-1716-8

© Waxmann Verlag GmbH, Münster 2006

www.waxmann.com
info@waxmann.com

Umschlaggestaltung: Pleßmann Kommunikationsdesign, Ascheberg
Druck: Hubert & Co, Göttingen
Gedruckt auf alterungsbeständigem Papier, säurefrei gemäß ISO 9706

Alle Rechte vorbehalten
Printed in Germany

Inhaltsverzeichnis

Vorwort 7

Nina Strobel & Gabriele Faust
Lernstrategien im Lehramtsstudium 11

Jürgen Abel
Wie sehen Studierende die curriculare Abstimmung in der
Grundschullehrerausbildung? 29

Frank Foerster
Persönlichkeitsmerkmale von Studienanfängerinnen des Lehramts an
Grundschulen – ein Vergleich verschiedener Wege des Studienzugangs 45

Dženana Mörtl-Hafizović, Andreas Hartinger & Maria Fölling-Albers
Akzeptanz situierter Lernerfahrungen in der Lehrerbildung 63

Karsten D. Wolf & Andreas Rausch
Lernmotivation und Problemlösefähigkeit als Erfolgskriterien für
virtuelle Seminare in der Lehrerbildung 85

Jürgen Seifried
Überzeugungen von (angehenden) Handelslehrern 109

Ingelore Mammes
Lehrerperspektiven auf das Unterrichten naturwissenschaftlicher
Grundbildung – Zur schriftlichen Erhebung von Überzeugungen,
Bilanzen und dem Kennen von Unterrichtsmethoden sowie ihrer
Beziehung zum unterrichtlichen Handeln 129

*Matthias Baer, Günter Dörr, Urban Fraefel, Mirjam Kocher,
Oliver Küster, Susanna Larcher, Peter Müller, Waltraud Sempert &
Corinne Wyss*
Standarderreichung in der Lehrerinnen- und Lehrerbildung: Analyse der
Wirksamkeit der berufsfeldorientierten Ausbildung... 141

Wilfried Schubarth, Karsten Speck, Ulrike Gladasch & Andreas Seidel
Ausbildungsprozess und Kompetenzen. Ergebnisse der Potsdamer
LehramtskandidatInnen-Studie 2004/05 161

Gerhard W. Schnaitmann
Empirische Untersuchung zum Vergleich des alten und neuen
Vorbereitungsdienstes für das Lehramt an allgemein bildenden
Gymnasien und beruflichen Schulen in Baden-Württemberg 181

Verzeichnis der Autoren.. 193

Vorwort

In dem vorliegenden Band sind Beiträge aus den Symposien „Empirische Lehrerbildungsforschung" und „Kompetenzentwicklung in der Lehrerbildung" der Herbsttagung 2005 der Arbeitsgruppe für Empirische Pädagogische Forschung (AEPF) in Salzburg zusammengeführt. Sie geben unter verschiedenen Aspekten vielfältige, empirisch gestützte Hinweise, wie man die Lehreraus- und Lehrerweiterbildung verbessern kann und wie Studierende bzw. Referendarinnen und Referendare eine höhere Unterrichtskompetenz erwerben können. Angesichts des Mangels an empirischer Evaluation der Lehrerbildung (Terhart 2002; Blömeke 2004) trägt dieser Sammelband zu einem Abbau entsprechender Forschungsdefizite bei.

Ansatzpunkte zur Steigerung der Qualität der Lehrerbildung sind sicherlich zunächst in der Gestaltung der Lernumgebung in der ersten und zweiten Ausbildungsphase zu sehen. Hier zielt man auf die Förderung des selbstorganisierten und situierten Lernens ab, um ein vernetztes und flexibles Expertenwissen aufzubauen. Entsprechende Lehr-Lern-Prozesse können sowohl im Rahmen von „klassischen" Präsenzlehrveranstaltungen als auch im Zuge von (teil-)virtuellen Lernumgebungen ablaufen.

Bei der Frage, welche Kompetenzen Studierende während des Lehramtstudiums erwerben sollen, hilft die Formulierung, Operationalisierung, Vermittlung und Überprüfung von Standards weiter. Neben der Förderung unmittelbar unterrichtlich nutzbarer Lehrkompetenzen soll das Studium daraufhin ausgerichtet sein, Lernende zu befähigen, eigene Handlungsmuster bzw. subjektive Theorien vor dem Hintergrund theoretischer Ansätze und empirischer Befunde kritisch zu reflektieren. In diesem Zusammenhang ist auch zu fragen, welche Persönlichkeitseigenschaften Studienanfängerinnen und Studienanfänger aufweisen und wie diese entwickelt werden können.

Neben der Steigerung der Qualität einzelner Lehrveranstaltungen zielen Maßnahmen auf strukturelle Verbesserungen ab. So möchte man beispielsweise durch eine Verbesserung der curricularen Abstimmung in der Lehrerausbildung ein zügiges, qualitativ hochwertiges Studium anbieten. Die Notwendigkeit entsprechender Abstimmungsprozesse ist insbesondere in Lehramtsstudiengängen recht hoch, da hier – je nach Studienschwerpunkt – fächer- und fakultätsübergreifend eine besonders große Bandbreite von Inhalten vermittelt werden soll.

Bei einem Versuch, die vorgelegten Beiträge sinnvoll zu strukturieren, haben wir uns vornehmlich am Prinzip des zeitlichen Ablaufs der Lehrerbildung orientiert (z.B. erste Phase, zweite Phase). Daneben kann nach Domänen bzw. unterschiedlichen Einsatzgebieten der zukünftigen Lehrkräfte unterschieden werden (z.B. Grundschulen, Gymnasien, kaufmännische Schulen). Schließlich ist nach der Art der Datengewinnung und -auswertung zu differenzieren (quantitativ, qualitativ).

Einen breiten Raum nehmen zunächst Beiträge ein, die sich mit dem Studium des Grundschullehramts beschäftigen. Drei Beiträge zu dieser Thematik stammen aus dem Projekt GLANZ (Neukonzeption der Grundschullehrerausbildung an der Universität Bamberg). *Nina Strobel* und *Gabriele Faust* verweisen in einem ersten Beitrag auf die Bedeutsamkeit von Lernstrategien und stellen einen Ansatz zur Förderung von Lernstrategien im Studium dar. Im Zuge des Grundschullehramtsstudiums werden dabei u.a. Workshops implementiert, die Studierende mit gutem Erfolg beim Erwerb von Lernstrategien unterstützen.

Jürgen Abel beschreibt Probleme mit der curricularen Abstimmung innerhalb der Grundschullehrerausbildung. Es werden erste Ergebnisse einer Absolventenbefragung berichtet. Insgesamt zeigen die Befunde, dass – je nach Studienschwerpunkt – Absolventen die zu durchlaufenden Studieninhalte als nur wenig aufeinander abgestimmt erleben. Die detailliert für verschiedene Fachbereiche ausgewiesenen Ergebnisse können als gute Möglichkeit zur Verbesserung der Abstimmung zwischen einzelnen Studienbereichen gelten. *Frank Foerster* schließlich greift Persönlichkeitseigenschaften von Studienanfängerinnen auf und analysiert diese hinsichtlich verschiedener Wege des Studienzugangs für das Lehramt an Grundschulen an der Universität Bamberg.

Dzenana Mörtl-Hafizovic, Andreas Hartinger und *Maria Fölling-Albers* zeigen mittels einer qualitativen Studie, inwiefern situierte Lernbedingungen in der Lehrerbildung die Studiensozialisation von Studierenden für das Grundschullehramt fördern. Dabei wird u.a. diskutiert, ob und in welcher Weise die Ambiguitätstoleranz als Lernervoraussetzung hinsichtlich der Effektivität situierter Lernumgebungen eine Rolle spielt.

Ebenfalls mit der konkreten Ausgestaltung von Lernumgebungen beschäftigt sich der in der beruflichen Bildung angesiedelte Beitrag von *Karsten D. Wolf* und *Andreas Rausch*. Die Autoren zeigen, wie durch die Integration virtueller Lehr-Lern-Veranstaltungen in das Studium der Wirtschaftspädagogik die Lernmotivation und die Problemlösefähigkeit von Studierenden günstig beeinflusst werden kann.

Thematisch passend hierzu ist der Beitrag von *Jürgen Seifried*. Er stellt eine Untersuchung zu Überzeugungen über Lehren und Lernen bei (angehenden)

Handelslehrern vor und untersucht unter Berücksichtigung domänenspezifischer Besonderheiten, ob sich die Überzeugungen von Studierenden und Unterrichtspraktikern hinsichtlich zentraler Dimensionen unterscheiden. *Ingelore Mammes* beschäftigt sich ebenfalls mit den Sichtweisen von Lehrpersonen auf Lehren und Lernen. Ihre Zielgruppe sind bayerische Lehrkräfte, die das Fach „Natur und Technik" unterrichten. Es werden die Ergebnisse einer Befragung zu Einstellungen, persönliche Bilanzen und verfügbares Methodenwissen im Rahmen der Erwartungs-Bewertungs-Theorie präsentiert und Befunde zum Ausmaß der Handlungsorientierungen diskutiert.

Zwei weitere Beiträge befassen sich mit Standards und Lehrerkompetenzen. *Matthias Baer, Günter Dörr* u.a. stellen ein gemeinsames Projekt der Pädagogischen Hochschulen Rorschach, Zürich und Weingarten (Beginn 2004) vor. In einer längsschnittlich angelegten Untersuchung wird die Entwicklung von Unterrichtskompetenz vom Beginn des Studiums bis zum Ende der zweiten Ausbildungsphase untersucht. Die vorliegenden Daten deuten darauf hin, dass die institutionalisierte Lehrerbildung durchaus wirksam ist. Es zeigen sich für zentrale Lehrkompetenzen überzufällige Verbesserungen in der Selbsteinschätzung.

Wilfried Schubarth, Karsten Speck, Ulrike Gladasch und *Andreas Seidel* befassen sich im Rahmen der Potsdamer LehramtskandidatInnen-Studie mit dem Referendariat, das sie als den „vergessenen Teil der Lehrerbildung" bezeichnen. Die Autoren erfassen die Qualität der zweiten Phase der Lehrerausbildung aus Sicht der Lehramtskandidatinnen und -kandidaten und leiten daraus Ansatzpunkte zur Verbesserung dieses Ausbildungsabschnittes ab. Sie zeigen auf, dass die zweite Phase durch ihre Berufsfeldorientierung einen entscheidenden Einfluss auf den Kompetenzzuwachs bei Referendaren hat. Schließlich beschäftigt sich auch *Gerhard W. Schnaitmann* mit dem Vorbereitungsdienst. Er stellt ein Projekt zur Evaluation einer modifizierten Form des Referendariats in Baden-Württemberg vor.

Ein den Beiträgen anschließendes Verzeichnis der Autorinnen und Autoren dient den an weiteren Informationen Interessierten, Kontakt aufzunehmen. Unser Dank gilt Frau Susanne Kiederer und Frau Janine Weber für die nicht immer einfache Umsetzung der Beiträge in ein einheitliches Layout. Dem Waxmann Verlag danken wir für die gute und unkomplizierte Zusammenarbeit bei der Realisation dieser Publikation.

Bamberg, im Juli 2006

Jürgen Seifried und Jürgen Abel

Literatur

Blömeke, S. (2004): Empirische Befunde zu Wirksamkeit der Lehrerbildung. In: Blömeke, S., Reinhold, P., Tulodziecki, G. & Wild, J. (Hrsg.): Handbuch Lehrerbildung. Bad Heilbrunn: Klinkhardt, 59-91.

Terhart, E. (2002): Standards für die Lehrerbildung. Eine Expertise für die Kultusministerkonferenz. Münster: Institut für Schulpädagogik und Allgemeine Didaktik, Westfälische Wilhelms-Universität Münster.

Nina Strobel & Gabriele Faust

Lernstrategien im Lehramtsstudium

1 Problemstellung

In den letzten Jahrzehnten hat sich die Arbeitswelt stark gewandelt. Kontinuierliche Veränderungen der Wissensbestände und ein beschleunigter technologischer Wandel haben dazu geführt, dass die traditionelle Vorstellung, den einmal erlernten Beruf bis zur Rente auszuüben, mittlerweile von einem Modell des lebenslangen Lernens mit der Notwendigkeit zu ständiger Anpassung und Neuorientierung im beruflichen Bereich abgelöst wurde (Schnabel 2001, 504).

Um auf solch einem sich immer schneller verändernden Arbeitsmarkt wettbewerbsfähig zu bleiben, sind kontinuierliche Fort- und Weiterbildungen sowie Umschulungen nötig. Dies erfordert von den Berufstätigen neben der Bereitschaft, sich neues Wissen und neue Fähigkeiten anzueignen, auch die Fähigkeit zur selbstständigen Planung und Umsetzung der eigenen beruflichen Weiterentwicklung, die in der Lernforschung mit dem Begriff des „selbstgesteuerten, autonomen Lernens" bezeichnet und heute vielfach als Schlüsselqualifikation angesehen wird (Wild 2000, 1).

Wesentliche Voraussetzung für solches selbstgesteuertes Lernen ist ein flexibel einsetzbares Repertoire von Lernstrategien zur Wissensaufnahme und Informationsverarbeitung, zur Überwachung des Lernprozesses sowie zur Aufrechterhaltung von Aufmerksamkeit und Motivation (Artelt, Demmrich & Baumert 2001, 271). Lehrerinnen und Lehrern kommt dabei die Aufgabe zu, von den unteren Stufen des Schulwesens an die Lernenden auf Lernstrategien aufmerksam zu machen und zu deren gezielten Einsatz zu befähigen.

2 Lernstrategien in der aktuellen Forschungsliteratur

Eine präzise Begriffsbestimmung des Konzepts der Lernstrategien existiert nicht. Vielmehr finden sich in der Literatur eine Fülle unterschiedlicher Definitionsversuche, von denen an dieser Stelle beispielhaft der von Wild (2000, 7) angeführt werden soll. Er versteht unter Lernstrategien „sowohl Verhaltensweisen als auch Kognitionen […], die Lernende intentional zur Beeinflussung ihres Wissenserwerbs einsetzen […]. Der Zweck einer so gefassten Lernstrategie kann somit in einer Steuerung des motivationalen oder affektiven Zustands des Lerners liegen und ebenso die Form betreffen, in der Informationen ausgewählt, erworben, organisiert oder in vorhandenes Wissen integriert werden."

Nicht nur bezüglich der Definition des Begriffs „Lernstrategien" herrscht Uneinigkeit, sondern auch bezüglich der Art, wie Lernstrategien klassifiziert werden. Ein in der deutschsprachigen Literatur häufig zu findendes Klassifikationsprinzip ist die Lernstrategietaxonomie von Friedrich & Mandl (1992). Dabei erfolgt eine Einordnung der Lernstrategien nach vier Unterscheidungsdimensionen:

(1) Die erste Dimension unterteilt Lernstrategien in Primär- bzw. Stützstrategien. Während Primärstrategien direkt auf die zu lernenden Informationen einwirken, so dass diese besser verstanden, behalten und abgerufen werden können, beeinflussen Stützstrategien diejenigen motivationalen und exekutiven Funktionen, die den Lernprozess indirekt fördern, indem sie ihn in Gang setzen, steuern und aufrechterhalten (Friedrich & Mandl 1992, 8). In diesem Sinne zählen Mnemotechniken zu den Primärstrategien, Strategien der Zeitplanung oder der Selbstmotivierung dagegen zu den Stützstrategien.

(2) In einer zweiten Dimension werden allgemeine und spezifische Lernstrategien unterschieden. Allgemeine Strategien, wie z.B. Problemlöseheuristiken, können prinzipiell bei allen Lernaufgaben und in den verschiedensten Inhaltsbereichen angewendet werden. Spezifische Strategien, wie die in der Mathematik bekannte „Min-Strategie", sind dagegen nur bei speziellen Lernaufgaben in bestimmten Inhaltsgebieten anwendbar (Friedrich & Mandl 1992, 10).

(3) Darüber hinaus lassen sich Lernstrategien auch nach ihrer Funktion für den Informationsverarbeitungsprozess einordnen. Dementsprechend kann eine Lernstrategie z.B. danach charakterisiert werden, welche der vier Hauptanforderungen des Lernens nach Weinstein & Mayer (1986, 317) – Selection, Acquisition, Construction und Integration – sie beim Lernen primär unterstützt (Friedrich & Mandl 1992, 11).

(4) Als letztes Einteilungskriterium nennen die Autoren schließlich die Unterscheidung in Mikro-, Meso- und Makrostrategien. Mikrostrategien beziehen sich auf Informationsverarbeitungsprozesse von nur kurzer zeitlicher Dauer, wie das Finden von Oberbegriffen. Mesostrategien sind dagegen komplexer (z.B. Verstehensprozesse beim Lesen längerer Texte), während unter Makrostrategien letztlich Prozesse längerer zeitlicher Ausdehnung, so z.B. das längerfristige Arbeitsverhalten im Studium, zu verstehen sind (Friedrich & Mandl 1992, 15).

Neben diesem recht umfangreichen Modell zur Klassifikation von Lernstrategien finden sich in der Literatur weitere Ansätze, die hauptsächlich zwei verschiedenen Forschungslinien zuzuordnen sind. Marton & Säljö (1984), die bedeutendsten Vertreter der so genannten Approaches-to-Learning-Ansätze, fanden in ihren Studien zum Verhalten von Studierenden beim Lernen von Texten eine Lernertypologie mit lediglich zwei Varianten. Während sich Studierende des ersten Typs vorrangig darauf konzentrierten, den Text selbst auswendig zu lernen („surface-level approach"), bemühten sich die Probanden des zweiten Lerntyps verstärkt um ein tieferes Verständnis, indem sie Zusammenhänge innerhalb der Textinhalte sowie zwischen den Textaussagen und ihrem Vorwissen herzustellen versuchten („deep-level approach"). Obwohl diese Studierenden nicht vorrangig bestrebt waren, sich den Text einzuprägen, konnten sie seine Inhalte bei einer anschließenden Befragung trotzdem besser erinnern als die Probanden des ersten Typs (Marton & Säljö 1984, 40f.). Auch in weiteren Studien konnte diese konzeptuelle Unterscheidung von Oberflächen- und Tiefenorientierungen beim Lernen bestätigt werden (Wild 2000, 28).

Anders als diese ATL-Ansätze, die direkt aus der Analyse studentischen Lernens entstanden, entwickelten sich die Lernstrategiekonzeptionen der zweiten Forschungslinie basierend auf Theorien, Konzepten und Befunden der Kognitionspsychologie. Im deutschsprachigen Raum hat dieser Ansatz größere Resonanz als die ATL-Ansätze gefunden, „vermutlich nicht zuletzt deshalb, weil in seinem Zusammenhang ein höherer Differenzierungs- und Systematisierungsgrad bei der Analyse von Lernstrategien erreicht wurde" (Baumert 1993, 332).

Pintrich et al. (1991), Vertreter dieses kognitionspsychologischen Ansatzes, unterteilen Lernstrategien in ihrem Fragebogeninventar „Motivated Strategies for Learning Questionnaire (MSLQ)" in die drei Kategorien „kognitive Lernstrategien", „metakognitive Lernstrategien" und „Strategien des Ressourcenmanagements". Unter kognitiven Lernstrategien verstehen die Autoren solche Strategien, die unmittelbar zur Beeinflussung der Informationsaufnahme und -verarbeitung eingesetzt werden. Diese Skala entspricht damit den Primärstrategien im Sinne Friedrich & Mandls (1992). Die zugehörigen Stützstrategien finden sich in der Skala der metakognitiven Lernstrategien wieder. Diese steuern durch Planung, Überwachung und Regulation das eigene Lernverhalten. Die Skala des Ressourcenmanagements beinhaltet schließlich Aktivitäten, die den Lernprozess indirekt unterstützen, wie z.B. Zeitmanagement und adäquate Gestaltung der Lernumgebung, Lernen in Arbeitsgruppen oder Suche nach Unterstützung.

3 Lernstrategien im Grundschullehramtsstudium in Bamberg

3.1 Die Bedeutung von Lernstrategien im Lehramtsstudium

Selbstgesteuertes Lernen und der Einsatz adäquater Lernstrategien sind nicht erst im beruflichen Alltag, sondern bereits während des Studiums eine unabdingbare Kompetenz. Anders als noch während der Schulzeit haben Lernende im Studium viel größere Freiheiten, ihr Lernen eigenaktiv zu gestalten. Dies ermöglicht einerseits Schwerpunktsetzungen nach eigenen Interessen, verlangt andererseits aber auch die Übernahme von Verantwortung und Initiative für das eigene Lernen sowie die Bereitschaft und Fähigkeit, sich ohne direkte Anleitung eigenständig Wissen anzueignen. Allerdings fühlt sich einer aktuellen HIS-Umfrage (HIS 2005) zufolge ein Viertel der knapp 2700 bundesweit befragten Studierenden bezüglich studienrelevanter Lern- und Arbeitstechniken von der Schule unzureichend auf das Studium vorbereitet. Demnach kann die Fähigkeit zu selbstgesteuertem Lernen bei Studienanfängern nicht einfach als gegeben vorausgesetzt werden, sondern sollte durch entsprechende universitäre Programme unterstützt und gefördert werden.

Eine besonders große Bedeutung gewinnen solche Lernstrategie-Trainingsprogramme in Lehramtsstudiengängen, da idealerweise bereits Schüler – ansatzweise auch schon Grundschüler – Lernstrategien und ihren adäquaten Einsatz erlernen sollten. „Solange Lehrer nicht über genügend Basiswissen bezüglich der Arbeit mit Lernstrategien verfügen, kann kaum erwartet werden, dass sie ihre Schüler in diesem Bereich gezielt zu fördern versuchen. Wenn man von der Schule also fordert, dass hier Schüler das Lernen lernen, müssen entsprechende Schritte unternommen werden, die die Verwirklichung dieses Bildungsziels ermöglichen" (Sarasin 1995, 1). Eine lernstrategische Weiterbildung der Lehramtsstudierenden stellt einen solchen wichtigen Schritt in diese Richtung dar.

3.2 Die Pilotstudie „Lernstrategieförderung bei Lehramtsstudierenden" im Rahmen des GLANZ-Projekts

Die Förderung selbstgesteuerten, strategischen Lernverhaltens ist ein wichtiger Teilbereich des aktuellen Forschungs- und Entwicklungsprojekts „Grundschullehrerausbildung – Neukonzeption (GLANZ)" des Lehrstuhls Grundschulpädagogik und -didaktik der Universität Bamberg. Ziele dieses Projekts, das vom Stifterverband für die Deutsche Wissenschaft/Stiftung Mercator gefördert wird und in dem zwölf Lehrende verschiedener Fächer und Fakultäten seit September 2004 zusammenarbeiten, sind die langfristige Optimierung der Studienbedingungen für die Studierenden des Studiengangs Lehramt Grundschule sowie die Verbesserung der Datenlage in der empirischen Lehrerbildungsforschung (Abel et al. 2005). Neben der Arbeitsgruppe „Curriculare Abstimmung", die eine bessere inhaltliche und organisatorische Verknüpfung der einzelnen Studienanteile des Grundschullehramtsstudiums anstrebt, sowie der Arbeitsgruppe „Konzeption Schulpraktische Studien", die sich mit der Reform der schulpraktischen Studienteile befasst, ist das Ziel der dritten Gruppe „Selbststeuerung der Studierenden" die Weiterentwicklung des Lernstrategierepertoires und der Selbststeuerungsfähigkeiten der Studierenden. Sie sollen ihren Kompetenzerwerb während des Studiums eigenständiger steuern (ebd., 32; siehe auch die Beiträge von Abel und Foerster in diesem Band).

Dazu richtete diese Arbeitsgruppe 1½-tägige Wochenendworkshops für die Grundschullehramtsstudierenden im zweiten Studiensemester ein, in denen diese verschiedene Lern- und Arbeitstechniken, wie z.B. effektive Lesetechniken, Strategien einer sinnvollen Zeitplanung und Selbstmotivierungsstrategien, kennen lernten und einübten. Durchgeführt wurden diese Workshops von jeweils zwei fortgeschrittenen Studentinnen im Tandem (den so genannten „Innovationshelferinnen"), die vorab selbst ein solches Lernstrategietraining besucht hatten und nun ihr Wissen und ihre Lernkompetenzen an die Studienanfänger des Jahres 2004 weitergaben. Wissenschaftlich begleitet wurden diese Workshops durch eine Pilotstudie, die der Frage nachging, welche Lernstrategien Grundschullehramtsstudierende der Universität Bamberg beim Lernen zu Beginn ihres Studiums einsetzen und ob die durchgeführten Workshops eine Steigerung und Verbesserung dieses Lernstrategieeinsatzes bewirkt haben.

3.3 Das Design der Pilotstudie

Zur Untersuchung dieser Fragestellungen wurde ein Prä-Post-Design realisiert. Die in das Studium mitgebrachten Lernstrategien der Studienanfänger wurden im Wintersemester 2004/2005 in einer Eingangserhebung erhoben. Nachdem die Studierenden an den Lernstrategieworkshops teilgenommen hatten, fand gegen Ende des Sommersemesters 2005, d.h. des zweiten Studiensemesters der Probanden, die Nacherhebung statt. Durch einen statistischen Vergleich der Fragebogendaten aus Vor- und Nacherhebung konnten Veränderungen im Lernstrategiegebrauch festgestellt werden.

Zusätzlich wurden die Posttestdaten mit den Daten zweier weiterer untrainierter Studierendengruppen verglichen, den Studienanfängern der Kohorte 2005, die ein Jahr nach den trainierten Probanden ihr Grundschullehramtsstudium an der Universität Bamberg aufgenommen hatten, sowie einer Gruppe von Studierenden, die im Sommersemester 2005 ihr erstes Staatsexamen erfolgreich abgelegt und damit das Lehramtsstudium beendet hatte („Absolventen").

Als Erhebungsinstrument des Lernstrategiegebrauchs diente das „Kieler Lernstrategien-Inventar KSI" (Heyn, Baumert & Köller 1994). Es basiert auf dem oben skizzierten MSLQ (Pintrich et al. 1991) und zeigt daher einen ähnlichen Aufbau. In seinen sieben Skalen erfasst das KSI die drei kognitiven Lernstrategien „Memorieren" (aktives Wiederholen der zu lernenden Informationen), „Elaboration" (Integration des Lernstoffs in das Vorwissen) und „Transformation" (Reduktion und sinnvolle Strukturierung des Lernstoffs), die drei metakognitiven Strategien „Planung" (Vorbereitung und Planung des Lernprozesses), „Überwachung/Monitoring" (Überprüfung von Aufmerksamkeit und Verständnis des Lernstoffs während des Lernprozesses) und „Regulation" (Anpassung des Lernens an die Ergebnisse des Überwachungsprozesses) sowie eine Strategie des Ressourcenmanagements, das „Zeitmanagement" (effektive Einteilung der verfügbaren Lernzeit). Die Items jeder Skala müssen von den Probanden auf einer vierstufigen Ratingskala von „1 = trifft überhaupt nicht zu" bis „4 = trifft völlig zu" beantwortet werden. Im Rahmen der Pilotstudie wurde das KSI in allen Items übernommen. Die Skalierung wurde jedoch an die weiteren Fragebogenteile der Eingangserhebung angepasst und umfasst damit in der Pilotstudie eine vierstufige Skala von 0 bis 3.

Die Probanden der Pilotstudie waren 72 Studierende der Universität Bamberg, die im Wintersemester 2004/2005 ihr Grundschullehramtsstudium begonnen hatten. Von ihnen waren 69 weiblich, drei männlich, eine für diesen Studiengang charakteristische Geschlechterverteilung. Zum Zeitpunkt der Vorerhebung waren die Probanden zwischen 18 und 28 Jahren alt, wobei der Altersdurchschnitt bei 20,4 Jahren lag. Von den 72 Studienteilnehmern hatten 61 an den Lernstrategieworkshops teilgenommen, elf dagegen nicht. Diese elf Studierenden bildeten damit eine Kontrollgruppe, die in ihrem Umfang allerdings viel zu klein war, um wirklich aussagekräftig zu sein. Aus diesem Grund wurden die Daten dieser elf Probanden in der weiteren Auswertung nicht weiter berücksichtigt.

4 Ergebnisse der Pilotstudie „Lernstrategieförderung bei Lehramtsstudierenden"

4.1 Deskriptive Befunde

Nach den Daten der Vorerhebung (siehe Tabelle 1) zeigen die Studienanfänger des Studiengangs Lehramt Grundschule des Jahres 2004 insgesamt ein zufrieden stellendes Ausmaß der Anwendung von Lernstrategien, das jedoch in allen Bereichen, vor allem in den Planungs- und Zeitmanagementstrategien, noch deutlich ausbaufähig ist. Immerhin gaben z.b. 49% der Befragten bei der Skala des Zeitmanagements an, das Problem, beim Lernen unter Zeitdruck zu geraten, träfe bei ihnen weitgehend bzw. völlig zu.

Am niedrigsten fällt der Mittelwert der Skala „Memorieren" aus. Die Analyse der Einzelitems zeigt, dass dieser niedrige Wert vor allem durch eine entsprechend ablehnende Beantwortung derjenigen Items zustande kommt, die ein Lernverhalten formulieren, bei dem so viel Lernstoff wie möglich für eine Prüfung auswendig gelernt wird. Items, die ein gezieltes Memorieren ausgewählter Informationen beschreiben, finden dagegen größere Zustimmung. Damit dient der Einsatz memorierender Lernstrategien bei den Studierenden durchaus dem effektiven Lernen, da im Durchschnitt kaum „stures Auswendiglernen" des kompletten Lernstoffs, sondern eher ein Memorieren ausgewählter Prüfungsinformationen stattfindet.

Tab. 1: Deskriptive Befunde (Kohorte 2004)

	Mittelwert	Standardabweichung
Memorieren	1,56	0,655
Elaboration	2,01	0,482
Transformation	1,85	0,607
Planung	1,77	0,484
Monitoring	1,88	0,419
Regulation	1,99	0,570
Zeitmanagement	1,72	0,638
Gesamtwert	1,83	0,289

4.2 Vergleichsergebnisse

Um das Ausmaß des Lernstrategieeinsatzes der Kohorte 2004 zu Studienbeginn besser einschätzen zu können, wurde ein Vergleich der Pretest-Daten mit den im

KSI angegebenen Normwerten berechnet (siehe Tabelle 2). Allerdings macht die Skalendokumentation des KSI (Heyn, Baumert & Köller 1994) keine Angaben darüber, wie und an welcher Stichprobe diese Normwerte gewonnen wurden, so dass die folgenden Auswertungen nur als vorsichtige Einschätzungen gewertet werden können.

Tab. 2: *Vergleich der Mittelwerte der Kohorte 2004 mit den Skalen-Normwerten des KSI*

	Kohorte 2004	Normwerte KSI[1]	Signifikanz
Memorieren	1,56	1,53	.742
Elaboration	2,01	1,68	.000**
Transformation	1,85	1,70	.042*
Planung	1,77	2,01	.000**
Monitoring	1,88	1,92	.479
Regulation	1,99	2,32	.000**
Zeitmanagement	1,72	1,24	.617
Gesamtwert	1,83	1,77	.499

(* p < .05; ** p < .01)

Der Vergleich mit den Normwerten zeigt, dass die Bamberger Studienanfänger bei Studienbeginn insgesamt etwa in gleichem Maße strategisches Lernverhalten zeigen. Allerdings setzen sie die tiefenverarbeitenden Elaborations- und Transformationsstrategien signifikant häufiger ein als die Probanden der Normstichprobe, verwenden die metakognitiven Strategien der Planung und der Regulation des eigenen Lernens dagegen signifikant seltener. Daraus lässt sich ableiten, dass die Workshops also vor allem – neben einer generellen Steigerung strategischen Lernverhaltens – auf die verstärkte Verwendung metakognitiver Planungs- und Regulationsstrategien abzielen sollten. Die Auswertung der nach den Lernstrategie-Workshops erhobenen KSI-Daten zeigt, dass dieses Ziel zumindest bezüglich des Planungsverhaltens erfüllt zu sein scheint.

Der Vergleich der Mittelwerte der trainierten Studierenden aus der Vor- und Nacherhebung (siehe Tabelle 3) zeigt eine signifikante Zunahme des Einsatzes von Planungsstrategien nach dem Lernstrategietraining. Auch im Bereich der Transformationsstrategien findet sich tendenziell eine verstärkte Verwendung, die jedoch das Signifikanzniveau nicht ganz erreicht. Die Veränderungen zwischen Vor- und Nachtest auf den übrigen Skalen erweisen sich dagegen durchgängig als nicht signifikant, was auch für den Gesamtwert des Lernverhaltens der Studierenden gilt. Damit scheinen die Workshops vor allem bedeutsame

---

1 Die Normmittelwerte der Skalendokumentation des KSI (Heyn, Baumert & Köller 1994) wurden an die veränderte Skalierung des KSI in dieser Pilotstudie angepasst.

Veränderungen im Bereich des Planungsverhaltens und evtl. auch in Bezug auf die tiefenverarbeitenden Transformationsstrategien bewirkt zu haben.

Tab. 3: Vergleich des Lernstrategiegebrauchs der Experimentalgruppe vor und nach den Workshops

	Prätest	Posttest	Signifikanz
Memorieren	1,52	1,65	.085
Elaboration	2,02	1,98	.450
Transformation	1,87	2,04	.059
Planung	1,79	2,00	.001**
Monitoring	1,91	1,85	.359
Regulation	1,97	2,12	.062
Zeitmanagement	1,74	1,66	.239
Gesamtwert	1,83	1,90	.102

(* $p < .05$; ** $p < .01$)

Aufgrund des bereits erwähnten zu geringen Umfangs der Kontrollgruppe konnten diese Ergebnisse nicht durch Vergleich mit den lernstrategischen Veränderungen der Kontrollgruppe abgesichert werden. Da ein erneuter Experimentalgruppen-Kontrollgruppen-Vergleich erst in einer neuen Studie im Sommersemester 2006 stattfinden kann, die Ergebnisse zum jetzigen Zeitpunkt trotzdem genauer exploriert werden sollten, wurde der Lernstrategiegebrauch der Experimentalgruppe nach dem Training zusätzlich mit dem Lernstrategieeinsatz zweier anderer untrainierter Studierendengruppen verglichen, zum einen den Studienanfängern des Jahres 2005, zum anderen den Absolventen des Sommersemesters 2005.

Der Vergleich der Skalenmittelwerte der Experimentalgruppe im Posttest mit den Mittelwerten der noch untrainierten Studienanfänger der Kohorte 2005 – die sich in wesentlichen demographischen Merkmalen nicht voneinander unterscheiden – zeigt einen signifikant stärkeren Lernstrategiegebrauch der trainierten Studierenden im Vergleich zu den untrainierten Studienanfängern (siehe Tabelle 4). Dieser äußert sich vor allem in einer signifikant häufigeren Verwendung von Planungs- und Überwachungsstrategien.

Tab. 4: *Vergleich des Lernstrategiegebrauchs der Experimentalgruppe im Posttest und der Kohorte 2005 in der Eingangserhebung*

	Experimentalgruppe Posttest	Kohorte 2005 Eingangserhebung	Signifikanz
Memorieren	1,65	1,56	.373
Elaboration	1,98	1,95	.713
Transformation	2,03	2,00	.709
Planung	1,99	1,77	.004**
Monitoring	1,85	1,70	.043*
Regulation	2,12	2,02	.275
Zeitmanagement	1,66	1,52	.255
Gesamtwert	1,90	1,79	.041*

(* p < .05; ** p < .01)

Zur richtigen Einordnung der Befunde ist zu untersuchen, ob sich die Gruppen nicht schon von vornherein unterschieden. In diesem Fall wäre dann nicht der Workshopbesuch bzw. der Nicht-Besuch ausschlaggebend für signifikante Unterschiede, sondern zum Beispiel eine unterschiedliche schulische Förderung. Es zeigte sich jedoch, dass sich beide Gruppen zu Beginn ihres Lehramtsstudiums in Bezug auf ihren Lernstrategiegebrauch nicht signifikant voneinander unterschieden (siehe Tabelle 5). Lediglich in den Bereichen der Überwachung des eigenen Lernens sowie des Zeitmanagements zeigten die Probanden der Experimentalgruppe bereits als Studienanfänger einen signifikant stärkeren Lernstrategiegebrauch als die Probanden der Kohorte 2005. Im Bereich des Monitoring kann also nicht das spätere Lernstrategietraining für die obigen signifikanten Unterschiede ursächlich gewesen sein. Hier hätte es höchstens zu einer weiteren Vergrößerung bereits vorhandener Unterschiede kommen können. Ein Vergleich der Mittelwerte zeigt jedoch, dass diese vom Prä- zum Posttest bei der Experimentalgruppe tendenziell sogar eher ab- als zugenommen haben.

Tab. 5: *Vergleich des Lernstrategiegebrauchs der Experimentalgruppe im Prätest und der Kohorte 2005 in der Eingangserhebung*

	Experimentalgruppe Prätest	Kohorte 2005 Eingangserhebung	Signifikanz
Memorieren	1,52	1,56	.655
Elaboration	2,02	1,95	.417
Transformation	1,87	2,00	.174
Planung	1,79	1,77	.814
Monitoring	1,91	1,70	.006**
Regulation	1,97	2,02	.618
Zeitmanagement	1,74	1,52	.049*
Gesamtwert	1,83	1,79	.387

(* p < .05; ** p < .01)

Ein anderes Bild ergibt sich erneut bezüglich des Einsatzes von Planungsstrategien. Unterschieden sich die beiden Kohorten jeweils zu Beginn ihres Studiums noch nicht signifikant voneinander, so zeigt die Experimentalgruppe nach dem Workshopbesuch eine hoch signifikant stärkere Verwendung dieser metakognitiven Strategien. Allerdings ist dies noch kein Beleg für die Ursächlichkeit der Lernstrategieworkshops, da die Veränderungen z.B. auch an der längeren Studienerfahrung der Kohorte 2004 zum Zeitpunkt des Posttests liegen könnten.

Weiter gestützt wird die These, die Workshops hätten die Verwendung von Planungsstrategien deutlich gefördert, jedoch auch durch die Ergebnisse des Vergleichs der Posttest-Daten der Experimentalgruppe mit denen der Absolventen des Sommersemesters 2005, die nach dem Ende ihrer Prüfungen ebenfalls das „Kieler Lernstrategien-Inventar" ausgefüllt hatten (siehe Tabelle 6).

Tab. 6: *Vergleich des Lernstrategiegebrauchs der Experimentalgruppe im Posttest und der Examensabsolventen in der Abschlusserhebung*

	Experimentalgruppe Posttest	Absolventen Abschlusserhebung	Signifikanz
Memorieren	1,65	1,64	.958
Elaboration	1,98	2,46	.000**
Transformation	2,03	2,28	.019*
Planung	1,99	2,10	.231
Monitoring	1,85	1,90	.512
Regulation	2,12	2,34	.055
Zeitmanagement	1,66	2,04	.017*
Gesamtwert	1,90	2,10	.001**

(* $p < .05$; ** $p < .01$)

Die Ergebnisse zeigen insgesamt einen hoch signifikant stärkeren Lernstrategiegebrauch der Examensabsolventen gegenüber den trainierten Studierenden der Experimentalgruppe. In allen Skalen des KSI – mit Ausnahme des Memorierens – zeigen die Absolventen höhere Mittelwerte, Signifikanz erreichen dabei die Skalen Elaboration, Transformation und Zeitmanagement. Diese Resultate führen zur Frage, ob die Anforderungen und Lerngelegenheiten des Studiums demnach strategisches Lernverhalten stärker als die Lernstrategieworkshops beeinflussen und fördern.

Nähere Hinweise liefert auch hier der Vergleich der KSI-Daten der Kohorte 2004 im Prätest mit den Absolventendaten. Die Studierenden der Experimentalgruppe zeigten auch schon zu Studienbeginn, d.h. noch vor ihrem Training, einen signifikant geringeren Lernstrategiegebrauch als die Absolventen. Auch im Bereich der Einzelskalen setzten sie die tiefenverarbeitenden Elaborations- und Transformationsstrategien sowie Zeitmanagementstrategien signifikant seltener ein. In diesen Strategien ergaben sich durch das Training auch keinerlei signifikante Veränderungen bezüglich einer Verringerung dieser Differenzen im Strategiegebrauch zwischen den beiden Gruppen.

Ein anderes Bild ergibt sich wiederum bei der Skala der Planungsstrategien: Zeigten hier die Studierenden der Experimentalgruppe noch zu Beginn ihres Studiums eine signifikant seltenere Verwendung (Mittelwert EG: 1,79; Mittelwert Absolventen: 2,10; Signifikanz: .002**), so haben sich diese Differenzen nach dem Besuch der Lernstrategieworkshops nivelliert und erreichen nun kein signifikantes Niveau mehr. Dieses Resultat stützt erneut die Vermutung, die Workshops hätten zu einer deutlichen Steigerung des Einsatzes von Planungsstrategien geführt.

Insgesamt gesehen scheinen allerdings die Erfahrungen während des Lehramtsstudiums einen stärkeren fördernden Effekt auf den Lernstrategiegebrauch als die Workshops gehabt zu haben. Diese Annahme kann jedoch nicht endgültig überprüft werden, da dazu die Studieneingangsbedingungen auf Seiten der Absolventen bekannt sein müssten. Hätten sie schon zu Studienbeginn einen deutlich stärkeren Lernstrategieeinsatz als die Studienanfänger der Kohorte 2004 gezeigt, so müssten die Unterschiede im Strategiegebrauch auf Aspekte noch vor Studienbeginn zurückgeführt werden.

Interessant wäre dazu auch ein Vergleich des Strategiegebrauchs der Absolventen mit den KSI-Daten der Experimentalgruppe nach ebenfalls bestandenem Staatsexamen. Eine solche Überprüfung könnte zeigen, ob die normalen Einflüsse des Studiums in Verbindung mit der Wirkung eines Workshopbesuchs vielleicht zu kumulierten Effekten führen, die trainierten Studierenden also nach Beendigung ihres Studiums einen noch stärkeren Strategiegebrauch als die untrainierten Examensabsolventen zeigen. Dies würde dann die Wirksamkeit der Lernstrategieworkshops zusätzlich bestätigen.

4.3 Diskussion der Befunde

Aufgrund der dargestellten Ergebnisse kann mit ziemlicher Sicherheit davon ausgegangen werden, dass das Planungsverhalten der Studierenden der Kohorte 2004 von Beginn ihres Studiums bis zum Ende des zweiten Studiensemesters – den Selbstaussagen zufolge – deutlich zugenommen hat. Allerdings kann daraus nicht eindeutig auf das Tutorium als Ursache für diese Veränderung geschlossen werden. Auch der zusätzliche Abgleich mit den Daten der untrainierten Studienanfänger der Kohorte 2005 und den Examensabsolventen bestätigt lediglich die Zunahme des Planungsverhaltens in der Experimentalgruppe, nicht aber die tatsächliche Ursächlichkeit der Workshops, da aufgrund fehlender Daten an dieser Stelle nur Querschnittsanalysen berechnet werden konnten.

So könnte das signifikant stärkere Planungsverhalten der Experimentalgruppe nach den Workshops im Vergleich zu dem der Studienanfänger des Jahres 2005 auch in der längeren Studienerfahrung der Experimentalgruppe begründet liegen. Dann hätten die Anregungen und Leistungsanforderungen während des bisherigen Studiums, die eine gute zeitliche und inhaltliche Planung und Organisation des eigenen Lernens erforderlich machten, vermutlich die Veränderungen bewirkt. Ob dies der Fall ist, kann an dieser Stelle nicht beurteilt werden, da sich die Studierenden der Kohorte 2005 momentan noch in ihrem ersten Studiensemester befinden, ihr Lernverhalten nach zwei Semestern Studienerfahrung also erst im kommenden Sommersemester erhoben und beurteilt werden kann.

Auch die Abnahme der signifikanten Differenz im Planungsverhalten zwischen Experimentalgruppe und Examensabsolventen lässt keine eindeutige Schlussfolgerung auf die Ursächlichkeit der Workshops zu, da auch diese Veränderung mit der inzwischen zweisemestrigen Studienerfahrung der Studierenden der Experimentalgruppe erklärt werden könnte. Für eine Kausalität der Workshops spricht allerdings, dass gerade der Bereich der Planung des eigenen Lernens in den Workshops sehr ausführlich besprochen und geübt wurde, diese Veränderung im Lernverhalten der trainierten Studierenden also recht gut den Trainingsinhalt widerspiegelt. Letztlich muss diese Frage an dieser Stelle offen bleiben und kann erst bei einer bereits in Planung befindlichen Nachfolgeuntersuchung überprüft und beantwortet werden.

Eine weitere Schwierigkeit der Interpretation bezüglich der verstärkten Verwendung von Planungsstrategien ergibt sich aus der Tatsache, dass der Einsatz von Lernstrategien in der Pilotstudie lediglich über Selbstaussagen der Studierenden im Fragebogen erhoben wurde. Zwar hat sich dies als die geeignetste Methode im Rahmen dieser Pilotstudie erwiesen, die damit verbundenen Probleme bleiben allerdings bestehen und dürfen nicht außer Acht gelassen werden.

Vorausgesetzt, die Studierenden wären aufgrund der Anonymität des Fragebogens nicht der Antworttendenz der sozialen Erwünschtheit unterlegen und hätten die Items „nach bestem Wissen und Gewissen" beantwortet, so bleibt immer noch die Unsicherheit bestehen, ob die ausgesagte stärkere Planung des eigenen Lernens sich so auch im Verhalten zeigt oder ob die Zunahme der Werte nur auf eine gesteigerte Sensibilität der Studierenden für die Notwendigkeit der Planung von Lernprozessen zurückzuführen ist. Würde Letzteres zutreffen, so wäre allerdings auch eine Steigerung in weiteren Skalen des KSI zu erwarten gewesen. Da dies jedoch nicht der Fall ist, kann die Annahme einer tatsächlichen Zunahme der Planung des eigenen Lernens aufrechterhalten, an dieser Stelle allerdings nicht mit endgültiger Sicherheit beantwortet werden, da dazu detaillierte verhaltensnahe Untersuchungen nötig wären. Schließlich stellt sich die Frage, warum sich auf den übrigen Skalen des KSI keine weiteren signifikanten Veränderungen zeigten. Falls diese Selbstaussagen mit dem tatsächlichen Lernverhalten übereinstimmen, so ist zu überlegen, warum die Workshops in diesen Bereichen keine Veränderungen bewirkt haben. Verschiedenste Erklärungen sind denkbar.

So könnte die Auswahl der Stichprobe – allesamt Studierende, die zum Zeitpunkt der Untersuchung bereits eine lange und erfolgreiche schulische Karriere hinter sich hatten und daher vermutlich schon über diverse funktionierende Lernstrategien verfügten – zu Deckeneffekten geführt haben. D.h. es wäre möglich, dass die strategischen Fähigkeiten der Probanden bereits vor den Workshops schon so weit entwickelt waren, dass durch das Training keine großen Zunahmen mehr erzielt werden konnten. Darauf deutet auch der Vergleich der Prätest-Daten der Kohorte 2004 mit den Daten der Normstichprobe hin, der belegt, dass die Bamberger Studienanfänger bereits zu Studienbeginn über einen signifikant stärkeren Einsatz tiefenorientierter Lernstrategien der Elaboration und Transformation berichten.

Es ist also möglich, dass in diesen Lernstrategiebereichen keine allzu großen Steigerungen mehr möglich waren oder aber, dass eventuelle Steigerungen aufgrund von Limitation des KSI-Fragebogens im oberen Bereich der Strategienutzung nicht mehr adäquat und differenziert erfasst werden konnten. Allerdings wären dann in den anderen erfassten Lernstrategiebereichen Zunahmen durchaus möglich gewesen, vor allem auf den Skalen, deren Verwendung zum Zeitpunkt des Studienbeginns noch unterhalb der Normstichprobe lag, was letztlich aber nur hinsichtlich der Verwendung von Planungsstrategien der Fall war.

Was den Erfolg des Lernstrategietrainings ebenfalls beeinträchtigt haben könnte, ist die Tatsache, dass der Besuch der Workshops für die Studierenden der Kohorte 2004 verpflichtend war. Als wichtige Voraussetzung für Trainingserfolge wird in der Literatur jedoch immer wieder das Bedürfnis der Teilnehmer nach Veränderung und Verbesserung ihrer Lernstrategien genannt (z.B. Wild 2000, 234). Aufgrund ihres verpflichtenden Charakters wurden die Workshops sicherlich auch von Studierenden besucht, die ihr eigenes Lernverhalten selbst als sehr effektiv beurteilten und gar nicht zu einer Veränderung ihrer eingeschliffenen Lerngewohnheiten bereit waren. Insgesamt muss also zumindest bei einem Teil der Probanden von einer mangelhaften Änderungsmotivation ausgegangen werden, die die Wirksamkeit der Workshops ebenfalls beeinträchtigt haben könnte. Schließlich stellt sich die Frage, ob die Lernstrategie-

Workshops in ihrer zeitlichen Dauer vielleicht zu kurz waren, um die neuen Lernstrategien im Lernstrategierepertoire der Studierenden zu festigen und ihre Effektivität in unterschiedlichen Übungen erfahrbar werden zu lassen. Zwar ergab eine Metaanalyse von Hattie, Biggs & Purdie (1996), dass die Länge eines Lernstrategietrainings nicht ausschlaggebend für den Trainingserfolg ist, vielleicht wurde aber die hier zur Verfügung stehende 1½-tägige Trainingszeit trotzdem zu wenig intensiv genutzt.

Welche dieser Aspekte nun genau die fehlenden Veränderungen in den einzelnen Skalen des KSI bewirkt haben, kann hier nicht mit Sicherheit gesagt werden. Eine entsprechende Veränderung der zukünftigen Lernstrategieworkshops – v.a. in Bezug auf eine Steigerung der Änderungsmotivation der Teilnehmer sowie eine intensivere Einführung der neuen Lernstrategien – erscheint jedoch in jedem Fall viel versprechend, um die Trainingserfolge zu verbessern.

5 Ausblick

In der Pilotstudie ließen sich die gefundenen Veränderungen im Lernstrategiegebrauch der trainierten Studierenden aufgrund methodischer Grenzen der Studie nicht eindeutig auf den Besuch der Lernstrategieworkshops zurückführen. Eine Anschlussstudie mit den Studierenden der Kohorte 2005 wird diesem Problem mit einem veränderten Forschungsdesign begegnen.

Das Prä-Posttest-Design der Pilotstudie soll erhalten bleiben, aber durch ein angemesseneres Experimentalgruppen-Kontrollgruppen-Design ergänzt werden. Die Probanden dieser neuen Studie sind die Studienanfänger des Jahres 2005. Um die Ausgangslage ihres Strategiegebrauchs zu Studienbeginn festzustellen, füllten sie bereits – wie in der bisherigen Pilotstudie – während ihres ersten Studiensemesters im Rahmen einer Eingangserhebung den Lernstrategiefragebogen KSI aus. Im zweiten Studiensemester der Probanden werden erneut Lernstrategieworkshops stattfinden. Sie werden diesmal teilweise im Tandem von jeweils einer erfahrenen Innovationshelferin und einer ehemaligen Teilnehmerin der letzten Workshops gehalten, so dass nach dem Prinzip des Schneeballsystems Innovationshelferinnen für zukünftige Workshops angeleitet und ausgebildet werden (Abel et al. 2005, 32). Gemäß den in der Pilotstudie gemachten Erfahrungen sollen die Workshops zudem inhaltlich in einigen Punkten verändert werden. Eine entsprechende Zusatzausbildung wird die Innovationshelferinnen für diese veränderte Workshopgestaltung qualifizieren.

Im Unterschied zur Pilotstudie werden diesmal allerdings nicht alle Studierenden der Kohorte 2005 an den Workshops teilnehmen, sondern die Zweitsemester werden gleichmäßig nach Zufall auf die Experimental- bzw. Kontrollgruppe verteilt. Während die Probanden der Experimentalgruppe in den Lernstrategieworkshops in der Verwendung von Lernstrategien trainiert werden, nehmen die Studierenden der Kontrollgruppe an einem ebenfalls 1½-tägigen Wochenendseminar mit pädagogisch-psychologischen Themen ohne lernstrategische Relevanz teil.

Um etwaige Veränderungen im Lernstrategiegebrauch beider Gruppen zu erfassen, wird nach den Workshops erneut eine Erhebung mit Hilfe des KSI stattfinden. Sollten sich dabei signifikante Steigerungen in der Verwendung von Lernstrategien bei der Experimentalgruppe zeigen, die bei der Kontrollgruppe nicht zu finden sind, so können diese mit großer Wahrscheinlichkeit auf die Lernstrategieworkshops zurückgeführt werden, da sich die Studienerfahrungen beider Gruppen diesmal nicht in ihrem zeitlichen Umfang unterscheiden und beide an einem 1½-tägigen Seminar teilgenommen hatten. In einer erweiterten Perspektive muss allerdings bedacht werden, dass ein solcher Workshop aufgrund seiner begrenzten Dauer den Studierenden nur einen Anstoß zur Veränderung ihrer Lerngewohnheiten geben kann. Eine veränderte Gestaltung der Lehrveranstaltungen, die die Anwendung von Lernstrategien im Studienalltag fördert, könnte die Umsetzung neu erworbener Strategien und ihren Transfer in den Studienalltag zusätzlich unterstützen. Dies entspricht Ergebnissen der Lernstrategieforschung, die belegen, dass Merkmale der Lernumgebung neben anderen Variablen maßgeblichen Einfluss auf den Einsatz von Lernstrategien ausüben (z.B. Ramsden & Entwistle 1981). Wichtig erscheint dabei zum Beispiel eine offene Seminargestaltung, die regelmäßige Phasen selbstgesteuerten Lernens bietet und anleitet und durch Arbeitsanweisungen, die die Verwendung bestimmter Lernstrategien empfehlen, ergänzt wird. Ein entsprechendes Fortbildungsangebot, das sich bereits in Planung befindet, soll die Dozierenden der Universität Bamberg auf eine solche veränderte Seminargestaltung vorbereiten.

Abschließend soll nochmals betont werden, dass die Zielsetzung, strategisches Lernen zu fördern, in jedem Studiengang sinnvoll ist, im Bereich des Lehramtsstudiums jedoch eine besonders wichtige Rolle spielt. Ein Lernstrategietraining verfolgt hier nicht nur das Ziel, den Studierenden wichtige lernstrategische Kompetenzen zu vermitteln, so dass diese ihr Studium leichter bewältigen können, sondern will die Studierenden gleichzeitig auch für die Weitergabe dieses Lernstrategiewissens und entsprechender Lernkompetenzen an die Schüler in ihrem späteren Beruf qualifizieren. Denn letztlich wäre es wünschenswert, dass eine Förderung der Schlüsselkompetenz des lernstrategischen, selbstgesteuerten Lernens nicht erst im Studium, sondern unter Berücksichtigung entsprechender entwicklungspsychologischer Erkenntnisse bereits in der Grundschule beginnt.

Literatur

Abel, J., Beisbart, O., Faust, G. & Rahm, S. (2005): Grundschullehrer in neuem Glanz. Univers, 5(9), 30-33.

Artelt, C., Demmrich, A. & Baumert, J. (2001): Selbstreguliertes Lernen. In: Deutsches PISA-Konsortium (Hrsg.): PISA 2000. Basiskompetenzen von Schülerinnen und Schülern im internationalen Vergleich. Opladen: Leske + Budrich, 271-298.

Baumert, J. (1993): Lernstrategien, motivationale Orientierungen und Selbstwirksamkeitsüberzeugungen im Kontext schulischen Lernens. Unterrichtswissenschaft, 21(4), 327-354.

Friedrich, H. & Mandl, H. (1992): Lern- und Denkstrategien. Ein Problemaufriss. In: Mandl, H. & Friedrich, H. (Hrsg.): Lern- und Denkstrategien. Analyse und Intervention. Göttingen: Hogrefe, 3-54.

Hattie, J., Biggs, J. & Purdie, N. (1996): Effects of Learning Skills Interventions on Student Learning: A Meta-Analysis. Review of Educational Research, 66(2), 99-136.

Heyn, S., Baumert, J. & Köller, O. (1994): Kieler Lernstrategien-Inventar (KSI). Skalendokumentation. Institut für die Pädagogik der Naturwissenschaften, Kiel.

HIS Hochschul-Informationssystem GmbH (2005): HISBUS Online-Panel. Schulische Vorbereitung auf das Studium. Kurzbericht 11. Download unter www.his.de/Abt2/Hisbus/HISBUS-Bericht-Nr.11_Schulische_Vorbereitung.pdf (Stand: 02.11.2005).

Marton, F. & Säljö, R. (1984): Approaches to Learning. In: Marton, F., Hounsell, D. & Entwistle, N. (Eds.): The Experience of Learning. Edinburgh: Scottish Academic Press, 36-55.

Pintrich, P., Smith, D., Garcia, T. & McKeachie, W. (1991): A Manual for the Use of the Motivated Strategies for Learning Questionnaire (MSLQ). University of Michigan.

Ramsden, P. & Entwistle, N. (1981): Effects of academic departments on students' approaches to studying. The British Journal of Educational Psychology, 51(1), 368-383.

Sarasin, S. (1995): Das Lernen und Lehren von Lernstrategien. Hamburg: Kovač.

Schnabel, K. (2001): Psychologie der Lernumwelt. In: Krapp, A. & Weidenmann, B. (Hrsg.): Pädagogische Psychologie. Weinheim: PVU, 504-505.

Weinstein, C. & Mayer, R. (1986): The Teaching of Learning Strategies. In: Wittrock, M. (Ed.): Handbook of Research on Teaching. 3. Ed. New York: Macmillan, 315-327.

Wild, K.-P. (2000): Lernstrategien im Studium. Münster: Waxmann.

Jürgen Abel

Wie sehen Studierende die curriculare Abstimmung in der Grundschullehrerausbildung?

1 Problemstellung

Im Unterschied zu Diplom- oder Magisterstudiengängen müssen Lehramtsstudierende mehrere Inhalte studieren. Ein solches Studium umfasst – national und international – vier Komponenten:
- Fachwissenschaft (Schulfach)
- fachdidaktische Studien in den entsprechenden Schulfächern,
- erziehungs- bzw. bildungswissenschaftliche Studien sowie
- schulpraktische Anteile.

Die Notwendigkeit einer curricularen Abstimmung liegt damit auf der Hand. Angehende GrundschullehrerInnen sind hiervon stärker betroffen als Angehörige anderer Lehramtsstudiengänge, da sie in der Regel mehrere Schulfächer bzw. deren Didaktiken studieren. In Bayern z.B. müssen Studierende für das Grundschullehramt ein Hauptfach inklusive Didaktik, drei didaktische Fächer, vier Bereiche in Erziehungswissenschaft, drei Inhalte in Grundschulpädagogik/-didaktik sowie Anteile in Gesellschaftswissenschaften studieren.

Es wird seit langem beklagt, dass die Lehrangebote für solch ein Studium meist ungeordnet nebeneinander stehen und dass es an der Abstimmung zwischen den verschiedenen Inhaltsbereichen (Studienfächern) mangelt. Ein Beleg hierfür sind die zahlreichen Reformkonzepte zur Lehrerbildung, die u.a. eine Verbesserung der Abstimmung zwischen den verschiedenen Studienelementen anmahnen (Abel 1994, 1; Hänsel 1992, 16; Oelkers 2003, 182 ff.). Dieser Themenbereich ist demnach ein zentrales Element der Steigerung der Qualität der Grundschullehramtsausbildung und steht naturgemäß bei der Neukonzeption der Ausbildung im Mittelpunkt des Interesses. Es stellt zunächst sich die Frage, ob die verschiedenen Inhalte eines Studiengangs ein schlüssiges, kumulativ aufbauendes und studierbares Curriculum darstellen und auch so wahrgenommen und studiert werden. Oder stehen sie mehr oder weniger unkoordiniert nebeneinander? Kann eher von einem ungeordneten Nebeneinander als von einem geordneten Miteinander gesprochen werden?

2 Studiengang und Hochschulcurriculum

Studiengänge werden als eine Folge von Lernsituationen verstanden, welche die Studierenden durchlaufen (Flechsig 1976). Durch die Begriffe „Folge" und „durchlaufen" von Lernsituationen wird unterstellt, dass die Inhalte in bestimmter Weise zeitlich geordnet sind (Wildt 1983). „Das Problem der Studiengangsentwicklung lässt sich deshalb als die Frage nach Kriterien formulieren, die die Auswahl und Anordnung von Lernsituationen konstituieren und verändern" (Wildt 1983, 309).

Wir haben es in der Grundschullehrerbildung mit zwei komplexen, sich überlagernden Problemen zu tun. Erstens mit dem Problem eines Curriculums in den einzelnen Inhaltsbereichen und zweitens mit der Abstimmung zwischen den verschiedenen Bereichen. Die Auswahl und Anordnung der Lernsituationen muss sowohl innerhalb der einzelnen Studienbereiche als auch zwischen den verschiedenen Inhaltsbereichen vorgenommen werden. Nur eine Koordination ermöglicht ein kumulativ aufbauendes und zügiges Studium.

Mit einem Curriculum, das Anordnungen der Inhalte sowie Lernzielvorgaben enthält, haben Studierende Anhaltspunkte, an denen sie ihre Studienplanung ausrichten können. Ein Studiengang ist aber kein fest gefügtes Curriculum, sondern die Studierenden haben einige Freiheitsgrade für ihre Studienplanung. Allerdings hat sich gezeigt, dass formal geltende Ordnungen kaum bekannt sind oder nicht beachtet werden (Apenburg u.a. 1977, zitiert nach Wildt 1983). Studierende suchen sich ihren eigenen Weg durch das Lehrangebot und schaffen sich so gegebenenfalls eigene Lernsituationen. Die Studierenden entscheiden sich für den Besuch bestimmter Veranstaltungen eher aufgrund von Empfehlungen von Kommilitonen als aufgrund geltender Regelungen (Wildt 1983). Dies wird durch Empfehlungen von der Fachschaft noch unterstützt, die für StudienanfängerInnen quasi „offiziellen" Status haben. Da StudienanfängerInnen dieses Geflecht zunächst nicht durchschauen (Hänsel 1992), gewinnen „informelle" Tipps von „erfahrenen" Studierenden oder der Fachschaft eine hohe Bedeutung. So können die in Studienordnungen vorgesehenen zeitlichen Abfolgen ausgehebelt werden und es entsteht ein „persönlicher" Studiengang, der sich nach anderen Kriterien richtet.

Eine fehlende Abstimmung zwischen verschiedenen Studieninhalten zeigt sich auch in Klagen von Studierenden, wonach einige Lehrinhalte, wie beispielsweise die „Einführung in das wissenschaftliche Arbeiten" doppelt und dreifach angeboten werden, jeweils in unterschiedlichen Inhaltsbereichen. Auch monieren die Studierenden immer wieder, dass sie aufgrund zeitlicher Überschneidungen kaum an bestimmten Lehrveranstaltungen teilnehmen können. All dies zeigt, dass in der Lehrerbildung sowohl eine zeitliche als auch eine inhaltliche Abstimmung notwendig ist. Es stellt sich also die Frage, wie die Lernangebote in einem Studiengang zu einem geordneten und sinnvoll abgestimmten Miteinander kommen können.

Schließlich sind auch die Prüfungsarten und -modalitäten nicht ohne Einfluss auf das Studierverhalten, denn die Qualität als Studiengang erhalten die angebotenen Lehr-/Lernsituationen erst durch ein abschließendes Zertifikat (Flechsig 1976). Solche Abschlussprüfungen steuern also häufig unabhängig von den Inhalten das Studienverhalten (Wild 1983, 311).

3 Das Projekt GLANZ

Auf einige Probleme im Studium für das Grundschullehramt (wie z.B. die curriculare Abstimmung) versucht das Projekt *GLANZ* (Neukonzeption der Grundschullehrerausbildung an der Universität Bamberg) eine Antwort zu finden (siehe hierzu auch die Beiträge von Strobel & Faust sowie von Foerster in diesem Band). Dieser Interventionsstudie liegen drei Leitvorstellungen zugrunde: Gegenüber dem bisherigen Status wird Wert gelegt auf

- einen stärkeren Berufsbezug, aber nicht auf Kosten der Wissenschaftlichkeit,
- eine bessere Abstimmung der Studienteile und
- auf eine aktivere Rolle der Studierenden.

Diese drei Leitvorstellungen werden in fächer- und möglichst auch phasenübergreifender Zusammenarbeit in folgenden drei Arbeitsfeldern umgesetzt. Alle drei Arbeitsfelder wollen dabei das Forschende Lernen auf Seiten der Studierenden unterstützen, und zwar durch:

- die Förderung selbstgesteuerten Kompetenzerwerbs,
- die Weiterentwicklung der schulpraktischen Studien sowie
- die curriculare Abstimmung der Inhalte.

Um das beschriebene ungeordnete Nebeneinander in ein geordneteres Miteinander zu überführen, werden in der Arbeitsgruppe „Curriculare Abstimmung" Vorschläge erarbeitet, umgesetzt und evaluiert, die eine bessere Abstimmung und Verknüpfung der Studienteile zum Ziel haben. Es geht sowohl um die zeitliche Abstimmung grundlegender Lehrveranstaltungen unterschiedlicher Inhaltsbereiche für Studierende des Lehramts für die Grundschule als auch um eine inhaltliche Abstimmung zwischen und innerhalb der Lehrinhalte.

Um solche Planungen auf eine solide Basis zu stellen, ist es zunächst wichtig, zu erfassen, wie die derzeitige Situation von den Studierenden gesehen wird. Bisher gibt es zu diesem Bereich kaum empirisch fundierte Studien, wie sich überhaupt ein Defizit an empirischer Lehrerbildungsforschung feststellen lässt (Blömeke 2004). In diesem Beitrag werden deshalb Ergebnisse der ersten Absolventenbefragung im Wintersemester 2004/05 und im Sommersemester 2005 vorgestellt. Ihre Antworten bilden neben der Grundlage für Planungen auch die Basis für den Vergleich mit späteren Studienkohorten, die Interventionen in den drei oben angegeben Arbeitsfeldern erfahren.

4 Fragestellungen

Die vorgestellte Studie ist explorativ angelegt, da bisher über die Wahrnehmung curricularer Bedingungen kaum etwas bekannt ist. Die grundlegende Fragestellung dieses Beitrags ist, wie Studierende retrospektiv die Abstimmung der Inhalte wahrnehmen und zwar in Bezug auf
- fächerübergreifende Zusammenhänge,
- Wiederholungen von Inhalten,
- zeitliche Abstimmung und
- Zusammenhang innerhalb der Inhalte.

Weitere Fragen richten sich auf den wahrgenommenen Lernerfolg durch verschiedene Prüfungsformen und lehrnahe Studienbedingungen. Weiterhin wird versucht, zu ermitteln, ob sich die „offizielle" und die „persönliche" Studienordnung unterscheiden.

5 Stichprobe und Operationalisierung

Die Stichprobe besteht aus 42 Absolventen (41 Frauen und ein Mann) des Studiums für das Lehramt an Grundschulen an der Universität Bamberg im Studienjahr 2004/2005. Die Stichprobe umfasst damit 70% der AbsolventInnen. Sie waren durchschnittlich 24,4 Jahre alt und legten ihr Examen zwischen dem siebten und zwölften Semester ab, mit einer Häufung zwischen dem neunten und zehnten Semester (Tabelle 1). Als Unterrichtsfach wurde am häufigsten Deutsch (zwölf Studierende), Englisch (acht Studierende), katholische Religionslehre (sechs Studierende) und Geographie (fünf Studierende) genannt. Weitere Fächer sind evangelische Religionslehre, Kunsterziehung, Musikerziehung und Sozialkunde (Tabelle 2). Zwei Studierende waren im Studiengang Schulpsychologie eingeschrieben.

Tab. 1: Studiensemester, in dem das Examen abgelegt wurde.

Studiensemester	N	%
7	2	4,9
8	4	9,8
9	14	34,1
10	19	43,9
11	2	4,9
12	1	2,4
Gesamt	42	100,0

Tab. 2: Studierte Unterrichtsfächer der Absolventen

Unterrichtsfach	N	%
Anglistik	8	19,0
Geographie	5	11,9
Ev. Theologie	4	9,5
Germanistik	12	28,6
Geschichte	2	4,8
Kath Theologie	6	14,3
Kunsterziehung	1	2,4
Musikerziehung	1	2,4
Schulpsychologie	2	4,8
Sozialkunde	1	2,4
Gesamt	42	100,0

Die Operationalisierung der oben skizzierten Fragestellungen erfolgt über verschiedene Fragen innerhalb eines umfangreichen Fragebogens. Da es, soweit uns bekannt, zur curricularen Abstimmung keine Untersuchungen und Instrumente gibt, haben wir hierzu ein eigenes Matrixverfahren entwickelt (Abbildung 1). Die Studierenden sollten Fragen nach der inhaltlichen und zeitlichen Abstimmung zwischen den Studienbereichen und nach überflüssigen Wiederholungen in acht Hauptstudienbereichen anhand einer Viererskala von „trifft gar nicht zu" bis „trifft voll zu" beantworten. Wir haben von den 13 Studienbereichen jene acht ausgewählt, die einen größeren zeitlichen Anteil am Studium haben.

Weiter wird nach der inhaltlichen Abstimmung innerhalb der einzelnen Studienbereiche, nach den Studienbedingungen (in Anlehnung an den SPIEGEL-Fragebogen von 1993, siehe Tabelle 10) und zuletzt nach der Bewertung von verschiedenen Prüfungsformen (siehe Tabelle 12) gefragt. Alle Fragen haben ein geschlossenes Antwortformat mit einer Viererskala, die von „trifft gar nicht zu" bis „trifft voll zu" reicht.

Abb. 1: Matrix für Fragen zur curricularen Abstimmung

	GSP	1. FD	2. FD	3. FD	SP	AP	Psy
UF							
GSP							
1. FD							
2. FD							
3. FD							
SP							
AP							

Tragen Sie bitte in *jedes Kästchen* eine Zahl zwischen 0 und 3 ein *(nur ganze Zahlen!)*
0 = trifft gar nicht zu; 1 = trifft sehr begrenzt zu; 2 = trifft weitgehend zu; 3 = trifft voll zu

UF:	Unterrichtsfach	GSP:	Grundschulpädagogik
1. FD:	1. Fachdidaktik	2. FD:	2. Fachdidaktik
3. FD:	3. Fachdidaktik	SP:	Schulpädagogik
AP:	Allgemeine Pädagogik	Psy:	Psychologie

6 Ergebnisse

Zunächst stehen die Befunde zu den inhaltlichen Abstimmungen zwischen wichtigen Inhaltsbereichen im Blickpunkt (Tabellen 3 und 4). In rund 71% aller Antworten wird angegeben, fächerübergreifende Zusammenhänge nicht erfahren zu haben. Das heißt, dass insgesamt weniger als ein Drittel der Studierenden die fächerübergreifenden Inhalte gesehen hat. Dies zeigt sich auch am arithmetischen Mittel aller Antworten, das mit AM = 0,95 nahe an Eins liegt. Von den 28 Antwortkombinationen werden 19 eher ablehnend (über 50% „trifft gar nicht zu" bzw. „trifft sehr begrenzt zu") beantwortet. Vor allem zwischen dem Unterrichtsfach und den drei Fachdidaktiken werden kaum inhaltliche Zusammenhänge gesehen. Dies liegt in der Verteilung der Inhalte begründet und ist auch plausibel. Lediglich mit der Grundschulpädagogik gibt es Zusammenhänge zu den anderen Inhalten, wie auch zwischen den Pädagogiken untereinander. Die Grundschulpädagogik scheint von den Studierenden als eine inhaltliche Koordinierungsstelle angesehen zu werden. Dass hier Zusammenhänge gesehen werden, ist sowohl von den angebotenen Inhalten als auch von der Funktion her plausibel.

Tab. 3: Positive Antworten (trifft weitgehend zu; trifft voll zu) auf die Frage: „Ich habe in Lehrveranstaltungen verschiedene fächerübergreifende Zusammenhänge erfahren" (Angabe der Überschneidungen in %)

	GSP	1. FD	2. FD	3. FD	SP	AP	Psy
UF	45,0	10,0	10,0	10,0	12,5	7,7	27,5
GSP		45,0	52,5	45,0	80,0	38,5	47,5
1. FD			15,0	7,5	32,5	12,5	25,0
2. FD				25,0	20,0	10,0	20,0
3. FD					20,0	12,5	35,0
SP						56,4	43,6
AP							23,1

Tab. 4: Anzahl der Nennungen (N) auf die obige Matrix

Antwortvorgaben	N	%	AM
0 = trifft gar nicht zu	463	41,5	10,5
1 = trifft sehr begrenzt zu	343	30,7	8,5
2 = trifft weitgehend zu	244	21,8	6,0
3 = trifft voll zu	65	5,8	1,5

Wenn keine Zusammenhänge gesehen werden, so ist es doch interessant zu erfahren, ob überflüssige und unnötige Wiederholungen gesehen werden. Die Antworten hierfür finden sich in den Tabellen 5 und 6.

Tab. 5: Positive Antworten (trifft weitgehend zu; trifft voll zu) auf die Frage: „Ich habe Teile in verschiedenen Fächern als unnötige Wiederholung empfunden" (Angabe der Überschneidungen in %)

	GSP	1. FD	2. FD	3. FD	SP	AP	Psy
UF	0	0	0	0	0	0	0
GSP		5,0	2,5	2,5	25,0	2,5	2,5
1. FD			2,5	2,5	5,0	0	0
2. FD				2,5	2,5	0	0
3. FD					2,5	0	0
SP						22,5	2,5
AP							5,0

Tab. 6: Anzahl der Nennungen (N) auf die obige Matrix

Antwortvorgaben	N	%	AM
0 = trifft gar nicht zu	951	85,0	22,6
1 = trifft sehr begrenzt zu	133	11,9	3,2
2 = trifft weitgehend zu	30	2,7	0,7
3 = trifft voll zu	5	0,4	0,1

Unnötige Wiederholungen scheint es fast nicht zu geben, was die knapp 97% aller Antworten in den Kategorien „trifft gar nicht zu" und „trifft sehr begrenzt zu" zeigen. Von den 28 Antwortmöglichkeiten wird durchschnittlich weniger als eine mit „zutreffend" beantwortet, was sich im arithmetischen Mittel aller Antworten mit AM = 0,19 zeigt.

Hier wird nur sehr grob nach den Hauptstudienbereichen gefragt. Die Antworten könnten anders ausfallen, wenn nach einzelnen Lehrveranstaltungen gefragt wird wie beispielsweise die „Einführungen in das wissenschaftliche Arbeiten". Gut ein Viertel der Studierenden sehen überflüssige Wiederholungen vor allem zwischen der 3. Fachdidaktik (insbesondere Kunst- [45,2%] und Sportpädagogik [33,3%]) und der Grundschulpädagogik sowie zwischen der Schulpädagogik und der allgemeinen Pädagogik, wobei letzteres von den Inhalten her verständlich ist.

Als letztes wird die Matrix auf die zeitliche Abstimmung zwischen den verschiedenen Inhaltsbereichen angewendet (Tabellen 7 und 8). Eine gute zeitliche Abstimmung ermöglicht eine Studienorganisation, die ein zügiges Studieren und einen kumulativen Wissensaufbau ermöglicht.

Tab. 7: Positive Antworten (trifft weitgehend zu; trifft voll zu) auf die Frage: „Die wichtigsten Veranstaltungen waren zeitlich aufeinander abgestimmt" (Angabe der Überschneidungen in %)

	GSP	1. FD	2. FD	3. FD	SP	AP	Psy
UF	24,3	32,4	27,0	24,3	35,1	37,8	29,7
GSP		45,9	54,1	43,2	45,9	43,2	40,5
1. FD			43,2	40,5	40,5	40,5	37,8
2. FD				35,1	37,8	35,1	32,4
3. FD					37,8	32,4	32,4
SP						43,2	43,2
AP							40,5

Tab. 8: Anzahl der Nennungen (N) auf die obige Matrix

Antwortvorgaben	N	%	AM
0 = trifft gar nicht zu	353	34,1	8,4
1 = trifft sehr begrenzt zu	292	28,2	7,0
2 = trifft weitgehend zu	317	30,6	7,6
3 = trifft voll zu	74	7,1	1,8

Rund 60% der Studierenden geben an, dass sie in ihrem Studium eine zeitliche Abstimmung zwischen den verschiedenen Inhaltsbereichen nicht gesehen haben, dagegen betrachten immerhin 40% der Studierende diese als hinreichend. Von der Mehrheit der Studierenden wird eine zeitliche Abstimmung nur zwischen der Grundschulpädagogik und der zweiten Fachdidaktik (71%; Mathematik) gesehen.

Um Antwortmuster bei den Studierenden zu erkennen, wird über die drei Bereiche *inhaltliche und zeitliche Abstimmung* sowie *überflüssige Wiederholungen* eine Clusterzentrenanalyse (K-Means Verfahren) berechnet. Hier können Studierende erkannt werden, die sowohl eine inhaltliche als auch zeitliche Abstimmung zwischen den Studienbereichen sehen oder dies nicht tun.

Es ergeben sich drei Cluster. Eine Diskriminanzanalyse mit den drei Fragebereichen als Prädiktoren und den Clustern als Gruppierungsvariablen ergibt eine genaue Zuordnung der Personen zu jedem dieser Cluster. Wie schon aus dem deskriptiven Bericht hervorgeht, unterscheiden sich die Personen hinsichtlich der Einschätzung der unnötigen Wiederholungen kaum, da sie fast nicht wahrgenommen werden.

Nun zu den einzelnen Clustern: In Cluster 1 sind die 21 Personen, also die Hälfte der Stichprobe zu finden, die sowohl eine geringe inhaltliche als auch eine geringe zeitliche Abstimmung sehen. Eine inhaltliche Abstimmung kann vor allem dann gesehen werden, wenn die einzelnen Studieninhalte kumulativ aufeinander aufbauen. Dies setzt eine angemessene zeitliche Abstimmung voraus. In Cluster 2 befinden sich die 13 Personen, die eine hohe inhaltliche Übereinstimmung und eine mäßige zeitliche Abstimmung sehen. Auch hier zeigt sich, dass sich bei einer minimalen zeitlichen Abstimmung auch inhaltliche Zusammenhänge zwischen den Studieninhalten ergeben. Cluster 3 schließlich umfasst jene acht Personen, die eine mäßige Abstimmung der Inhalte, aber eine hohe zeitliche Abstimmung sehen. Für diese Studierenden zeigt sich, dass eine gute zeitliche Abstimmung nicht mit dem Wahrnehmen einer guten inhaltlichen Abstimmung zusammentrifft (Abbildung 2).

Abb. 2: *Durchschnittliche Mittelwerte der einzelnen Abstimmungen aufgeteilt nach Clustern*

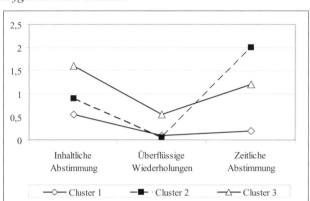

Dieses Ergebnis deutete sich schon bei der Datendeskription an. Es hängt sicherlich von den konkreten Studienerfahrungen ab, auf die weiter unten noch einmal eingegangen wird. Es zeigt sich, dass eine zeitliche Abstimmung eine notwendige, aber nicht hinreichende Voraussetzung für das Erkennen eines inhaltlichen Zusammenhangs ist.

Zur curricularen Abstimmung gehört auch jene innerhalb der Fächer. Innerhalb der einzelnen Fächer sollten auch Curricula bestehen, deren Inhalte aufeinander aufbauen. Da die Fächer in sich spezialisiert sind, werden die verschiedenen Inhalte von verschiedenen Personen gelehrt. Ob die Studierenden einen solchen Aufbau erkennen, ist in vielen Bereichen umstritten. Wir erfassen deshalb für die verschiedenen Teildisziplinen, wie die Studierenden die interne Abstimmung wahrnehmen (Tabelle 9).

Innerhalb der Hauptstudienbereiche sieht ein größerer Teil der Studierenden eine Abstimmung innerhalb dieser Inhaltsbereiche. Nur bei der Allgemeinen Pädagogik und etwas abgeschwächt auch bei der Schulpädagogik wird eine mangelnde innere Abstimmung gesehen. Zwischen beiden Bereichen werden auch relativ hohe inhaltliche Übereinstimmungen gesehen. Die Fächer des erziehungswissenschaftlichen Studiums, Schulpädagogik, allgemeine Pädagogik und Psychologie müssen nach der Prüfungsordnung nur besucht bzw. belegt werden. Sie enden mit einer schriftlichen oder mündlichen Prüfung. Hier besuchen die Studierenden die Lehrveranstaltungen nach persönlichem Interesse und Studienplan bzw. nach dem Platzangebot. So können verschiedene nicht inhaltlich zusammenhängende Veranstaltungen besucht werden.

Tab. 9: Antworten auf die Frage: „Haben Sie innerhalb der jeweiligen Fächer einen Zusammenhang gesehen?" „Ich habe im Laufe des Studiums erfahren/erkannt, dass Seminare eines Faches curricular aufeinander aufbauen, auch wenn sie von verschiedenen Dozenten gehalten werden".

	trifft gar nicht zu	trifft sehr begrenzt zu	trifft weitgehend zu	trifft völlig zu	AM
Unterrichtsfach	4	10	18	8	1,75
Grundschulpädagogik	6	10	21	3	1,53
1. Fachdidaktik	6	11	14	9	1,65
2. Fachdidaktik	6	5	16	13	1,90
3. Fachdidaktik	6	9	15	10	1,73
Schulpädagogik	8	17	14	1	1,20
Allgemeine Pädagogik	12	21	6	0	0,85
Psychologie	6	12	20	2	1,45

Um zu erfahren, wie sie insgesamt das Studienangebot sehen, sind aus einem *SPIEGEL*-Fragebogen von 1993 (SPIEGEL-Verlag 1993) sechs Items ausgewählt worden, die als Fragen zu lehrnahen Studienbedingungen bezeichnet werden (Tabelle 10). Rund ein Drittel der Studierenden hatte ab und an Probleme mit den Auswahlmöglichkeiten sowie der Beratung durch Lehrende und gab an, dass selten über aktuelle Fragen der Forschung gesprochen wurde. Die geringsten Probleme gab es nach den Aussagen der Studierenden mit der Bücherausleihe und den Seminarplätzen nach Studienordnung. Trotzdem hören wir immer wieder Klagen, dass Studierende an bestimmten Seminaren nicht teilnehmen können. Auch aus den obigen Angaben zur zeitlichen Abstimmung ist abzulesen, dass es Probleme gibt. Diese stehen aber im Widerspruch zu den hier getätigten Angaben. Vorsichtig interpretiert zeigen sich hier eher Probleme der Studierenden mit der geplanten persönlichen Studienorganisation und weniger mit den institutionellen Rahmenbedingungen der Studienordnungen und dem daraus resultierenden Studienablauf. Dies zeigt, dass die Studierenden sich eher einen persönlichen Studiengang zusammenstellen als nach dem offiziellen Studienplan zu studieren.

Tab. 10: Antworten auf die Fragen zum Studienangebot

	nie	selten	meistens	fast immer	AM
Gelang es Ihnen, die für das Studium benötigten Bücher in der Uni-, Fachbereichs oder Institutsbibliothek auszuleihen?	0	3	24	12	2,23
Bot das Lehrangebot im Hauptstudium genügend Auswahlmöglichkeiten?	0	10	27	2	1,79
Konnten Sie zwischen verschiedenen Veranstaltungen wählen?	0	13	18	8	1,87
Sprachen die Dozenten/-innen mit den Studierenden in den Veranstaltungen des Hauptstudiums auch über aktuelle Fragen der Forschungen?	0	12	21	6	1,85
Konnten Sie sich immer dann von Lehrenden beraten lassen, wenn es für Ihr Studium notwendig war?	0	13	19	7	1,85
Bekamen Sie jeweils in dem Semester einen Platz in den Pflichtveranstaltungen/-seminaren, in dem es nach der Studien- bzw. Prüfungsordnung am günstigsten wäre?	0	4	28	7	2,08

Um konkret zu erfahren, in welchen Bereichen Probleme bestehen, an Lehrveranstaltungen teilzunehmen, wird mit einer offenen Frage nach den Bereichen bzw. Lehrveranstaltungen gefragt. Es konnten bis zu fünf Bereiche angegeben werden.

Tab. 11: „In welchen Bereichen bzw. Veranstaltungen hatten Sie die meisten Probleme, einen Seminarplatz zu bekommen?"

Bereiche/Veranstaltungen	%	Bereiche/Veranstaltungen	%
Anglistik	3,1%	Philosophie	3,1%
Pädagogik	6,3%	Psychologie	15,6%
Germanistik	71,9%	Religion	9,4%
Kath. Theologie	15,6%	Soziologie	3,1%
Kunsterziehung	15,6%	Volkskunde	6,3%
Sport	18,8%	Sachunterricht	15,6%
Musikerziehung	9,4%	Schulpädagogik	15,6%
Grundschulpädagogik	21,9%		

Die meisten Probleme, einen Seminarplatz zu bekommen, traten in Germanistik (und hier vor allem bei der Fachdidaktik Deutsch) auf. Hier hatten 72% der Studierenden Probleme, einen Seminarplatz zu erhalten. Gut ein Drittel hatte Probleme im Bereich Grundschulpädagogik (Aufteilung: jeweils ein Sechstel für Sachunterricht und für Schriftsprachenerwerb). Diese Probleme wirken sich aber weniger auf den Studienverlauf aus, da entsprechende Veranstaltungen in jedem Semester angeboten werden und sie insgesamt nur mit jeweils sechs Semester-Wochenstunden (SWS) studiert werden müssen.

Neben den Studien in den verschiedenen Inhaltsbereichen spielen auch Prüfungen zur Ermittlung des Lernerfolgs und zur Vergabe eines Zertifikats eine wesentliche Rolle in einem Studiengang. Aber nicht nur die Prüfung als solche wird als steuerndes Element angesehen, sondern auch die Prüfungsarten und -formen. Deshalb wird hier auch nach dem subjektiv bewerteten Lernerfolg verschiedener Prüfungsformen gefragt.

Tab. 12: *„Ich habe verschiedene Formen zur Ermittlung des Lernerfolges in Lehrveranstaltungen kennen gelernt. Ich bewerte den Lernerfolg für..."*

	sehr niedrig	eher niedrig	eher hoch	sehr hoch	AM
Klausur	2	14	19	5	1,68
mündliches Referat (Einzelarbeit)	1	9	22	8	1,93
Gruppenvorbereitung & Präsentation	2	7	16	15	2,10
Organisation einer Ausstellung	4	10	13	10	1,78
schriftliche Hausarbeit	1	12	19	8	1,85
Portfolio	2	3	24	9	2,05
mündliche Einzelprüfung	4	17	11	8	1,58
mündliche Gruppenprüfung	8	18	8	0	1,00

Die Erfahrungen mit den verschiedenen Prüfungsformen sind größtenteils positiv. Die besten Erfahrungen haben die Studierenden mit Portfolios gemacht. Relativ niedrig wird der Lernerfolg nur für die mündliche Einzel- und Gruppenprüfung gesehen.

7 Zusammenfassung und Schlussfolgerungen

Es kann zusammenfassend festgehalten werden, dass Absolventen retrospektiv ihr Studium als nicht besonders abgestimmt gesehen haben. Es kristallisierte sich heraus, dass eine zeitliche Abstimmung der Lehrveranstaltungen eine notwendige aber nicht hinreichende Voraussetzung für die Wahrnehmung einer inhaltlichen Abstimmung zwischen den verschiedenen Studiengebieten ist. Innerhalb einzelner Studiengebiete werden auch keine inhaltlichen Abstimmungen gesehen, besonders bei jenen, die von den Studierenden mehr oder weniger willkürlich gewählt werden können, um ihren Belegpflichten zu genügen. Es deutet sich die Tendenz an, die schon in früheren Untersuchungen bemerkt wird, dass sich die Studierenden immer dann ihren individuellen Studiengang selbst erstellen, wo es möglich ist.

Da wir ohne „Vorbild" die Instrumente entwickeln mussten, haben sich in der Zwischenzeit Modifizierungen ergeben. Die Frage nach den überflüssigen und unnötigen Wiederholungen ist aus dem Fragebogen entfernt und durch eine offene Frage ersetzt worden, da sie auf dieser recht globalen Ebene kaum einen Ertrag erbrachte. Für die weiteren Erhebungen sind dann noch einige Fragen hinzugekommen.

In der Arbeitsgruppe „Curriculare Abstimmung" werden in der nächsten Zeit verschiedene Maßnahmen erarbeitet. Zunächst wurde für die zeitliche Abstimmung ein Rahmenstundenplan abgesprochen, an den sich die beteiligten Lehrenden halten wollen. Auch sind qualitative Zusatzuntersuchungen geplant, die den Widerspruch zwischen den Angaben zur zeitlichen Abstimmung und jenen zum Erhalt eines Seminarplatzes nach Studienordnung nachgehen. Weiterhin gibt es ab WS 2005/2006 eine gemeinsame, fachübergreifende Einführung in das wissenschaftliche Arbeiten. Auch eine Abstimmung über verschiedene Formen der Leistungsüberprüfung ist in Arbeit, bei der zunächst gemeinsame Leitlinien für die Erstellung von Portfolios entstehen. Die weiteren konkreten Themen werden in der nächsten Zeit erarbeitet. Hier sollen nach anstehenden Personalwechseln verschiedene inhaltliche Abstimmungen erfolgen, z.B. zwischen Schriftsprachenerwerb in der Grundschulpädagogik und der Deutschdidaktik.

Literatur

Abel, J. (1994): Modellversuch „Öffnung der Schule – Öffnung der Lehrerbildung – Entwicklung und Erprobung des Integrierten Eingangssemesters Primarstufe" (IEP). Unser Weg, 49(1), 1-8.

Apenburg, E., Grosskopf, R. & Schlattmann, H. (1977). Orientierungsprobleme und Erfolgsbeeinträchtigung bei Studierenden. Bericht über eine Befragung von 4500 Studierenden (Saarbrücker Studien zur Hochschulentwicklung, 28). Saarbrücken: Universität des Saarlandes.

Blömeke, S. (2004): Empirische Befunde zu Wirksamkeit der Lehrerbildung. In: Blömeke, S., Reinhold, P., Tulodziecki, G. & Wild, J. (Hrsg.): Handbuch Lehrerbildung. Bad Heilbrunn: Klinkhardt, 59-91.

Flechsig, K.-H. (1976): Die Entwicklung von Studiengängen in: Blickpunkt Hochschuldidaktik, H. 40, hrsg. v. Interdisziplinären Zentrum für Hochschuldidaktik der Universität Hamburg bei der Arbeitsgemeinschaft für Hochschuldidaktik e. V., Hamburg, 104-129

Hänsel, D. (1992): Das integrierte Eingangssemester Primarstufe. Grundschule, 24(10), 16-19.

Projektgruppe Neukonzeption der Grundschullehrerausbildung an der Universität Bamberg (2003): Neukonzeption der Grundschullehrerausbildung an der Otto-Friedrich-Universität Bamberg. Antrag im Rahmen des Programms „Neue Wege in der Lehrerausbildung" des Stifterverbands für die Deutsche Wissenschaft – Stiftung Mercator. Bamberg.

Oelkers, J. (2003): Wie man Schule entwickelt. Eine bildungspolitische Analyse nach PISA. Weinheim: Beltz.

SPIEGEL–Verlag (Hrsg.) (1993): Welche Uni ist die beste? SPIEGEL-Rangliste der deutschen Hochschulen. Spiegel Spezial. Hamburg: SPIEGEL-Verlag.

Wildt, J. (1983): Studiengangsentwicklung und Studiengangsmodelle. In: Huber, L. (Hrsg.): Ausbildung und Sozialisation an der Hochschule. Enzyklopädie Erziehungswissenschaft. Band 10. Stuttgart: Klett-Cotta, 207-330.

Frank Foerster

Persönlichkeitsmerkmale von Studienanfängerinnen des Lehramts an Grundschulen – ein Vergleich verschiedener Wege des Studienzugangs

1 Problemstellung

In der aktuellen Diskussion um die Lehrerbildung nimmt der so genannte Expertenansatz eine zentrale Stellung ein. Im Kern geht es um die Frage, welches Wissen und welche Fertigkeiten für die Durchführung von Unterricht notwendig sind (Bromme & Haag 2004). Der Lehrerbildung kommt dabei die Aufgabe zu, Expertise zu entwickeln. Bislang fehlt jedoch ein empirisch und psychologisch fundiertes Modell der Entwicklung von Expertise, das als normative Grundlage für die Lehrerbildung dienen könnte (ebd., 785). Was die Entwicklung von Kompetenzen für eine professionelle Lehrertätigkeit angeht, wird gegenwärtig von einer weitgehenden Erwerbbarkeit der erforderlichen Kompetenzen ausgegangen. Durch eine Orientierung an Standards (siehe z.B. Oser 2001) soll gewährleistet werden, dass Lehrerstudierende definierte Kompetenzen in ihrer Ausbildung erwerben, um diese dann in ihrer beruflichen Praxis einzusetzen.

Befragt man dagegen Lehrkräfte, so sehen diese die Grundlage einer erfolgreichen Berufsausübung in erster Linie in der Lehrerpersönlichkeit. Nicht ihre Unterrichtsexpertise wird als wesentlicher Faktor für erfolgreiches pädagogisches Handeln genannt, sondern fachliche bzw. personale Kompetenzen (Hertramph & Herrmann 1999). Die Persönlichkeit wird damit als zentrale Komponente des eigenen Berufserfolgs und der eigenen Berufszufriedenheit betrachtet (Bromme & Haag 2004).

Generell ist in Untersuchungen der Wirkungen der Lehrerbildung die Frage, welche Bedeutung bereits im Lehrerstudium mitgebrachte Persönlichkeitsmerkmale besitzen, und ob, auf welche Art und in welchem Maß für den Lehrerberuf notwendige Kenntnisse und Kompetenzen erlernt werden können, gegenwärtig sehr umstritten (Blömeke 2004). Anders als das Konzept der standardorientierten Lehrerbildung, das von der Erlernbarkeit professionellen Lehrerhandelns ausgeht, richtet der Persönlichkeitsansatz den Blick auf bereits (zu Studienbeginn) vorhandene Persönlichkeitsmerkmale. Lernprozesse werden nach diesem Ansatz vor dem Hintergrund mitgebrachter Dispositionen verstanden, die Formbarkeit von Persönlichkeit und professioneller Kompetenzen durch die Lehrerbildung wird als eingeschränkt gesehen (Mayr 2002; Mayr 2006). Eine

Lehrerbildung im Verständnis des Persönlichkeitsansatzes lässt (auch) die Option in den Blick geraten, Studierwillige entsprechend „günstiger" bzw. „ungünstiger" Merkmalskonstellationen zu beraten bzw. den Zugang zur Lehrerbildung zu steuern (Mayr 2006).

2 Theoretischer Hintergrund

Befunde der Unterrichtsforschung zeigen, dass allgemeine Persönlichkeitsmerkmale nicht dazu geeignet sind, um Unterrichtsqualität (etwa im Sinne von schulischen Leistungen) zu erklären, einfache lineare Zusammenhänge zwischen personalen Merkmalen der Lehrperson und Wirkungen im Kontext einer Schulklasse lassen sich nicht herstellen. Unterrichtliche Wirkungen hängen von einer Vielzahl unterschiedlicher Faktoren ab, und die Zusammenhänge sind komplex (für einen Überblick vgl. Helmke 2003). Die Lehrerpersönlichkeit ist dabei nur eine von vielen Bedingungen, die die Unterrichtsqualität beeinflussen können. Inwieweit sich allgemeine Persönlichkeitsmerkmale von LehrerInnen auf Lehrerexpertise und weitere Unterrichtsmerkmale auswirken, die sich wie effiziente Klassenführung, Klarheit, Strukturiertheit und Verständlichkeit des Unterrichts als leistungsförderlich erwiesen haben, ist weitgehend unklar. Es gibt hierzu jedoch einzelne Befunde. So konnte Urban (1984) nachweisen, dass sich Persönlichkeitsmerkmale von angehenden Hauptschullehrkräften auf die Unterrichtsgestaltung im Praktikum auswirken. In einer weiteren Studie gelang es ihm, Extraversion, Stabilität und Gewissenhaftigkeit als bedeutsam für die Unterrichtsqualität zu identifizieren (Urban 1992).

In Untersuchungen zu Berufsbelastungen, beruflicher Zufriedenheit und „Burnout" bei Lehrkräften konnten noch deutlichere Zusammenhänge mit Persönlichkeitsmerkmalen bzw. Merkmalskonstellationen nachgewiesen werden. Zahlreiche Studien belegen, dass Persönlichkeitsbereiche wie Neurotizismus, Extraversion und Kontrolliertheit die Berufszufriedenheit und das Empfinden von Berufsbelastungen beeinflussen können (siehe z.B. Urban 1984, 1992; Barth 1997; Mayr 1994, 2002; Schaarschmidt 2004).

Ein Teil dieser Studien untersucht Persönlichkeitsmerkmale, wie sie im Fünf-Faktoren-Modell von McCrae & Costa (1987) vorgeschlagen werden (die so genannten „Big Five"). Das Fünf-Faktoren-Modell, das sich in letzter Zeit weitgehend durchgesetzt hat, basiert auf der Grundannahme, dass sich Persönlichkeitsmerkmale in fünf weitgehend unabhängige und recht stabile Dimensionen einteilen lassen: Neurotizismus (Neuroticism), Extraversion, Offenheit für Erfahrungen (Openness), Verträglichkeit (Agreeableness) und Gewissenhaftigkeit

(Conscientiousness). Diese Dimensionen lassen sich in jeweils sechs Facetten ausdifferenzieren (siehe auch den Beitrag von Baer et al. in diesem Band).

Die Notwendigkeit einer gewissen „emotionalen Robustheit" (als Gegenpol zu „Neurotizismus") liegt für den Lehrerberuf auf der Hand und ist empirisch belegt. Nach den Untersuchungen von Giesen u.a. (1986) korreliert Neurotizismus bei angehenden Grund- und Hauptschullehrern negativ mit der Zufriedenheit im Studium. Mayr & Mayrhofer (1994) konnten in Übereinstimmung mit den oben skizzierten Befunden von Urban (1992) belegen, dass sich zwischen dem Persönlichkeitsmerkmal Stabilität und den akademischen Studienleistungen, den Praxisleistungen und der Berufswahl- bzw. Studienzufriedenheit positive Zusammenhänge herstellen lassen. Entsprechendes gilt für die Dimensionen Kontaktbereitschaft und Selbstkontrolle. Mayr & Mayrhofer (1994, 125) kommen zu dem Schluss, dass eine sehr geringe Ausprägung in einem dieser Persönlichkeitsmerkmale einen Risikofaktor für die Aufnahme eines Lehrerstudiums darstellen dürfte.

Der Lehrerberuf stellt hohe Anforderungen an kommunikatives Handeln und Kontaktfähigkeit. Introvertierte LehrerInnen dürften es schwerer haben, beruflich erfolgreich zu sein. Diese allgemeinen Erwartungen konnten durch zahlreiche Studien belegt werden, die die Bedeutung der Dimension Extraversion für den Lehrerberuf nachweisen. Nach den Befunden von Lipowsky (2003) sind aufgeschlossene und kontaktfreudige Lehramtsabsolventen zufriedener in ihrer beruflichen Tätigkeit als eher introvertierte und zurückhaltende Lehrpersonen. In den Untersuchungen von Urban (1992) beschrieben sich introvertierte und zurückgezogene Hauptschullehrer im zweiten Dienstjahr u.a. als unzufriedener und stärker belastet als extravertierte Lehrpersonen. Diese Unzufriedenheit zeigte sich bereits während des Studiums. Sehr niedrige Werte in der Dimension „Extraversion" können demnach als Risiko gelten, introvertierte LehrerInnen dürften den Anforderungen an den Lehrberuf schlechter gewachsen sein (Mayr 1994).

Lipowsky (2003) konnte in seinen Studien positive Zusammenhänge von Optimismus und Berufszufriedenheit nachweisen. Optimismus dürfte zudem einen bedeutenden Schutzfaktor im Hinblick auf Stress und „Burnout" darstellen und hat sich zudem in zahlreichen Studien als guter Prädiktor für Studienleistungen erwiesen (für einen Überblick siehe Lipowsky 2003, 65ff.).

Schaarschmidt hat in seinen Untersuchungen zur Lehrergesundheit bei ca. 3000 LehrerInnen, Studierenden und Referendaren vier Muster der Auseinandersetzung mit den Berufsanforderungen identifiziert. Diese zeigen einerseits psychische Gesundheit, andererseits gesundheitliche Risiken an (Schaarschmidt &

Fischer 2001; Schaarschmidt 2004). Der besonders belastete Risikotyp B („Überforderung") ist gekennzeichnet durch reduziertes Engagement bei eingeschränkter Erholungs- und Widerstandsfähigkeit sowie umfassende Resignation. Personen, die diesem Risikotyp zugeordnet werden können, schätzen u.a. ihre Kompetenzen am ungünstigsten ein, sind am unzufriedensten mit ihrer Berufswahl und haben die geringste Freude am Unterrichten. Nach den Befunden von Schaarschmidt & Fischer (2001) lassen sich dem Risikotyp B, der – wie oben ausgeführt – auch durch eine weniger optimistische Grundeinstellung gekennzeichnet ist, bereits ca. 25% der Lehramtsstudierenden zuordnen.

Im Hinblick auf die Frage, ob bzw. inwieweit auch Zusammenhänge zwischen dem Persönlichkeitsmerkmal „Offenheit" und dem Lehrerberuf bzw. -studium bestehen, ist die Forschungslage insgesamt wenig befriedigend. Mayr (2003) konnte für eine Stichprobe von Lehrerstudierenden an Pädagogischen Akademien in Österreich zeigen, dass „offenere" Studierende sich aktiv-kritischer mit Lehrinhalten auseinander setzen. Offenheit stellt eine günstige Bedingung für akademisches Lernen dar, scheint jedoch mit ungünstigeren Praktikumserfahrungen einherzugehen, wobei ungeklärt bleibt, ob dies auf eine höhere Sensibilisierung für die Wahrnehmung von Schwierigkeiten oder auf eine geringere Praxiskompetenz zurückgeführt werden kann. In der TOSCA-Studie wurde „Intellektuelle Offenheit" als personale Ressource (neben der Dimension „Gewissenhaftigkeit") im Zusammenhang mit der Entwicklung von Berufsinteressen in der gymnasialen Oberstufe untersucht (Lüdtke & Trautwein 2004). Intellektuelle Offenheit beschreibt „einen aufgeschlossenen Umgang mit neuen Erfahrungen und intellektuellen Stimulationen. Personen mit hoher intellektueller Offenheit suchen Abwechslung, sind wissbegierig, kreativ, phantasievoll und unabhängig in ihrem Urteil" (ebd., 370). In der genannten Studie konnten positive Effekte der intellektuellen Offenheit auf die Abiturgesamtnote bzw. auf die Englischtestleistung in der gymnasialen Oberstufe nachgewiesen werden (ebd., 397).

3 Auswahlgespräche zur Vergabe von Studienplätzen

Die im Folgenden vorgestellte Pilotstudie nimmt Persönlichkeitsmerkmale von Studienanfängerinnen des Lehramts an Grundschulen in den Blick und vergleicht Kohorten, die sich hinsichtlich der Art des Studienzugangs unterscheiden. An der Universität Bamberg gibt es im Studiengang „Lehramt an Grundschulen" neben den „klassischen" Wegen der Zulassung nach Abiturnote, Wartezeit oder Nachrückverfahren die Möglichkeit, einen Studienplatz u.a. aufgrund des Ergebnisses eines Auswahlverfahrens zu erhalten. Das Auswahlverfahren ist Teil einer umfassenden Neukonzeption der Grundschullehrerausbildung im Bamberg, dem so genannten GLANZ-Projekt, das vom „Stifterverband für die

Deutsche Wissenschaft/Stiftung Mercator" finanziell unterstützt wird (vgl. hierzu auch die Beiträge von Strobel & Faust sowie Abel in diesem Band).

Das Bamberger Auswahlverfahren ist ein Auswahlgespräch von 30 Minuten Dauer in einer Zweier-Kommission. Es wurde 2005 bereits zum vierten Mal durchgeführt. Die Auswahlquote beträgt 50%, die andere Hälfte der Plätze wird auf „klassische" Weise nach Abiturnote, Wartezeit und Härtefällen vergeben. Die mittlerweile ca. 120 Plätze können allerdings nicht allein aufgrund des Ergebnisses des Auswahlgesprächs besetzt werden. Entsprechend der gesetzlichen Vorgaben ist bei der Errechnung einer Gesamtnote das Ergebnis des Auswahlverfahrens gleichrangig mit der Abiturdurchschnittsnote zu berücksichtigen (Faust u.a. 2003).

Ziel von Auswahlverfahren ist es, geeigneteren Personen den Zugang zum Studium und den Beruf „GrundschullehrerIn" zu ermöglichen, als dies über eine reine Zulassung nach Abiturnote der Fall ist. Noch vor Studienbeginn soll eine Abklärung der Voraussetzungen der BewerberInnen und der Anforderungen des Studiums und des Berufs erfolgen, persönliche Misserfolgserlebnisse und Studienabbrüche sollen vermieden werden. Es wird erwartet, dass geeignetere Personen bei höherem Wohlbefinden leichter, schneller und besser studieren und auch im Beruf erfolgreicher sind.

Die hohen Erwartungen, die an Auswahlverfahren gerichtet sind, stehen allerdings im Gegensatz zur empirischen Datenlage. Die Abiturdurchschnittsnote gilt insgesamt als guter Prädiktor für den Studienerfolg. Studienleistungen lassen sich aus der Abiturdurchschnittsnote mit einer mittleren Validität von $r = 0{,}46$ voraussagen, wobei die Einzelwerte zwischen $r = -0{,}14$ und $r = 0{,}77$ variieren (Schuler 2001, 501ff.). Bei angehenden Grund- und Hauptschullehrern ist der Studienerfolg aufgrund von Schulnoten jedoch besonders schlecht vorauszusagen (Giesen u.a. 1986). Zudem kann Studienerfolg nicht nur – wie dies in Forschung und Praxis aus pragmatischen Gründen meist geschieht – an Studienabschlussnoten, sondern auch anderen Kriterien festgemacht werden: Studienerfolg vs. -abbruch, Studiendauer, allgemeine (berufsqualifizierende) Kompetenzen, Studienzufriedenheit und Berufserfolg (Rindermann & Oubaid 1999). Was den Zusammenhang zwischen Abiturnote und dem zuletzt genannten Kriterium „Berufserfolg" angeht, ist die Datenlage in Deutschland gänzlich unbefriedigend (Schuler 2001, 505).

Insgesamt kann festgehalten werden, dass die prognostische Validität, zumindest was eine Vorhersage des Studienerfolgs (Prüfungsergebnisse) betrifft, durch eine Verbindung von Abiturdurchschnittsnote, Fähigkeits- und Leistungstests sowie Auswahlgesprächen weiter erhöht werden kann (Rindermann & Oubaid

1999). Das Bamberger GLANZ-Projekt beabsichtigt deshalb auch eine Längsschnittevaluation des Auswahlverfahrens.

Auswahlgespräche erfüllen zudem Funktionen, die mit anderen Instrumenten nicht zu erfüllen sind: Sie sind gut geeignet zum Hinterfragen der Motivation für Studium und Beruf sowie zur Prüfung kommunikativer Fähigkeiten. Unter Umständen kann im Auswahlgespräch schon ein erster Schritt zu einer produktiven Arbeitsbeziehung gemacht werden, indem Lehrende und Studierende sich schon vor Studienaufnahme persönlich begegnen, was ja sonst nicht üblich ist (Trost 2005). Aus Sicht von Studierenden werden Auswahlgespräche insbesondere dann bevorzugt, wenn sie strukturiert und anforderungsbezogen konzipiert sind. Sie erzielen in der Einschätzung durch Studierende zusammen mit „Studierfähigkeitstests" und „Schulnoten" die höchsten Rangplätze unter verschiedenen Methoden zur Studienplatzvergabe (Hell & Schuler 2005). Mit Auswahlgesprächen verbundene Problematiken sind insbesondere der hohe Aufwand und die damit verbundenen Kosten in personeller und finanzieller Hinsicht. Kritisch gesehen werden Auswahlgespräche auch hinsichtlich ihrer Objektivität und Validität; diese lassen sich jedoch auf ein zufrieden stellendes Maß anheben, sofern die Auswahlgespräche methodische Standards berücksichtigen (Rindermann & Oubaid 1999, 184).

4 Auswahlkriterien

Die Auswahlgespräche haben nicht explizit das Ziel, Persönlichkeitsmerkmale zu „überprüfen", sondern es wird versucht, auf breiter Basis lehrerspezifische Eignungskriterien zu erheben. Die beiden Bezugspunkte sind „Studium" und „Beruf". Dabei wird nicht auf ein „fertiges" Modell zurückgegriffen; aus verschiedenen konzeptionellen und empirischen Quellen wurde ein eigenes „Eignungskonstrukt" mit insgesamt sechs Kriterien entworfen (Foerster & Faust 2005):

(1) *Berufsbezogene Interessen, Motivation*
Im Gespräch werden Informationen zur Motivation für den Lehrerberuf und die Lehrertätigkeit, aber auch für das Studium erhoben. Zentral ist das Verhältnis intrinsischer und extrinsischer Motive.

(2) *Pädagogische Vorerfahrungen*
Gefragt wird nach Vorerfahrungen der BewerberInnen vor allem im Umgang mit Kindern und Jugendlichen, die nach Art, Dauer, Anzahl und Tiefe beurteilt werden. In diesem Zusammenhang ist auch die Überprüfung des Umgangs mit positiven und negativen Erfahrungen relevant.

(3) *Wahrnehmungsfähigkeit*
Zur Erhebung der Wahrnehmungsfähigkeit wird den BewerberInnen ein knapp zweiminütiger Videoausschnitt einer Unterrichtsszene vorgeführt. Es soll ermittelt werden, inwieweit von den BewerberInnen bereits eine elementare Wahrnehmungsfähigkeit für pädagogische Prozesse (im Sinne einer Vorstufe zur diagnostischen Kompetenz) in das Studium mitgebracht wird.

(4) *Kontaktbereitschaft und Kommunikationsfähigkeit*
Überprüft werden hier Ausdrucksfähigkeit in der Sprache und in der Gestaltung von Äußerungen, Herstellen und Halten des Kontakts zu beiden Kommissionsmitgliedern (auch Gestik, Mimik) sowie Situationsangemessenheit des gesamten Auftretens in der Sprache und im Verhalten.

Zusätzlich zu den vier vorgestellten Hauptkriterien werden zwei weitere Kriterien im Auswahlgespräch herangezogen:

(5) *Reflexionsfähigkeit, Differenzierungsvermögen, intellektuelle Beweglichkeit*
Hier geht es darum, inwieweit die Bewerberin Gedanken weiterführen kann, Gesprächsimpulse und Nuancen erkennt, sich einer angemessenen Sprache bedient und keine Floskeln verwendet.

(6) *Mappe*
Die BewerberInnen bringen zum Gespräch eine Mappe (ähnlich einer Bewerbungsmappe) mit, die vor allem in Hinblick auf ihre Aussagekraft (Informationswert, Gliederung, Strukturiertheit der Unterlagen) im Hinblick auf die Vergabe eines Studienplatzes im Fach Grundschulpädagogik bewertet wird.

Alle Kriterien wurden „operationalisiert", die jeweiligen Kommissionen legen Protokolle an und beurteilen die Gespräche direkt im Anschluss an diese entsprechend einer Bewertungsliste (jeweils 0 bis 4 Punkte für die Kriterien 1 bis 4, 0 bis 2 Punkte für die Kriterien 5 und 6, insgesamt also maximal 20 Punkte). Eine Analyse der Reliabilität ergibt einen Cronbach Alpha-Gesamtwert von 0,86 und damit eine hohe interne Konsistenz. Das Item „Mappe" (r_{tT} = 0,43) erweist sich allerdings als wenig aussagekräftig, im Gegensatz zu den anderen Items, deren Trennschärfe sehr hoch ist (r_{tT} = 0,66 bis 0,77). Alle Items haben zudem eine mittlere Schwierigkeit. Aussagen über die prognostische Validität können hieraus allerdings nicht abgeleitet werden. Weder die Abiturnote (r = 0,09) noch eines der Einzelkriterien (r = -0,04 bis 0,13) korrelieren mit dem Gesamtergebnis des Auswahlgesprächs.

5 Fragestellungen, Stichprobe und Operationalisierungen

In einer explorativen Studie wird folgenden Fragestellungen nachgegangen:

(1) Welche Persönlichkeitsmerkmale bringen Studienanfängerinnen des Lehramts an Grundschulen mit?

(2) Werden durch das Auswahlverfahren Personen aufgenommen, deren Persönlichkeitsmerkmale sich von den auf anderen Wegen rekrutierten Personen unterscheiden, obwohl das Auswahlverfahren nicht explizit als Instrument zur Überprüfung von Persönlichkeitsmerkmalen konzipiert ist?

Die Stichprobe umfasst 90 Erstsemesterstudentinnen, die im WS 2004/2005 ihr Studium zum Lehramt am Grundschulen in Bamberg aufgenommen haben. Die (beiden) männlichen Studienanfänger bleiben bei der Auswertung unberücksichtigt. Die Befragung erfolgte in der fünften Studienwoche (November 2004). Etwa zwei Drittel der Studienanfängerinnen waren zum Zeitpunkt der Befragung 19 bzw. 20 Jahre alt, ein Drittel war älter. Die Persönlichkeitsmerkmale wurden mit dem NEO-PI-R-Persönlichkeitsfragebogen nach Costa und McCrae in der deutschsprachigen Fassung von Ostendorf & Angleitner (2004) zur Erfassung der Merkmalsbereiche des Fünf-Faktoren-Modells erhoben.

Die Zulassung zum Grundschullehramtsstudium erfolgt an der Universität Bamberg auf unterschiedlichen Wegen. Wie Tabelle 1 zu entnehmen ist, kamen die meisten Studierenden (N = 35) über das Nachrückverfahren (E) zu einem Studienplatz. Die Ursache hierfür ist, dass regelmäßig viele der nach Abiturnote (und einige aufgrund des Auswahlgesprächs) Zugelassenen ihren Studienplatz nicht in Anspruch nehmen. Zusätzlich wurde die Anzahl der Studienplätze ein paar Wochen vor Semesterbeginn erhöht. Aufgrund von Leistung (A) und aufgrund des Auswahlverfahrens (C) haben 28 bzw. 20 Studentinnen das Lehramtsstudium begonnen. Für die Zulassungswege B und D ist aufgrund der geringen Fallzahl eine Einzelauswertung nicht sinnvoll, sodass auf eine Vorstellung der Ergebnisse zu diesen beiden Kohorten verzichtet wird.

Tab. 1: Stichprobe, aufgeteilt nach Zulassungswegen

Kohorte	Zulassungsweg	N
A	Aufgrund von Leistung (Abiturnote)	28
B	Aufgrund von Wartezeit oder als Härtefall	5
C	Aufgrund des Auswahlverfahrens	20
D	Beim Auswahlverfahren zwar abgelehnt, aber im Nachrückverfahren zugelassen	2
E	Über Nachrückverfahren zugelassen	35
A-E	Gesamt	90

6 Deskriptive Befunde

Verglichen mit den Normwerten der Gesamtstichprobe weist die Stichprobe in der Dimension „Offenheit für Erfahrungen" signifikant niedrigere Werte auf, die Werte für die Dimensionen Neurotizismus, Verträglichkeit und insbesondere Extraversion sind dagegen deutlich höher (siehe Tabelle 2).

Tab. 2: Mittelwerte und Standardabweichungen der im NEO-PI-R erhaltenen T-Werte auf Basis der Normwerte der Gesamtstichprobe

	N	Min.	Max.	AM	SD
Neurotizismus	90	31.70	71.18	53.44**	7.66
Extraversion	90	34.65	72.90	55.00**	7.85
Offenheit für Erfahrungen	90	27.37	65.59	47.53**	7.84
Verträglichkeit	90	33.72	72.61	52.92**	6.64
Gewissenhaftigkeit	90	25.68	71.43	50.40	8.78

**$p < 0.01$

Tab. 3: Mittelwerte und Standardabweichungen der im NEO-PI-R erhaltenen T-Werte auf Basis der Normwerte der 16-20-jährigen Frauen

	N	Min.	Max.	AM	SD
Neurotizismus	90	25.21	67.50	48.50*	8.20
Extraversion	90	31.27	71.04	52.43**	8.16
Offenheit für Erfahrungen	90	20.90	64.12	43.70**	8.86
Verträglichkeit	90	33.57	72.79	52.93**	6.70
Gewissenhaftigkeit	90	27.98	73.52	52.58**	8.74

*$p < 0.05$, **$p < 0.01$

Auf Basis der Normwerte der 16-20-jährigen Frauen, also der Altersgruppe, der ca. zwei Drittel der Befragten angehören, bestätigt sich für die Dimension „Offenheit für Erfahrungen", dass die Werte für die Stichprobe hochsignifikant unterhalb der Vergleichswerte liegen. Ebenfalls unterdurchschnittlich sind die Werte für „Neurotizismus", wenngleich in wesentlich geringerem Ausmaß. Die Werte für die anderen Dimensionen liegen dagegen signifikant über den Normwerten (siehe Tabelle 3).

Im Hinblick auf die Frage, ob sich Unterschiede zwischen den verschiedenen Wegen des Studienzugangs zeigen, werden exemplarisch die Ergebnisse für die Persönlichkeitsdimensionen „Neurotizismus", „Extraversion" und „Offenheit für Erfahrungen" sowie die Facette „Frohsinn" vorgestellt (siehe hierzu die Tabellen 4 bis 7). Die Relevanz der ausgewählten Bereiche für den Lehrerberuf wurde zuvor diskutiert (siehe Abschnitt „Theoretischer Hintergrund").

Tab. 4: *Ergebnisse für die Dimension „Neurotizismus"*
(Häufigkeitsverteilung auf Basis der Normstichprobe der
16-20-jährigen Frauen)

		sehr niedrig	niedrig	durchschnittlich	hoch	sehr hoch	N
Abiturnote (A)	Anzahl	1	8	13	6	0	28
	Prozent	3.6%	28.6%	46.4%	21.4%	0.0%	
Auswahlverfahren (C)	Anzahl	2	4	13	0	1	20
	Prozent	10.0%	20.0%	65.0%	0.0%	5.0%	
Nachrückverfahren (E)	Anzahl	0	8	20	5	2	35
	Prozent	0.0%	22.9%	57.1%	14.3%	5.7%	
Gesamt (A, B, C, D, E)	Anzahl	3	24	48	12	3	90
	Prozent	3.3%	26.7%	53.3%	13.3%	3.3%	

Es zeigt sich, dass in der Dimension „Neurotizismus" die über Abiturnote und Nachrückverfahren zugelassenen Studierenden in den Kategorien „hoch" und „sehr hoch" stärker vertreten sind als diejenigen, die über das Auswahlgespräch einen Studienplatz erhalten haben (nur eine Studienanfängerin mit sehr hohen Werten). Die Werte liegen insgesamt leicht unter den Werten der Normstichprobe der 16-20-jährigen Frauen.

Tab. 5: *Ergebnisse für die Dimension „Extraversion" (Häufigkeitsverteilung auf Basis der Normstichprobe der 16-20-jährigen Frauen)*

		sehr niedrig	niedrig	durch-schnitt-lich	hoch	sehr hoch	N
Abiturnote (A)	Anzahl	0	7	11	8	2	28
	Prozent	0.0%	25.0%	39.3%	28.6%	7.1%	
Auswahlverfahren (C)	Anzahl	1	3	9	6	1	20
	Prozent	5.0%	15.0%	45.0%	30.0%	5.0%	
Nachrückverfahren (E)	Anzahl	1	2	18	13	1	35
	Prozent	2.9%	5.7%	51.4%	37.1%	2.9%	
Gesamt (A, B, C, D, E)	Anzahl	2	12	43	29	4	90
	Prozent	2.2%	13.3%	47.8%	32.2%	4.4%	

Die Unterschiede zwischen den einzelnen Gruppen fallen in der Dimension „Extraversion" gering aus. Bei allen Gruppen lässt sich jedoch ein im Vergleich zu den Normwerten der Stichprobe der 16-20-jährigen Frauen relativ hoher Prozentsatz für die Bereiche „hoch" und „sehr hoch" identifizieren. Dementsprechend weisen vergleichsweise wenige Studienanfängerinnen „sehr niedrige" bzw. „niedrige" Werte auf.

Tab. 6: *Ergebnisse für die Facette „Frohsinn" (Häufigkeitsverteilung auf Basis der Normstichprobe der 16-20-jährigen Frauen)*

		sehr niedrig	niedrig	durch-schnitt-lich	hoch	sehr hoch	N
Abiturnote (A)	Anzahl	0	10	8	6	4	28
	Prozent	0.0%	35.7%	28.6%	21.4%	14.3%	
Auswahlverfahren (C)	Anzahl	2	3	10	5	0	20
	Prozent	10.0%	15.0%	50.0%	25.0%	0.0%	
Nachrückverfahren (E)	Anzahl	0	4	19	11	1	35
	Prozent	0.0%	11.4%	54.3%	31.4%	2.9%	
Gesamt (A, B, C, D, E)	Anzahl	2	17	43	23	5	90
	Prozent	2.2%	18.9%	47.8%	25.6%	5.6%	

Wie der Tabelle 6 entnommen werden kann, sind auch in der Facette „Frohsinn" die Unterschiede zwischen den Kohorten eher gering, auch gibt es insgesamt keine deutlichen Unterschiede zu den Normwerten der Vergleichsstichprobe.

Durch das Auswahlverfahren werden nicht überdurchschnittlich viele Studentinnen mit hohen „Frohsinn-"(Optimismus-)Werten ausgewählt.

Tabelle 7 zeigt, dass sich für die Dimension „Offenheit für Erfahrungen" insgesamt tendenziell sehr niedrige Werte identifizieren lassen, für „sehr niedrig" und „niedrig" zusammen fast 57% und damit mehr als doppelt so viele wie in der Vergleichsstichprobe. „Sehr hoch" weist keine einzige Studienanfängerin auf, der Prozentsatz für „hoch" und „sehr hoch" liegt mit knapp 9% deutlich unter dem zu erwartenden Normwert der 16-20-jährigen Frauen. Allerdings scheinen über das Auswahlverfahren vergleichsweise noch am ehesten Studierende mit höheren „Offenheitswerten" ausgewählt zu werden, immerhin 10% mit „hoch" und „nur" 45% mit mindestens niedrigen Werten. Bei den nach Abiturnote zugelassenen Studienanfängerinnen weisen immerhin über 71% mindestens niedrige Werte in diesem Bereich auf. Die Werte liegen hier deutlich über den Werten der Vergleichsstichprobe.

Tab. 7: *Ergebnisse für die Dimension „Offenheit für Erfahrungen" (Häufigkeitsverteilung auf Basis der Normstichprobe der 16-20-jährigen Frauen)*

		sehr niedrig	niedrig	durchschnittlich	hoch	sehr hoch	N
Abiturnote (A)	Anzahl	4	15	9	0	0	28
	Prozent	14.3%	57.1%	28.6%	0.0%	0.0%	
Auswahlverfahren (C)	Anzahl	4	5	7	4	0	20
	Prozent	20.0%	25.0%	45.0%	10.0%	0.0%	
Nachrückverfahren (E)	Anzahl	4	15	13	3	0	35
	Prozent	11.4%	42.9%	37.1%	8.6%	0.0%	
Gesamt (A, B, C, D, E)	Anzahl	13	38	31	8	0	90
	Prozent	14.4%	42.4%	34.4%	8.9%	0.0%	

7 Zusammenfassung und Diskussion

Im Mittelpunkt der explorativen Studie steht erstens die Frage, welche Ausprägungen Studierende in den Persönlichkeitsmerkmalen des NEO-PI-R ins Studium mitbringen. Dies wird an einer Stichprobe von 90 Studienanfängerinnen des Lehramts an Grundschulen an der Universität Bamberg überprüft. Zweitens wird untersucht, ob zwischen den Zulassungswegen „Abiturnote", „Auswahlverfahren" und „Nachrückverfahren" Unterschiede in den Dimensionen „Neurotizismus", „Extraversion" und „Offenheit für Erfahrungen" sowie die Facette

„Frohsinn" bestehen. Es wird also gefragt, ob die durch das Auswahlverfahren ausgewählten Studentinnen sich hinsichtlich der Persönlichkeitsmerkmale unterscheiden, obwohl das konstruierte Auswahlinstrument nicht explizit die Bereiche der „Big Five" zu überprüfen intendiert. Es kann jedoch davon ausgegangen werden, dass einzelne Verbindungen zwischen den entwickelten Eignungskriterien und den Persönlichkeitsdimensionen des NEO-PI-R bestehen.

Für die Dimension „Neurotizismus" ergeben sich bei den in dieser Studie befragten Studienanfängerinnen des Lehramts an Grundschulen höhere Werte zu den Vergleichswerten der Gesamtstichprobe und leicht niedrigere, wenn man die Gruppe der 16-20-jährigen Frauen als Referenz heranzieht. Über das Auswahlverfahren wurde lediglich eine Studentin zugelassen, bei der es (nach den Daten der Befragung) Hinweise auf eine mögliche emotionale Labilität gibt. Knapp ein Drittel der Studienanfängerinnen beschreibt sich selbst als emotional stabil und bringt daher günstige Voraussetzungen für Studium und Beruf mit. Bedenklich ist jedoch, dass etwa ein Sechstel der Studienanfängerinnen hohe bzw. sehr hohe Werte in dieser Dimension aufweist. Auswirkungen auf die Studienleistungen und die Befindlichkeit in Studium und Beruf sind nicht auszuschließen.

Die in der Stichprobe ermittelten Werte für das Persönlichkeitsmerkmal „Extraversion" liegen insgesamt höher als in den Normstichproben. Die Unterschiede zwischen den Kohorten fallen gering aus. Wegen der hohen Bedeutung von Kontaktfähigkeit und Kontaktfreudigkeit für den Lehrerberuf können die im Vergleich zur Gesamtbevölkerung höheren Werte der untersuchten Stichprobe im Merkmal Extraversion im Hinblick auf eine spätere Berufsausübung positiv bewertet werden, lediglich zwei Studienanfängerinnen weisen in diesem Merkmal sehr niedrige Werte auf. Der Extraversions-Facette „Frohsinn" wurde in die Untersuchung aufgenommen, weil sie in enger Beziehung zu den „Optimismus"-Dimensionen stehen dürfte (Ostendorf & Angleitner 2004), deren Bedeutung für den Beruf des Lehrers in zahlreichen Studien – wie oben diskutiert – herausgearbeitet wurde. In der hier untersuchten Bamberger Stichprobe weisen gut 21% der Studienanfängerinnen niedrige bzw. sehr niedrige Werte in der Facette „Frohsinn" auf. Unter Umständen muss bei einigen dieser Studentinnen mit Einschränkungen in der Motivation gerechnet werden. Dies wären – bei aller gebotenen Vorsicht – ungünstige Voraussetzungen für ein engagiertes Angehen späterer beruflicher Herausforderungen.

Für die Dimension „Offenheit für Erfahrungen" fallen die ermittelten Werte hochsignifikant niedriger aus, sowohl im Vergleich zur Gesamtstichprobe als auch im Vergleich zur Altersgruppe der 16-20-jährigen Frauen, der etwa zwei Drittel der Befragten angehören. Mehr als die Hälfte der Studienanfängerinnen weist „niedrige" bzw. „sehr niedrige" Werte in der Dimension „Offenheit für Erfahrungen" auf. Dieser Befund könnte unter Umständen ein Hinweis auf geringes Interesse an neuen Erfahrungen und Erlebnissen sein. Personen mit niedrigen Ausprägungen in dieser Dimension können als eher konventionell, konservativ und konformistisch eingestellt beschrieben werden, Wissbegierde und Vielfalt an Interessen sind eingeschränkt, Bekanntes und Bewährtes wird Neuem vorgezogen (Ostendorf & Angleitner 2004, 42). Es ist zu vermuten, dass sich – analog zu den Befunden der TOSCA-Studie und den Ergebnissen von Mayr (2003) – positive Zusammenhänge zwischen „Offenheit" und (Studien-)Leistungen sowie leistungsförderlichen Lernstrategien (Blickle 1996) identifizieren lassen. Möglicherweise zeigt sich bei „weniger offenen" LehrerInnen auch eine geringere intellektuelle Beweglichkeit im Unterricht. Auch die Bereitschaft zur Innovation könnte eingeschränkt sein.

Insgesamt lässt sich anhand der vorliegenden Befunde nicht bestätigen, dass sich die Persönlichkeitsmerkmale der durch das Auswahlverfahren aufgenommenen Studentinnen generell von den auf anderen Wegen zugelassenen Personen unterscheiden. Für die Dimensionen „Neurotizismus" und „Offenheit für Erfahrungen" gibt es jedoch Hinweise darauf, dass die über das Auswahlverfahren zugelassenen Studienanfängerinnen vor dem Hintergrund der diskutierten Forschungsbefunde „günstigere" personale Voraussetzungen ins Studium mitbringen. Ob es sich um einen zufälligen Befund handelt bzw. welche Ursachen hierfür in Betracht kommen könnten, kann anhand der erhobenen Daten nicht gesichert festgestellt werden. Es gilt, diesem Phänomen in einer Untersuchung weiterer Studienanfängerinnen-Kohorten unter Vergrößerung der Stichprobe weiter nachzugehen. Für die anderen untersuchten Dimensionen (und die Facette „Frohsinn") können dagegen keine Unterschiede festgestellt werden. Durch die Auswahlgespräche in der bestehenden Form werden besonders problematische Persönlichkeitsausprägungen und Merkmalskonstellationen nicht in jedem Fall erkannt.

Unterstellt man eine weitgehende Stabilität und relative Resistenz von Persönlichkeitseigenschaften, wie dies in der Fünf-Faktoren-Theorie von McCrae & Costa (1999) angenommen wird, also auch einen insgesamt eher geringen Spielraum für Persönlichkeitsbildung in der Lehrerbildung, ist zu fragen, ob sich Laufbahnberatungen und Auswahlverfahren nicht stärker an „mitgebrachten" Persönlichkeitsmerkmalen orientieren sollten. Hier würden dann insbesondere Dimensionen in den Blick geraten, deren Zusammenhang mit studien- oder berufsrelevanten Effekten nachgewiesen ist, z.B. bestimmte problematische Risikomusterkonstellationen bzw. sehr ungünstige Ausprägungen in einzelnen Merkmalsbereichen. Eine einseitige Betonung von Persönlichkeitsmerkmalen in Beratung und Auswahl scheint keinesfalls angeraten, jedoch sprechen die empirischen Befunde ebenfalls gegen eine beliebige Erlernbar- und Trainierbarkeit von Kompetenzen und damit gegen ein völliges Ignorieren der Dimension der Persönlichkeit bei der Studienwahl. Ein faires Auswahlverfahren vor dem Studium kann zudem eine beratende Funktion haben. Es kann Interessierte an einem Lehramtsstudium bei der Klärung der Frage unterstützen, ob sie günstige Voraussetzungen für das Studium und den Beruf GrundschullehrerIn mitbringen.

Literatur

Barth, A.R. (1997): Burnout bei Lehrern. Göttingen: Hogrefe.

Blickle, G. (1996): Personality traits, learning strategies, and performance. European Journal of Personality, 10, 337-352.

Blömeke, S. (2004): Empirische Befunde zur Wirksamkeit der Lehrerbildung. In: Blömeke, S. u.a. (Hrsg.): Handbuch Lehrerbildung. Bad Heilbrunn (Obb.): Klinkhardt, 59-91.

Bromme, R. & Haag, L. (2004): Forschung zur Lehrerpersönlichkeit. In: Helsper, W. & Böhme, J. (Hrsg.): Handbuch der Schulforschung. Wiesbaden: VS Verlag für Sozialwissenschaften, 777-793.

Faust, G. et al. (2003): Auswahlgespräche zur Vergabe von Studienplätzen im Lehrerstudium. Erfahrungen im Fach Grundschulpädagogik in Bamberg. Die Deutsche Schule, 95, 329-338.

Foerster, F. & Faust, G. (2005): Auswahlgespräche zur Vergabe von Studienplätzen im Grundschullehramtsstudium − Standardsicherung durch Steuerung des Zugangs? In: Götz, M. & Müller, K. (Hrsg.): Grundschule zwischen den Ansprüchen der Standardisierung und Individualisierung. Wiesbaden: VS Verlag für Sozialwissenschaften, 231-236.

Giesen, H. et al. (1986): Prognose des Studienerfolgs. Ergebnisse aus Längsschnittuntersuchungen. Frankfurt/Main: Arbeitsgruppe Bildungslebensläufe.

Hell, B. & Schuler, H. (2005): Verfahren der Studierendenauswahl aus Sicht der Bewerber. Empirische Pädagogik, 19(4), 361-376.

Helmke, A. (2003): Unterrichtsqualität erfassen, bewerten, verbessern. Seelze: Kallmeyer.

Hertramph, H. & Herrmann, U. (1999): „Lehrer" − eine Selbstdefinition. Ein Ansatz zur Analyse von „Lehrerpersönlichkeit" und Kompetenzgenese durch das sozial-kognitive Modell der Selbstwirksamkeitsüberzeugung. In: Carle, U. & Buchen, S. (Hrsg.): Jahrbuch für Lehrerforschung, Band 2, Weinheim: Juventa, 49-70.

Lipowsky, F. (2003): Wege von der Hochschule in den Beruf − Eine empirische Studie zum beruflichen Erfolg von Lehramtsabsolventen in der Berufseinstiegsphase. Bad Heilbrunn (Obb.): Klinkhardt.

Lüdtke, O. & Trautwein, U. (2004): Die gymnasiale Oberstufe und psychische Ressourcen: Gewissenhaftigkeit, intellektuelle Offenheit und die Entwicklung von Berufsinteressen. In: Köller, O. et al. (Hrsg.): Wege zur Hochschulreife in Baden-Württemberg. TOSCA – Eine Untersuchung an allgemein bildenden und beruflichen Gymnasien. Opladen: Leske + Budrich, 367-401.

Mayr, J. (1994): Lehrerstudenten gestern – heute – morgen. Persönlichkeitsmerkmale im Institutionen- und Kohortenvergleich. In: Mayr, J. (Hrsg.): Lehrer/in werden. Innsbruck: Österreichischer StudienVerlag, 79-97.

Mayr, J. (2002): Sich Standards aneignen. Befunde zur Bedeutung der Lernwege und der Bearbeitungstiefe. Journal für Lehrerinnen- und Lehrerbildung, 2(1), 29-37.

Mayr, J. (2003): Persönlichkeitsfragebögen in der Lehrerforschung und Lehrerberatung. In: Samac, K. (Hrsg.): Empirisches Arbeiten in der Arbeitsgemeinschaft der Bewegungserzieherinnen und Bewegungserzieher an Pädagogischen Akademien. Theorie & Praxis, Heft 20, Wien: BMBWK, 79-89.

Mayr, J. (2006): Persönlichkeitsentwicklung im Studium. Eine Pilotstudie zum Wirkungspotential von Lehrerbildung. In: Hilligus, A.H. & Rinkens, H.-D. (Hrsg.): Standards und Kompetenzen – neue Qualität in der Lehrerausbildung? Neue Ansätze und Erfahrungen in nationaler und internationaler Perspektive. Münster: Lit-Verlag, 249-260.

Mayr, J. & Mayrhofer E. (1994): Persönlichkeitsmerkmale als Determinanten von Leistung und Zufriedenheit bei LehrerstudentInnen. In: Mayr, J. (Hrsg.): Lehrer/in werden. Innsbruck: Österreichischer StudienVerlag, 113-127.

McCrae, R.R. & Costa, P.T. (Jr.) (1987): Validation of the five-factor model of personality across instruments and observers. Journal of Personality and Social Psychology, 52, 81-90.

McCrae, R.R. & Costa, P.T. (Jr.) (1999): A five-factor theory of personality. In: Pervin, L.A. & John, O.P. (Eds.): Handbook of personality psychology. New York: Academic Press, 139-153.

Oser, F. (2001): Standards: Kompetenzen von Lehrpersonen. In: Oser, F. & Oelkers, J. (Hrsg.): Die Wirksamkeit der Lehrerbildungssysteme. Von der Allrounderbildung zur Ausbildung professioneller Standards. Chur: Rüegger, 215-342.

Ostendorf, F. & Angleitner, A. (2004): NEO-PI-R. Neo-Persönlichkeitsinventar nach Costa und McCrae. Revidierte Fassung. Manual. Göttingen u.a.: Hogrefe.

Rindermann, H. & Oubaid, V. (1999): Auswahl von Studienanfängern durch Universitäten – Kriterien, Verfahren und Prognostizierbarkeit des Studienerfolgs. Zeitschrift für Differentielle und Diagnostische Psychologie, 20, 172-191.

Schaarschmidt, U. (2004): Situationsanalyse. In: Schaarschmidt, U. (Hrsg.): Halbtagsjobber? Psychische Gesundheit im Lehrerberuf – Analyse eines veränderungsbedürftigen Zustandes. Weinheim: Beltz, 41-71.

Schaarschmidt, U. & Fischer, A.W. (2001): Bewältigungsmuster im Beruf. Persönlichkeitsunterschiede in der Auseinandersetzung mit der Arbeitsbelastung. Göttingen: Vandenhoeck & Ruprecht.

Trost, G. (2005): Studierendenauswahl durch die Hochschulen: Welche Verfahren kommen prinzipiell in Betracht, welche nicht? Psychologische Rundschau, 56(2), 138-140.

Schuler, H. (2001): Noten und Studien- und Berufserfolg. In: Rost, D.H. (Hrsg.): Handwörterbuch Pädagogische Psychologie, 2. Aufl. Weinheim: PVU, 501-507.

Urban, W. (1984): Persönlichkeitsstruktur und Unterrichtskompetenz. Wien: Österreichischer Bundesverlag.

Urban, W. (1992): Untersuchungen zur Prognostizierbarkeit der Berufszufriedenheit und der Berufsbelastung bei österreichischen Hauptschullehrern. Empirische Pädagogik, 6(2), 131-148.

Dženana Mörtl-Hafizović, Andreas Hartinger & Maria Fölling-Albers
Akzeptanz situierter Lernerfahrungen in der Lehrerbildung

1 Einführung

Lehrerhandeln ist eine sehr *komplexe Aufgabe*. Es geht neben erzieherischen Aufgaben darum, zunehmend heterogener werdenden Schülergruppen fachliche Inhalte auf didaktisch angemessene Weise zu vermitteln. Möglichst allen Kindern einer Klasse die jeweils passenden Lernangebote zu machen, setzt bei den Lehrkräften die Diagnose des Lernstandes der Kinder – und darauf aufbauend – die Auswahl und Präsentation des geeigneten Lernmaterials voraus.

Schulisches Lehren und Lernen wurde nach den „Modellen der Allgemeinen Didaktik" (z.B. Klafki 1962, 1992; Heimann, Otto & Schulz 1965; Schulz 1980) bisher überwiegend aus der Perspektive des „Unterricht-Haltens" wahrgenommen: Bei der Unterrichtsvorbereitung sollte ein Lehrgegenstand vor allem daraufhin überprüft werden, inwiefern er bildungswirksam sei bzw. „gemacht" werden könne und wie man ihn methodisch so aufbereiten könne, dass er für die SchülerInnen auch „lernbar" sei. Dabei richtete sich der Unterricht in der Regel an alle SchülerInnen in gleicher Weise; gegebenenfalls wurden in der Vertiefungs- oder Übungsphase Differenzierungsangebote für schnellere oder langsamere LernerInnen gemacht. Die Berücksichtigung der (sozio-kulturellen) Lernvoraussetzungen der Schüler (nach Heimann, Otto & Schulz 1965) bezog sich vor allem auf allgemeine Angaben zum vorhergegangenen Unterrichtsstoff, auf den allgemeinen Lernstand der Klasse, soziale oder andere Auffälligkeiten. Der Anspruch, den Lern- und Entwicklungsstand von Kindern explizit zu diagnostizieren und gezielte, individuell passende Förderangebote zu entwickeln, ist ein relativ neuer Anspruch an das Lehrerhandeln.

Neben dieser neuen Herausforderung wird Unterrichten heute zunehmend als „komplexe Managementaufgabe" gesehen (Krainer 2003, 970), wobei die Problemlagen oftmals schwach strukturiert, d.h. oft nicht klar vorgegeben sind und von den LehrerInnen „erst bestimmt und klassifiziert werden müssen" (Bauer 1992, 328). Damit ist neben der hohen Komplexität die *„begrenzte Technologisierbarkeit* der pädagogischen Tätigkeit" (Inckemann 2000, 233; Hervorhebung durch die Verfasser) als weiteres Charakteristikum des Lehrerhandelns genannt. Es scheint deshalb erforderlich, dass künftige LehrerInnen in ihrem Studium eine Wissensbasis erwerben, die sich durch einen hohen Grad an *Komplexität, Flexibilität und Anwendungsqualität* auszeichnet. Da die genannten neuen Aufgaben im Wesentlichen den Erfahrungen widersprechen, die die (künftigen) LehrerInnen in ihrer eigenen Schulzeit gemacht haben, sollten sie im Verlauf der Studien- und Berufssozialisation mit den neuen Herausforderungen möglichst früh konfrontiert werden, um Wissen, Einsicht und Handeln so weit wie möglich zu verknüpfen.

Vieles spricht dafür, dass situierte Lernbedingungen dafür geeignet sind, diese Qualität der Auseinandersetzung und die geforderten Konsequenzen einzulösen. Denn in diesen Lernformen erhalten die Studierenden im Rahmen relativ authentischer Lernsituationen Gelegenheit, typische unterrichtliche Problemlösungen zu erarbeiten, zu diskutieren und zu reflektieren. Es ist aber auch zu fragen, ob situierte Lernbedingungen für alle Studierenden in gleicher Weise als Lernbedingungen geeignet sind. Zu *ATI-Effekten* (Aptitude-Treatment-Interaction) liegen zwar nur wenige Befunde vor (Stark, Gruber, Renkl & Mandl 1997); diese weisen jedoch darauf hin, dass im Gegensatz zum theoretischen Anspruch authentische, komplexe Probleme nicht per se und nicht gleichermaßen motivierend auf alle Lernenden wirken. So könnten die komplexen, neuen Lernbedingungen auf Studierende, die gewohnte Lernmuster bevorzugen und eher gewissheitsorientiert sind, verunsichern und abschrecken, während andere Studierende sich herausgefordert fühlen. Ein Konstrukt, das diese individuell unterschiedlichen Dispositionen inhaltlich umfasst, stellt die so genannte *Ambiguitätstoleranz* einer Person dar (Hartinger, Fölling-Albers & Mörtl-Hafizović 2005). Ob und in welcher Weise die Ambiguitätstoleranz [AT] als Lernervoraussetzung hinsichtlich der Effektivität situierter Lernbedingungen eine Rolle spielt, war eine der Fragestellungen unserer Untersuchung.

Nachfolgend wird zunächst das Konzept des situierten Lernens kurz skizziert (Abschnitt 2). Im Anschluss daran wird das Design der Untersuchung beschrieben, in der wir die Chancen situierter Lernumgebungen für den Aufbau förderdiagnostischer Kompetenzen bei unterschiedlichen Lernergruppen empirisch geprüft haben (Abschnitt 3). Danach werden Ergebnisse aus dieser Untersuchung präsentiert – und hier werden vor allem Daten aus den qualitativen Erhebungen, die von Studierenden der situierten Lernumgebung gewonnen worden waren, unter bestimmten Gesichtspunkten vergleichend ausgewertet. Dabei werden Aussagen von Studierenden, die gemäß unserer Eingangserhebung eine hohe bzw. eine niedrige AT hatten, einander gegenüber gestellt (Abschnitt 4). Das abschließende Fazit (Abschnitt 5) fasst einzelne Ergebnisse vor dem Hintergrund der Theorie noch einmal zusammen.

2 Situiertes Lernen

Seit den 1980er Jahren werden verschiedene Konzepte für die Gestaltung von so genannten situierten Lernumgebungen erprobt (Reinmann-Rothmeier & Mandl 2001, 617). *Theoretischer Hintergrund* dieser Lernumgebungen sind in erster Linie die so genannten Situiertheitserklärungen „trägen Wissens" sowie die Annahme der aktiven, selbstgesteuerten Konstruktion von Wissen durch den Lernenden.

Das Phänomen des *„trägen Wissens"* – erstmals 1929 von Whitehead als solches bezeichnet („inert knowledge") – konnte mittlerweile in verschiedenen Bereichen instruktionaler Bildung, nämlich Schule, Berufsschule und Hochschule, nachgewiesen werden (Gruber, Mandl & Renkl 2000) und bezeichnet eine „Kluft zwischen Wissen und Handeln" (Mandl & Gerstenmaier 2000): Obwohl das Wissen vorhanden ist, um eine bestimmte Aufgabe zu lösen, wird diese Aufgabe nicht oder falsch gelöst. Es findet kein Wissenstransfer, keine erfolgreiche „Anwendung vorhandenen Wissens in neuen Kontexten" (Law 2000, 255), statt. *Situiertheitserklärungen* zum „trägen Wissen" gehen davon aus, dass jegliches Lernen an die kontextualen Bedingungen der jeweiligen Lernsituation gebunden ist (Renkl 1996, 84f.; Renkl 2001, 719). Die Folge ist die, dass ein Individuum das jeweilige Wissen mit den Bedingungen der Lernsituation verknüpft wahrnimmt, verarbeitet und speichert – dieser Sachverhalt wird mit *„Situiertheit des Wissens"* bzw. *„Situated Cognition"* umschrieben. Unterscheidet sich die jeweilige Lernsituation zu stark von der Anwendungssituation, kann demnach das erworbene Wissen häufig nicht angewendet werden – das Wissen ist „träge".

Der Begriff *„Situiertes Lernen"* ist eine Art Sammelbezeichnung, unter der verschiedene theoretische Ansätze, aber auch unterschiedliche Instruktionsmodelle firmieren (deutschsprachige Zusammenfassungen z.B. bei Reinmann-Rothmeier & Mandl 2001, 615f.). Es liegt also nahe, dass sich die Modelle im Hinblick auf ihre instruktionalen Umsetzungen und Konkretisierungen zum Teil beträchtlich unterscheiden, wenngleich sie von den gleichen grundlegenden Annahmen situierter Kognition, z.B., dass anwendungsbezogenes Wissen wegen der grundsätzlichen *Kontextgebundenheit jeglichen Wissens* nur mit Hilfe *komplexer authentischer Problemsituationen* erworben werden kann, ausgehen – Gruber, Mandl und Renkl sprechen hier von der „Kernidee dieser Ansätze" (2000, 144). Bei aller Verschiedenheit „der heterogenen ‚Familie' situierter Instruktionsansätze" (Stark & Mandl 2000, 95) lassen sich zum einen das *gemeinsame Ziel*, den Aufbau trägen Wissens zu verhindern und dagegen den *Aufbau flexibler und multipler Wissensrepräsentationen zu fördern* und zum anderen folgende *gemeinsame Implementationsmerkmale oder -prinzipien* formulieren (siehe z.B. Mandl, Gruber & Renkl 2002, 143f.; Gerstenmaier & Mandl 1995, 879):

(1) *Authentizität:* Die Lernsituationen sollen den realen Anwendungssituationen möglichst nahe kommen. Dadurch wird die Lernsituation zu einer *komplexen authentischen oder zumindest realitätsnahen Problemstellung,* die im Allgemeinen aufgrund ihrer Komplexität nicht wohl, sondern eher schlecht und unklar strukturiert ist, also auch widersprüchliche oder hinsichtlich einer Problemlösung auch irrelevante Informationen enthält.

(2) *Multiple Kontexte und Perspektiven*: Lernende sollten schon während des Lernprozesses den Lerninhalt aus möglichst vielen Perspektiven betrachten können; daneben sollen verschiedene Kontexte berücksichtigt werden. Auf diese Weise sollte sich die Wahrscheinlichkeit erhöhen, dass das erworbene Wissen nicht auf einen Kontext fixiert bleibt (Reinmann-Rothmeier & Mandl 2001, 627). Zugleich bietet sich die Chance für eine differenzierte inhaltliche Auseinandersetzung.

(3) *Aktive und selbstorganisierte Lernprozesse* sind unverzichtbare Merkmale situierter Lernumgebungen. Sie basieren auf der Vorstellung, dass Lernen immer ein aktiver und konstruktiver Vorgang ist, der nur vom Lernenden selbst geleistet werden kann.

(4) *Artikulations- und Reflexionsphasen:* Hier erhalten Lernende die Möglichkeit, ihre Meinungen, Denkprozesse, -strategien und Handlungsentscheidungen zu explizieren und der Kritik der übrigen Lernenden zu stellen.

(5) *Sozialer Kontext:* Dem Lernen in sozialen Kontexten wird eine große Bedeutung zugesprochen. Es lässt sich v.a. durch *kooperative Arbeitsformen* realisieren.

Der Umstand, dass situiertes Lernen in Reaktion auf wahrgenommene Defizite der kognitivistischen Lehr-Lernauffassung entwickelt worden war (z.B. das Phänomen „trägen Wissens") und sich die epistemologischen Annahmen der Situiertheitsansätze von denen kognitivistischer Ansätze deutlich unterscheiden, legt nahe, dass beide Seiten in kritische *Diskussionen über theoretische Annahmen und Implikationen* involviert waren.

Eine solche Diskussion ist z.B. in der Zeitschrift „Educational Researcher" dokumentiert (Anderson, Reder & Simon 1996; Anderson, Reder & Simon 1997; Greeno 1997). Inzwischen liegt aber auch ein gemeinschaftlicher Artikel vor (Anderson, Greeno, Reder & Simon 2000), in dem beide Lager (hier vertreten durch Anderson et al. einerseits und durch Greeno andererseits) eben nicht divergieren, sondern übereinstimmen bzw. beide Seiten aufgrund unterschiedlicher Ansätze und Methoden nachvollziehbare Argumente haben. Ein Konsens ist, dass umfassende Forschung sowohl von kognitivistischer als auch von situiert-konstruktivistischer Seite notwendig sei und mit Vorrang auch gemeinsame Forschungsanstrengungen unternommen werden sollten (Anderson et al. 2000, 13).

Ein weiterer Diskussionsstrang ergibt sich aus den konkreten Umsetzungen und Erhebungen zum situierten Lernen. Insgesamt betrachtet ist die *Befundlage* jedoch als relativ *divergent* zu beschreiben: Es liegen zwar Ergebnisse vor, die für den Erfolg situierter Lernkonzepte sprechen, andererseits liegen aber auch Daten vor, die keine Überlegenheit dieser Konzepte belegen (Mörtl-Hafizović 2006).

Zwar sind die Befunde hinsichtlich der Effektivität *multipler Kontexte und Perspektiven* zum Teil widersprüchlich, eindeutig ist aber, dass instruktionale Unterstützungsmaßnahmen notwendig sind, um eine Überforderung zu vermeiden. Diese sind unterschiedlich realisiert worden. Daher ist noch nicht klar, welche instruktionale Unterstützung für welche Domäne und für welche Lernziele am effektivsten ist. Generell stellt sich die Frage, inwieweit sich nachgewiesene Effekte einzelner Implementationsmerkmale bestätigen lassen, wenn sie auf andere Weise implementiert werden (siehe auch Stark, Graf, Renkl, Gruber & Mandl 1995, 306).

Die Komplexität situierter Lernbedingungen, die vor allem durch die Bearbeitung authentischer Problemstellungen und die Implementation multipler Kontexte und Perspektiven begründet ist, kann schnell zu einer Überforderung der Lernenden führen. Auch wurden einige Merkmale situierter Lernbedingungen in ihrer Bedeutung für die Anwendung des Gelernten eher unterschätzt, so z.B. der Stellenwert von Artikulations- und Reflexionsphasen. Erst in den letzten Jahren wird die Bedeutung instruktionaler Maßnahmen in situierten Lernumgebungen zunehmend diskutiert (z.B. kaufmännische Erstausbildung). Gruber, Mandl und Renkl (2000) folgern, dass gerade für die „durchschnittlichen" LernerInnen instruktionale Maßnahmen besonders notwendig seien, z.B. in Form eines von Experten durchgeführten „modelings", durch die Bereitstellung von Strategien, durch Anleitung von Problemlösungen oder auch durch die gezielte Anregung zur Artikulation und Reflexion.

Wie eingangs bereits erwähnt, weist die Befundlage zu *ATI-Effekten* (Aptitude-Treatment-Interaction) darauf hin, dass der Umgang mit authentischen, komplexen Problemstellungen in Abhängigkeit der jeweiligen Ambiguitätstoleranz [AT] einer Person unterschiedlich motivierend wirkt: Auf Lernende mit einer geringen AT sollten die neue Lernform „situiertes Lernen" mit der ihr immanenten Komplexität eher beängstigend und abschreckend wirken, während Lernende mit einer hohen AT sich herausgefordert fühlen sollten.

Diese Befundlage schien es erforderlich zu machen, einzelne Merkmale situierter Lernumgebungen genauer in den Blick zu nehmen und dabei die Persönlichkeitsvariable Ambiguitätstoleranz zu berücksichtigen. Dies sollte im Anwendungsbereich der Lehrerbildung geschehen – zumal in diesem Feld bis auf eine Vorgängerstudie (vgl. z.B. Lankes, Hartinger, Marenbach, Molfenter & Fölling-Albers 2000; Hartinger, Fölling-Albers, Lankes, Marenbach & Molfenter 2001) situierte Lernkonzepte noch nicht erprobt worden waren.

3 Forschungsfragen und Untersuchungsdesign

Im Rahmen einer von der DFG geförderten empirischen Untersuchung ist die Effektivität situierter Lernbedingungen in Abhängigkeit der Variable „Ambiguitätstoleranz" [AT] in der Lehrerbildung untersucht worden. Die Interventionsstudie ist im Bereich Schriftspracherwerb und -didaktik implementiert worden, weil in diesem Feld die Erfahrungen der Studierenden aus ihrer eigenen Schulzeit und die aktuellen fachdidaktischen Konzepte erheblich differieren. Situierte Lernformen erschienen uns hier besonders geeignet, neue und komplexe Aufgaben für die Studierenden auch in neuen, ungewohnten Lernumgebungen zu untersuchen. Zudem ist der Lerngegenstand, förderdiagnostische Kompetenzen zu erwerben, ein besonders dringender in der Lehrerbildung, weil die Entwicklungsunterschiede zwischen den Kindern am Schulanfang besonders hoch sind. Deshalb sind Unterrichtsmodelle, die sich an der Allgemeinen Didaktik orientieren, nicht mehr hinreichend.

Für die Studie ist ein 2x2-faktoriellen Design mit den Faktoren „AT" (hoch vs. gering) und „Lernbedingung" (situiert vs. traditionell-textbasiert) konzipiert worden. Dabei wurden die lernbegleitenden Prozesse (Motivation und Interesse, Gedanken zum Praxisbezug) und die Lernergebnisse (Faktenwissen und anwendungsbezogenes Wissen) erfasst. Zudem ist die Akzeptanz der situierten Lerneinheiten bei ausgewählten Studentinnen mit Hilfe leitfadengestützter, fokussierter Interviews erhoben worden – von den vier befragten Probandinnen verfügten zwei über eine relativ hohe (AT hoch) und zwei über eine relativ niedrige AT (AT niedrig).

Die Untersuchung wurde im Wintersemester 2002/03 mit 100 Erstsemesterstudierenden an der Universität Regensburg im Rahmen der Einführungsveranstaltung zum Schriftspracherwerb durchgeführt.[1] Die Studierenden wurden nach einer Vorerhebung (MZP 0), bei der u.a. ihr Vorwissen und die AT (anhand der von uns für die eigene Fragestellung adaptierten Dalbert-Skala [1996]) erhoben worden waren, auf der Basis dieser Werte jeweils gleichanteilig auf die beiden Experimental- und Kontrollgruppen aufgeteilt. In allen vier Gruppen gab es also gleich viele Studierende mit hohen und geringen Ambiguitätsmaßen,

---

1 An der Vorlesung nahmen insgesamt 128 Studierende teil. Bei der Auswertung wurden allerdings nur die Studierenden berücksichtigt, die an allen vier Interventionssitzungen teilnehmen konnten. Das waren 100 Studierende.

Studierende mit differenzierteren oder weniger differenzierten Vorkenntnissen (z.B. Deutsch oder Englisch als Leistungsfach im Gymnasium, eigene Kinder im Grundschulalter).

Es gab in vier wöchentlich aufeinander folgenden Seminareinheiten Interventionssitzungen von je 90 bzw. 60 Minuten, bei denen die Lerninhalte entweder eher nach dem situierten Lernkonzept (in den beiden EG) oder eher nach einem traditionell-text-basierten Lehr-Lernverfahren (in den beiden KG) vermittelt wurden. Im weiteren Verlauf des Semesters wurde mit allen Studierenden die „übliche" Vorlesung zum Schriftspracherwerb durchgeführt, die in Regensburg immer mit einem Tutorium in kleineren Arbeitsgruppen verbunden ist; in dem Tutorium wird Vorlesungsstoff nochmals aufgearbeitet. Die Tutorien wurden von älteren Studierenden und nicht von den Leitern der EG und KG durchgeführt.

Die Lernerfolge und die lernbegleitenden Prozesse wurden nach der zweiten (MZP 1) und nach der vierten Lerneinheit gemessen (MZP 2). Beim Messzeitpunkt 2 wurden den Studierenden auch komplexe Fallbeispiele vorgelegt, anhand derer sie den Lernentwicklungsstand der Kinder feststellen und angemessene Fördermaßnahmen vorschlagen sollten.

Mit vier Probandinnen aus einer situierten Lernbedingung wurden insgesamt drei Interviews durchgeführt, und zwar nach der zweiten Intervention (MZP 1), nach der vierten Intervention (MZP 2) sowie am Ende des Semesters (MZP 3). Bei den beiden ersten Interviewstaffeln wurden folgende Themen abgefragt:

- Erwartungen und Vorstellungen vom Schriftspracherwerb und von der Schriftsprachdidaktik,
- konkrete Seminarerfahrungen,
- konkretere Fragen zu bestimmten Vorstellungen, z.B. darüber, wie Kinder lesen und schreiben lernen, typische Aufgaben der Lehrerin im entsprechenden Unterricht,
- Meinungen, Erfahrungen und Emotionen zur erlebten Art der Seminargestaltung.

Im MZP 3 wurden nach einer offenen Frage zu Beginn des Interviews (sie sollten einer interessierten Grundschulstudentin, die nicht an den Projektwochen teilnehmen konnte, beschreiben, was in dieser Zeit passiert sei) noch folgende Fragen gestellt: Fragen zum eigenen Lernertyp, Vergleich zwischen den vier Projektwochen und der anschließenden Vorlesung (mit Tutorium); Rückfragen zu den Projektwochen und zu ihren Vorstellungen zur Schriftsprachdidaktik.

4 Ergebnisse der Untersuchung

Im Rahmen des vorliegenden Beitrags soll vor allem anhand der Auswertung von Interviewaussagen der Frage genauer nachgegangen werden, wie die Authentizität, das zentrale Merkmal des situierten Lernens, wahrgenommen wurde – inwiefern die situierte Lernform von den Studierenden als relevant, herausfordernd und hilfreich oder auch eher als irritierend, als zu unstrukturiert und zu komplex und von daher eher als lernhemmend eingeschätzt wurde. Um diese qualitativen Daten besser verorten zu können, sollen zunächst zusammenfassend die wichtigsten Ergebnisse der quantitativen Daten vorgestellt werden (ausführlicher zum Design sowie zu den Ergebnissen aus den quantitativen Erhebungen: Fölling-Albers, Hartinger & Mörtl-Hafizović 2004; Hartinger et al. 2005; Fölling-Albers et al. 2005).

Zentrale Ergebnisse aus den quantitativen Erhebungen:

- Lernende der Experimentalgruppen sind beim MZP 1 signifikant beim „Wissenstest" sowie bei den anwendungsbezogenen Fragen (Diagnose und Förderung) überlegen. Auch beim Interesse sowie der intrinsischen Motivation sind die Studierenden der EG der KG signifikant überlegen.
- Es zeigen sich am MZP 1 Wechselwirkungen zwischen dem spezifischen Treatment und den Ambiguitätsmaßen der Studierenden: Studierende mit hoher AT profitieren vor allem in der EG, Studierende mit geringer AT vor allem in der KG.
- Beim MZP 2 sind die Teilnehmer der EG signifikant überlegen beim Wissenstest, bei den anwendungsbezogenen Fragen und bei den Transferfragen, bei kurzen Fallbeispielen sowie beim Interesse und den Gedanken zum Praxisbezug.
- Die Wechselwirkungen haben sich beim MZP 2 aufgehoben, d.h. auch die Studierenden der Gruppe „AT niedrig" profitieren mehr in der EG als in der KG. Allerdings fallen Studierenden mit hoher AT in der KG gegenüber der EG deutlich ab. Für sie scheint die traditionelle Lehrform nachteilig zu sein, während die Studierenden mit niedriger AT im Verlauf der Lerneinheiten profitieren konnten.
- Die komplexen Fallbeispiele beim MZP 2 konnten fast nur Studierende aus der EG lösen.
- Beim MZP 3 (am Ende der Vorlesung) sind keine signifikanten Unterschiede zwischen den beiden EG- und KG-Gruppen mehr festzustellen.

Zusammenfassend kann zu den quantitativen Daten festgehalten werden: Es zeigte sich insgesamt eine Überlegenheit der EG gegenüber der KG. Die Unterschiede waren beim MZP 2 höher als beim MZP 1. Es gab Wechselwirkungen beim MZP 1, nicht mehr beim MZP 2. Eine mögliche Erklärung für diese Veränderung ist, dass die Studierenden mit niedriger AT sich an die bis dahin ungewohnte Form des Lernens gewöhnen konnten. Die komplexeste Anforderung (bei einem Fallbeispiel die richtige Diagnose stellen und angemessene Fördermaßnahmen vorschlagen, eine auch für erfahrene Lehrkräfte sehr anspruchsvolle Aufgabe) konnte fast nur von Studierenden in der EG gelöst werden.

Ergebnisse der qualitativen Daten:

Nachfolgend werden die Interviews der vier Probandinnen, die in einer situierten (Experimental-)Gruppe teilgenommen hatten, aus den drei Messzeitpunkten ausgewertet. Die Aussagen der Probandinnen wurden anhand eines hierarchischen, theorie- und leitfadengestützten Kategoriensystems kodiert (nach Mayring 2003) und mit Hilfe des Programms MAXqda computergestützt qualitativ, aber auch quantitativ ausgewertet (ausführlicher dazu Mörtl-Hafizović 2006).

Grundlagen für die Auswertung der qualitativen Daten waren die Implementationsmerkmale der situierten Lernumgebung, die ja als besondere Lernpotentiale für den Aufbau komplexen, anwendungsbezogenen Wissens definiert worden waren:

- *Authentizität* (und damit die Komplexität) der Lernsituation; die Studierenden sollten sich in die Lage einer Lehrerin versetzen und einen vorgelegten Fall (ein Kind mit Problemen beim Schriftspracherwerb) lösen; Möglichkeit der *aktiven Auseinandersetzung*;
- *sozialer Kontext* und *multiple Perspektiven*; es fanden regelmäßig Phasen der Partner- und Gruppenarbeiten sowie Plenumsdiskussionen statt; in diesen wurden systematisch Wissen und Einschätzungen der Kommilitonen diskutiert;
- *Reflexion* und *Artikulation*; die Artikulation der eigenen Position sollte zur eigenen Reflexion und zur kritischen Überprüfung bei den anderen Gruppenmitgliedern beitragen;
- *Theorie-Input* im Sinne einer instruktionalen Unterstützung, der *nach* der eigenständigen Auseinandersetzung mit der authentischen Problemstellung gegeben wurde, um Hintergrundwissen bereitzustellen und zur kritischen Reflexion eigenen Wissens beizutragen.

Diese Implementationsmerkmale wurden bei den interviewten Teilnehmerinnen unter verschiedenen Aspekten ausgewertet. In diesem Beitrag sollen nachfolgend einzelne Gesichtspunkte genauer analysiert und beschrieben werden:

a) Inwiefern wurden die Implementationsmerkmale überhaupt – und vor allem ihre Vernetzung untereinander – wahrgenommen?
b) Inwiefern wurden die Merkmale als *passend* für die Lernsituation angesehen?
c) Wie wurden die Merkmale als bedeutsam für den *späteren Beruf* gewertet?
d) Inwiefern wurden *Hilfestellungen* wahrgenommen?

Die genannten Gesichtspunkte werden jeweils mit Blick auf die Frage untersucht, ob und in welcher Weise sich die beiden Studierenden mit hoher AT (Gruppe „AT hoch") von den beiden Studierenden mit niedriger AT (Gruppe „AT niedrig") unterscheiden (ausführlicher zu den qualitativen Ergebnissen der Untersuchung Mörtl-Hafizović 2006).

ad a) Wahrgenommene Vernetzung der situierten Implementationsmerkmale
Authentische Lernsituationen sind vor allem durch ihre große Komplexität gekennzeichnet. Relevante oder weniger relevante Informationen oder Aspekte sind oft nicht so ohne weiteres erkennbar – insbesondere nicht für Anfänger. Strukturen müssen mit Hilfe weiterer Informationen erst aufgebaut bzw. erschlossen werden. Diese Komplexität kann deshalb verunsichern und daher auch lernhemmend wirken. Dies könnte vor allem die Studierenden mit niedriger AT belasten. Die Merkmale situierten Lernens sind nicht zuletzt deshalb lernbedeutsam, weil sie verschiedene, aber allesamt relevante Dimensionen einer komplexen Lernbedingung beschreiben. Erst die Vielfalt der verschiedenen Dimensionen ermöglicht eine genauere Erfassung und didaktische Nutzung der Implementationsmerkmale als lernförderliche Unterstützungsmaßnahmen. Es ist deshalb davon auszugehen, dass durch eine Verknüpfung der verschiedenen Implementationsmerkmale die Komplexität einer situierten Lernumgebung relativiert werden könnte. So könnten z.B. durch die Verarbeitung von Informationen aus dem Theorie-Input relevante Aspekte herausgehoben und als bedeutsam erfahren werden; durch die Einbeziehung verschiedener Perspektiven könnte die Vielschichtigkeit eines Problems veranschaulicht werden etc. Insgesamt könnte auf diese Weise das Verständnis der Lernsituation erleichtert werden.

Die Frage war also, inwiefern die Studierenden eine Vernetzung der einzelnen Merkmale des situierten Lernens empfunden haben – oder ob sie die einzelnen Merkmale als isolierte Aspekte empfunden haben. Dabei wurden die Probandinnen nicht gefragt, ob sie Vernetzungen wahrgenommen haben; vielmehr wurden die Interviewaussagen daraufhin geprüft, ob Angaben zu Vernetzungen der situierten Merkmale enthalten sind, d.h. ob in einer Aussageneinheit zu den Seminarerfahrungen jeweils mehrere Implementationsmerkmale genannt wurden.

Tab. 1: Wahrgenommene Vernetzung, Einschätzungen durch Probandinnen („AT niedrig" vs. „AT hoch")

		drei Merkmale			vier Merkmale			fünf Merkmale			Insgesamt
	Proband	MZP 1	MZP 2	MZP 3	MZP 1	MZP 2	MZP 3	MZP 1	MZP 2	MZP 3	
	Alle	2	2	4	2	5	7	3	1	2	28
AT niedrig	Gü	0	0	1	0	3	1	0	1	0	6
AT niedrig	Kl	2	2	2	0	1	3	3	0	1	14
AT hoch	Am	0	0	1	2	0	1	0	0	0	4
AT hoch	Fi	0	0	0	0	1	2	0	0	1	4

Wie Tabelle 1 deutlich macht, wurden von allen Probandinnen zu allen Messzeitpunkten Vernetzungen der einzelnen Implementationsmerkmale in der situierten Lernbedingung wahrgenommen. Besonders häufig wurden drei, vier oder gar fünf Vernetzungsmerkmale genannt. D.h. es scheint in den situierten Lernbedingung gelungen zu sein, die Lerninhalte so zu präsentieren, dass die verschiedenen Merkmale erkannt und als Teile einer kohärenten Lernsituation akzeptiert werden konnten.

Vergleicht man die beiden Probandengruppen miteinander, dann stellt man fest, dass die Gruppe „AT niedrig" deutlich mehr Vernetzungen bemerkten als die Gruppe „AT hoch"; allerdings gehen bei der Gruppe „AT niedrig" die meisten Hinweise zur Vernetzung auf das „Konto" einer Probandin (Frau Klein[2] mit 14 Aussagen). Für sie scheint die Verknüpfung der verschiedenen Merkmale besonders relevant gewesen zu sein.

ad b) Passung

Bei diesem Aspekt ging es um die Untersuchung der Frage, ob die Lernsituation den Erwartungen und Erfordernissen im Wesentlichen entsprach. Bei einer optimalen Passung dürfte es kein Empfinden der Unterforderung oder der Überforderung geben. Gerade das Implementationsmerkmal „Authentizität", d.h. die erwartete Übernahme der Lehrerrolle bei einem komplexen Fallbeispiel, könnte hier das Gefühl von Überforderung nahe legen.

Alle vier Probandinnen schätzten die Übernahme der Lehrerrolle beim Umgang mit den vorgelegten Unterrichtsszenen als geeignet und als herausfordernd ein. Insbesondere die beiden Studierenden mit hoher AT empfanden die neue Lernsituation von Anfang an als Herausforderung. Eine dieser beiden Probandinnen

---

2 Der Name wurde geändert.

merkte mehrfach an, dass sie sich bereits in bzw. nach der ersten Lerneinheit an die neue Aufgabe, und hier vor allem an die erwartete Übernahme der Lehrerrolle gewöhnt habe. Eine der beiden Studierenden mit niedriger AT hingegen gab am ersten MZP an, zunächst eine Überforderungssituation empfunden zu haben; bei der zweiten Sitzung hingegen wurde diese nicht mehr wahrgenommen. Die andere gab an, sie habe mehrere Seminarsitzungen gebraucht, um sich an die neue Aufgabenform und an die neue Rolle zu gewöhnen.

Welches Implementationsmerkmal konnte bei den Studierenden das Sicherheitsbedürfnis und -empfinden bewirken? Die Daten zeigen, dass für die Studierenden der Gruppe „AT niedrig" u.a. der Theorie-Input eine wichtige Hilfestellung war (vgl. auch „ad d) Hilfestellung"), um mit der neuen Rolle zurecht zu kommen (siehe auch Tabelle 2). Während bei der Gruppe „AT niedrig" vor allem im ersten MZP noch eine Überforderungssituation empfunden wurde, konnte im Verlauf des Experiments die situierte Lernbedingung aufgrund der Akzeptanz anderer Implementationsmerkmale kompensiert werden (ausführlicher Mörtl-Hafizović 2006).

Tab. 2: *Passung – Stellenwert des Theorie-Inputs – positiv („AT niedrig" vs. „AT hoch")*

		Hilfestellung			Art und Weise Bedürfnis nach Struktur			allgemein			
	Proband	MZP 1	MZP 2	MZP 3	MZP 1	MZP 2	MZP 3	MZP 1	MZP 2	MZP 3	Insgesamt
	Alle	2	6	4	0	0	8	0	2	1	23
AT niedrig	Gü	0	0	1	0	0	2	0	2	1	6
	Kl	1	4	1	0	0	6	0	0	0	12
AT hoch	Am	1	1	2	0	0	0	0	0	0	4
	Fi	0	1	0	0	0	0	0	0	0	1

Es scheint, dass die Vermittlung von Theorie-Wissen vor allem unsicheren Studierenden (Gruppe „AT niedrig") das Gefühl gibt, auch „Richtiges" zu lernen bzw. auf dem „richtigen Weg" zu sein, wenn sie ihre eigenen Vorstellungen mit den Informationen aus dem Theorie-Input vergleichen. Auch scheint der Theorie-Input ihrem Bedürfnis nach Struktur stark entgegen zu kommen. Daneben gaben die Studierenden mit niedriger AT vor allem zum zweiten MZP an, dass ihnen der Theorieinput als Hilfestellung zum Verständnis des Zusammenhangs gedient habe. Beim letzten Interview hielten sie fest, die Theorie habe insbesondere ihrem Bedürfnis nach Struktur entsprochen. Für die Studierenden mit hoher AT hatte der Theorieinput diesbezüglich einen deutlich geringeren Stellenwert. Insgesamt ist festzuhalten, dass alle vier Probandinnen im Verlauf der vier Seminarsitzungen eine Gewöhnung an die neue Rolle erfuhren und diese dann auch als konstruktiv wahrnehmen konnten. Allerdings gab eine Studentin der Gruppe „AT niedrig" an, dass sie mehrere Sitzungen für den Anpassungsprozess benötigte.

ad c) Bedeutung für den späteren Beruf
Alle Probandinnen gaben an, dass sie die situierten Lerneinheiten als relevant für ihren späteren Beruf wahrgenommen hätten; das gilt sowohl für die komplexen Unterrichtsszenen als auch für die Texte, die im Verlauf der vier Lerneinheiten erarbeitet wurden. Angesichts der Tatsache, dass Lehramtsstudierende die universitären Lehrinhalte oftmals als wenig praxisnah wahrnehmen (und im Rahmen des Projekts wurden den Studierenden durchaus anspruchsvolle, linguistische „theorielastige" Inhalte zugemutet), können diese Einschätzungen der Studierenden gar nicht hoch genug gewertet werden (siehe Tabelle 3).

Bei der Kategorie „Bedeutung für den späteren Beruf" gab es allerdings auch z.T. deutliche Unterschiede zwischen den beiden Probandengruppen. Die Gruppe „AT niedrig" scheint insbesondere die Anwendungsorientierung (neben der Übernahme der Lehrerrolle ein Aspekt des Implementationsmerkmals „Authentizität") der Lernsituationen positiv zu würdigen. Die Fallbeispiele werden als relevant für den späteren Beruf gewertet. Allerdings wird auch von einer Studentin mit hoher AT die Anwendungsorientierung als sehr hilfreich wahrgenommen.

Tab. 3: *Bedeutung der Lernerfahrungen für den späteren Beruf – Stellenwert des Theorie-Input („AT niedrig" vs. „AT hoch")*

| | | positiv: Profit für Schule | | | | | | negativ: | | | |
| | | direkt | | | indirekt | | | kein Profit für Schule | | | |
	Proband	MZP 1	MZP 2	MZP 3	MZP 1	MZP 2	MZP 3	MZP 1	MZP 2	MZP 3	Insgesamt
	Alle	2	21	3	0	8	0	0	0	1	35
AT niedrig	Gü	0	8	0	0	4	0	0	0	1	13
	Kl	0	6	2	0	2	0	0	0	0	10
AT hoch	Am	2	4	1	0	0	0	0	0	0	7
	Fi	0	3	0	0	2	0	0	0	0	5

Auch der Theorieinput wird von den Studierenden als eine wichtige Informationsgrundlage für den späteren Beruf angesehen. Es scheint in der Lernsituation gelungen zu sein, die Bedeutung des Theoriewissens für das Verständnis von

Praxis zu veranschaulichen. Die Bedeutung des „Theorieinputs" wird allerdings deutlich mehr von der Gruppe „AT niedrig" als besonders relevant angesehen.

Während von den Studierenden der Gruppe „AT hoch" bereits zum ersten MZP die Bedeutung des Gelernten für die Schule erkannt und benannt wurde, war dies von den Studierenden der Gruppe „AT niedrig" erst zum zweiten MZP der Fall – und hier gaben dies diese Studierenden besonders häufig zu Protokoll; das galt sowohl für die Situation, dass sie den Profit für die Schule direkt empfanden oder ihnen eher indirekt der Stellenwert für den Beruf deutlich wurde – obwohl sie dieses, das sei nochmals betont, nicht explizit gefragt wurden. Die Bedeutung der Lernerfahrungen für den späteren Beruf wurde von Gruppe „AT niedrig" auch mit Blick auf die Bedeutung der Artikulations- und Reflexionsphasen als relevant wahrgenommen.

ad d) Hilfestellung
Wenn eine komplexe Anforderungssituation als zu anspruchsvoll wahrgenommen wird, dann könnte eine (wahrgenommene) Hilfestellung die Problematik der Lernsituation „entschärfen". Was wird von den Probandinnen der situierten Lerngruppe als Hilfestellung wahrgenommen und akzeptiert? Unterscheiden sich hier die beiden Studierendengruppen voneinander?

Zunächst ist festzuhalten, dass beide Gruppen („AT hoch" und „AT niedrig") in gleicher Weise angaben, dass ihnen der Anwendungsbezug bedeutsam für das Verständnis der Lernsituation erschien. Auch der soziale Kontext wurde von beiden Gruppen als Hilfestellung empfunden. Die neue, ungewohnte Lernsituation, die zunächst Unsicherheit bei den Probandinnen auslöste, wird, so scheint es, durch den sozialen Kontext moderiert; er unterstützt das Sicherheitsempfinden. Insbesondere die Arbeit im Plenum scheint mehr als die Partnerarbeit von den Betroffenen als unterstützend wahrgenommen worden zu sein. Dabei können Positionen und Ansichten von KommilitonInnen zur Profilierung des eigenen Standpunkts beitragen. So werden die verschiedenen Perspektiven, unter denen ein Sachverhalt betrachtet wurde, gerade von den Studierenden der Gruppe „AT niedrig" als hilfreich empfunden – und hier insbesondere im zweiten MZP, wie Tabelle 4 zeigt.

Von einer Teilnehmerin der Gruppe „AT niedrig" wurde des Weiteren der Theorieinput als Hilfestellung empfunden. Systematisch strukturierte, theoretische Informationen scheinen demnach – nicht zuletzt bei eher gewissheitsorientierten Studierenden (Gruppe „AT niedrig") – eine Hilfe zu sein, in einer ungewohnten Situation das Neue zu ordnen und sinnvolle Strukturangebote zu liefern.

Tab. 4: Hilfestellung: Bedeutung der „multiplen Perspektiven"
(„AT niedrig" vs. „AT hoch")

	Probandin	MZP 1	MZP 2	MZP 3	Insgesamt
	Alle	2	6	5	13
AT niedrig	Gü	0	3	0	3
	Kl	1	2	3	6
AT hoch	Am	0	0	0	0
	Fi	1	1	2	4

5 Zusammenfassung und Fazit

Im Rahmen der hier beschriebenen Untersuchung war es das Anliegen, quantitative Erhebungen mit qualitativen Untersuchungen zu verknüpfen. Im Rahmen der quantitativen Erhebungen sollte erfasst werden, ob und inwiefern situierte Lernbedingungen für unterschiedliche Lernergruppen in der Lehrerbildung geeignet sind, komplexes und anspruchsvolles Wissen aufzubauen. Die Ambiguitätstoleranz erschien uns ein besonders geeignetes Persönlichkeitsunterscheidungskriterium zu sein, da gewissheitsorientierte Personen offene, relativ unstrukturierte Situationen möglichst meiden und klare Strukturen bevorzugen. Der Schriftspracherwerb – und hier insbesondere die förderdiagnostische Kompetenz – erschien uns für das Forschungsanliegen eine besonders günstige Domäne zu sein, weil in diesem Bereich die Anforderungen an die Lehrkräfte aufgrund zunehmender Heterogenität bei der Schülerschaft erheblich gestiegen sind. Zudem differierten auf diesem Gebiet die eigenen Schulerfahrungen der Studierenden und der Forschungs- und Entwicklungsstand in der Fachdidaktik in besonderem Maße. Die qualitativen Erhebungen (hier: Interviews an drei Messzeitpunkten mit je zwei eher gewissheitsorientierten bzw. eher ungewissheitsorientierten Studierenden der situierten Lernergruppe) sollten Aufschluss darüber geben, welche Aspekte der situierten Lernumgebung den Studierenden besondere Probleme bereiteten bzw. welche als besonders unterstützend erlebt wurden. Solche Informationen können dazu beitragen, in entsprechenden nachfolgenden Lehrangeboten solche Bedingungen bereit zu stellen, die möglichst allen Lernenden zugute kommen. Die Authentizität wurde als das zentrale Merkmal einer situierten Lernumgebung angesehen. Dabei bedeutete Authentizität hier, dass protokollierte, komplexe Fallbeispiele aus der Unterrichtspraxis analysiert und auf die förderdiagnostischen Aspekte für die betreffenden Erstklässler hin bearbeitet werden mussten. Dabei sollten sich die Studierenden in die Rolle der Lehrkräfte versetzen. Das von uns verwendete Programm MAXqda ermöglicht es, qualitative Daten auch quantitativ zu bündeln. Angesichts der geringen Fallzahlen sind derartige Quantifizierungen selbstverständlich zurückhaltend zu interpretieren. Doch da sie vor allem dazu dienten, die Fragebogendaten inhaltlich zu präzisieren – und dabei festzustellen, inwieweit Unterschiede zwischen den beiden Untersuchungsgruppen identifizierbar sind –, erscheint uns die hier vorgenommene Quantifizierung vertretbar.

Im Rahmen der Untersuchung wurden die Implementationsmerkmale des situierten Lernens systematisch an den vier wöchentlich aufeinander folgenden Seminarsitzungen berücksichtigt. Dabei wurde neueren Forschungsergebnissen Rechnung getragen, dass auch in situierten Lernumgebungen instruktionale Phasen erforderlich sind, weil die große Komplexität der Situierung viele Lerner überfordert. Die instruktionalen Phasen wurden im Rahmen unseres Projekts genutzt, um den Studierenden fachliche und fachdidaktische Hintergrundinformationen zu vermitteln. Ein Kernanliegen war aber auch hier, die fachlichen Inhalte mit den situierten Erfahrungen zu verknüpfen – das Fachwissen diente der theoretischen Klärung der vorher analysierten „Fälle" und nicht, wie es ansonsten in Seminarveranstaltungen meist üblich ist, dass die „Fälle" eine Theorie bzw. die fachlichen Inhalte illustrieren sollen.

Die Aussagen aus den Interviews wurden daraufhin ausgewertet, inwiefern die Implementationsmerkmale des situierten Lernens den Teilnehmerinnen der situierten Lernbedingungen geeignet erschienen, die Lernerfahrungen als für die Ausbildung angemessen und konstruktiv wahrzunehmen. Die Auswertung der Aussagen mit Hilfe des Programms MAXqda ermöglicht eine Verknüpfung qualitativer Informationen mit quantitativen Daten. An dieser Stelle wurden Ergebnisse ausschließlich unter dem Aspekt zusammengestellt, inwiefern gewissheitsorientierte Studierende sich von ungewissheitsorientierten Studierenden unterscheiden. Eine differenzierte und umfassende Auswertung der qualitativen Daten wird veröffentlicht unter Mörtl-Hafizović (2006).

Die Ergebnisse unserer Untersuchung lassen sich wie folgt zusammenfassen:
- Situiertes Lernen ist für die Lehrerbildung eine geeignete Lernform. Durch die quantitativen Daten war bereits deutlich geworden, dass nicht nur die anwendungsbezogenen Kompetenzen in dieser Lernumgebung (im Vergleich zu einer eher traditionellen, mehr textbasierten Lernumgebung) besser aufgebaut werden. Vielmehr konnten die Studierenden der beiden Experimentalgruppen auch mehr Faktenwissen erwerben. Bemerkenswert ist nicht nur, dass in den EG-Gruppen auch mehr Faktenwissen erworben wurde; die sehr anspruchsvolle Aufgabe im komplexen Fallbeispiel konnte fast nur von Probandinnen der situierten Lernumgebung gelöst werden. Auch wurden von diesen bessere studienbegleitende Prozesse initiiert, wie Interesse und Motivation sowie praxisbezogene Elaborationen während der Lernphasen.

- Durch die qualitativen Daten aus den Interviews werden die quantitativen Ergebnisse nicht nur gestützt. Durch sie konnten auch Hinweise ermittelt werden, welche Aspekte der situierten Lernbedingung sich für die beiden Lernergruppen als besonders lernförderlich erwiesen. Unterschiede zwischen den Aussagen der beiden „Lernertypen" können als Hinweise dafür gewertet werden, wie für die intendierten Zielsetzungen die Lernsituationen für die verschiedenen Lernergruppen gestaltet werden könnten.

- Alle Probanden müssen sich an diese neue, offene Form des Lernens zunächst einmal gewöhnen. Für Studierende, die als SchülerInnen im Schulalltag eher enge Vorstellungen von Lernen hatten, bedeutete die neue Art anfangs eine Umstellung. Bei den Studierenden der Gruppe „AT hoch" erfolgte der Gewöhnungsprozess sehr schnell – bereits nach der ersten Sitzung beschreiben sie, dass sie zwar am Anfang verunsichert waren, dass sie sich aber schnell an die neue Situation gewöhnt hatten und sie als herausfordernd empfanden. Vor allem als sie merkten, dass auch andere Studierende oft ebenso wenig sofort „richtige" Lösungen wussten, ließ ihre Verunsicherung schnell nach. Die eher gewissheitsorientierten Probandinnen hingegen müssen sich länger an dieses neue Konzept gewöhnen. Allerdings profitieren auch sie dann mehr von dieser Form des Lernens als von traditionellen Konzepten der Lehre. Dieses Ergebnis macht deutlich, dass situierte Lernformen keine geeigneten Konzepte darstellen, die nur punktuell, evtl. aus Gründen eines „Methodenwechsels" eingesetzt werden sollte. Vielmehr liegt ihr Potential eher in der Kontinuität.

- Die qualitativen Daten geben Hinweise darauf, dass alle Implementationsmerkmale des situierten Lernens wichtige und unverzichtbare Kriterien für erfolgreiches Lernen in einer solchen Lernumgebung sind. Alle Probandinnen erkannten zu den jeweiligen Messzeitpunkten einzelne Merkmale und konnten sie als bedeutsam für ihren Lernprozess identifizieren. Es scheint, dass gerade die Kombination der verschiedenen Merkmale die Qualität der situierten Lernumgebungen ausmacht, die vor allem den ungewissheitsorientierten Probanden zugute kommt. Die Tatsache, dass die Verknüpfung der einzelnen Implementationsmerkmale auch von den Studierenden erkannt und als relevant betrachtet wurde, bedeutet, dass situierte Lernformen sehr sorgfältig hinsichtlich der verschiedenen Implementationsmerkmale vorbereitet werden müssen.

- Einen wichtigen Stellenwert für den Lernprozess und für die Bewertung der Lernsituation hat insbesondere für die gewissheitsorientierten Studierenden der Theorieinput. Dieser scheint vor allem für diese Studierenden eine wichtige stabilisierende Variable gewesen zu sein. Ihr „Bedürfnis nach Struktur", der Wunsch, das selbstständig Gedachte und Gelernte durch die „richtige" Theorie" bestätigt zu sehen, scheint hier ein wichtiges Element für den Lernprozess gewesen zu sein. Es scheint, dass der Theorieinput nicht nur durch Fachtexte erfolgen muss, die dann gemeinsam diskutiert werden, sondern dass der Theorieinput wie in unserer situierten Lernbedingung ebenso durch verbale, aber systematisch-strukturierte Instruktionen erfolgen kann, die mit einer schriftlichen Zusammenstellung abgesichert werden. Der Hinweis von Gruber, Mandl und Renkl (2000, 144), dass eine „Balance zwischen Konstruktion und Instruktion" anzustreben sei, findet in unserer Untersuchung ihre Bestätigung.

- Neben der Instruktion scheint auch der Austausch in den Gruppen (und nicht zuletzt im Plenum) eine wichtige Erfahrungsquelle zu sein. Es ist zu vermuten, dass dieser Austausch nicht nur im psychologischen Sinne die mögliche eigene Verunsicherung relativiert. Vielmehr dürfte die Diskussion im Plenum die Reflexion des Gelernten anregen, zum Aufbau erweiterter oder neuer Konzepte anregen. Von daher dürfte neben der sozialen Komponente gerade auch die kognitive Herausforderung den Lernprozess unterstützen und damit die Behaltensleistungen verbessern. Schließlich waren bei den Studierenden der situierten Lernumgebung nicht nur die anwendungsorientierten (förderdiagnostischen) Kompetenzen besser aufgebaut worden als bei den Studierenden der Kontrollgruppen. Vielmehr konnten diese Studierenden auch mehr Faktenwissen erwerben.

Abschließend ist festzuhalten, dass im Rahmen des hier beschriebenen Experiments nicht nur die gewissheitsorientierten Studierenden in der situierten Lernumgebung mehr lernten als in der traditionellen Lernumgebung. Es gilt auch zu bedenken, dass die ambiguitätstoleranten Studierenden in den Kontrollgruppen besonders benachteiligt waren. Mit dem Fortgang des Projekts fühlten sie sich in dieser Lernumgebung zunehmend unwohl – und sie lernten in dieser deutlich weniger als ihre entsprechenden KommilitonInnen in den Experimentalgruppen. Auch im Rahmen der Lehrerbildung (und nicht nur im schulischen Unterricht, wie dies in der neueren Didaktik zunehmend gefordert wird) sollte mehr als bisher auf die Voraussetzungen und Lernstile der Lernenden Rücksicht genommen werden. Die Frage der ATI-Didaktik und -Forschung, die in den 1970er Jahren eine gewisse Blüte erfuhr, erfährt durch unsere Ergebnisse eine gewisse Bestätigung. Zu bedenken ist ebenfalls, dass die Untersuchung mit Studienanfängern durchgeführt worden ist. Situiertes Lernen in der Lehrerbildung könnte, so ist aufgrund unserer Ergebnisse durchaus anzunehmen, einen positiven Einfluss auf die Studiensozialisation (und anschließend auch auf das Lehrerhandeln) haben. Dieses in nachfolgenden Untersuchungen genauer zu erforschen wäre eine lohnende Aufgabe.

Literatur

Anderson, J.R., Reder M. & Simon, H.A. (1996): Situated Learning and Education. Educational Researcher, 25(4), 5-11.

Anderson, J.R., Reder, M. & Simon, H.A. (1997): Situative versus cognitive perspectives: Form versus substance. Educational Researcher, 26(1), 18-21.

Anderson, J.R., Greeno, J.G., Reder, L.M. & Simon, H.A. (2000): Perspectives on Learning, Thinking and Activity. Educational Researcher, 29(4), 11-13.

Bauer, K.-O. (1992): Von der mechanischen zur professionellen Organisation der Schule. Zeitschrift für Sozialisationsforschung und Erziehungssoziologie, 12(4), 325-340.

Dalbert, C. (1996): Wie belastbar ist die Ungewissheitstoleranz? In: Wittrock, E, Friedrich, G., Sabisch, B.M. & Klotz, D.M. (Hrsg.): Pädagogische Psychologie im Streit um ein neues Selbstverständnis. Bericht über die 5. Tagung der Fachgruppe Pädagogische Psychologie der Deutschen Gesellschaft für Psychologie in Leipzig. Landau: Verlag Empirische Pädagogik, 676-681.

Fölling-Albers, M., Hartinger, A. & Mörtl-Hafizović, D. (2004): Situiertes Lernen in der Lehrerbildung. Zeitschrift für Pädagogik. 50(5), 727-747.

Fölling-Albers, M., Hartinger, A. & Mörtl-Hafizović, D. (2005): Diagnose- und Förderkompetenzen erwerben – „Situierte Lernbedingungen". journal für lehrerInnenbildung, 5(2), 54-63.

Gerstenmaier, J. & Mandl, H. (1995): Wissenserwerb unter konstruktivistischer Perspektive. Zeitschrift für Pädagogik, 41(6), 867-888.

Greeno, James G. (1997): On claims that answer the wrong questions. Educational Researcher, 26(1), 5-17.

Gruber, H., Mandl, H. & Renkl, A. (2000): Was lernen wir in Schule und Hochschule: Träges Wissen? In: Mandl, H. & Gerstenmaier, J. (Hrsg.): Die Kluft zwischen Wissen und Handeln. Empirische und theoretische Lösungsansätze. Göttingen, Bern, Toronto, Seattle: Hogrefe, 139-156.

Hartinger, A., Fölling-Albers, M., Lankes, E.-M., Marenbach, D. & Molfenter, J. (2001): Lernen in authentischen Situationen versus Lernen mit Texten. Zum Aufbau anwendbaren Wissens in der Schriftsprachdidaktik. Unterrichtswissenschaft, 29(2), 108-130.

Hartinger, A., Fölling-Albers, M. & Mörtl-Hafizović, D. (2005): Die Bedeutung der Ambiguitätstoleranz für das Lernen in situierten Lernbedingungen. Psychologie in Erziehung und Unterricht, 52(2), 113-126.

Heimann, P. Otto, G. & Schulz, W. (1965): Unterricht – Analyse und Planung. Hannover: Schroedel.

Inckemann, E. (2000): Subjektive Theorien von Grundschullehrkräften im Bereich Schriftspracherwerb. In: Einsiedler, W. & Fölling-Albers, M. (Hrsg.): Lehrerprofessionalität – Lehrerprofessionalisierung. Jahrbuch Grundschulforschung, Band 3. Bad Heilbrunn/Obb.: Verlag Julius Klinkhardt, 233-241.

Klafki, W. (1962): Didaktische Analyse. „Auswahl", Reihe A der Zeitschrift Die Deutsche Schule. Hannover: Schroedel.

Klafki, W. (1992): Neue Studien zur Bildungstheorie und Didaktik, 2. erw. Aufl. Weinheim, Basel: Beltz.

Krainer, K. (2003): Bereitschaft und Kompetenz zur Reflexion eigenen Denkens und Handelns – ein Schlüssel zur Professionalität im Lehrerberuf. Erziehung und Unterricht, 153(9-10), 970-977.

Lankes, E.-M., Hartinger, A., Marenbach, D., Molfenter, J. & Fölling-Albers, M. (2000): Situierter Aufbau von Wissen bei Studierenden. Lohnt sich eine anwendungsorientierte Lehre im Lehramtsstudium? Zeitschrift für Pädagogik, 46(3), 417-437.

Law, L.-C. (2000): Die Überwindung der Kluft zwischen Wissen und Handeln aus situativer Sicht. In: Mandl, H. & Gerstenmaier, J. (Hrsg.): Die Kluft zwischen Wissen und Handeln. Empirische und theoretische Lösungsansätze. Göttingen, Bern, Toronto, Seattle: Hogrefe, 253-287.

Mandl, H. & Gerstenmaier, J. (2000): Die Kluft zwischen Wissen und Handeln. Empirische und theoretische Lösungsansätze. Göttingen, Bern, Toronto & Seattle: Hogrefe.

Mandl, H., Gruber, H. & Renkl, A. (2002): Situiertes Lernen in multimedialen Lernumgebungen. In: Issing, L.J. & Klimsa, P. (Hrsg.): Information und Lernen mit Multimedia. Lehrbuch für Studium und Praxis, 3. überarb. Aufl. Weinheim: Beltz PVU, 138-148.

Mayring, P. (2003): Qualitative Inhaltsanalyse. Grundlagen und Techniken, 8. Aufl. Weinheim, Basel: Beltz.

Mörtl-Hafizović, D. (2006): Chancen situierten Lernens in der Lehrerbildung. Eine theoretische Analyse und ihre empirische Überprüfung. Inaugural-Dissertation an der Universität Regensburg.

Reinmann-Rothmeier, G. & Mandl, H. (2001): Unterrichten und Lernumgebungen gestalten. In: Weidenmann, B. & Krapp, A. (Hrsg.): Pädagogische Psychologie, 4. Aufl. Weinheim: Beltz, 601-648.

Renkl, A. (1996): Träges Wissen: Wenn Erlerntes nicht genutzt wird. Psychologische Rundschau 47, 78-92.

Renkl, A. (2001): Träges Wissen. In: Rost, D.H. (Hrsg.): Handwörterbuch Pädagogische Psychologie, 2. überarb. u. erw. Aufl. Weinheim: PVU, 717-721.

Schulz, W. (1980): Unterrichtsplanung. München: Urban & Schwarzenbeck.

Stark, R. & Mandl, H. (2000): Konzeptualisierung von Motivation und Motivierung im Kontext situierten Lernens. In: Schiefele, U. & Wild, K.-P (Hrsg.): Interesse und Lernmotivation: Untersuchungen zu Entwicklung, Förderung und Wirkung. Münster: Waxmann, 95-115.

Stark, R., Gruber, H., Renkl, A. & Mandl, H. (1997): „Wenn alles um mich herum drunter und drüber geht, fühle ich mich so richtig wohl" – Ambiguitätstoleranz und Lernerfolg. Psychologie in Erziehung und Unterricht, 44, 204-215.

Stark, R., Graf, M., Renkl, A., Gruber, H. & Mandl, H. (1995): Förderung von Handlungskompetenz durch geleitetes Problemlösen und multiple Lernkontexte. Zeitschrift für Entwicklungspsychologie und Pädagogische Psychologie, 27(4), 289-312.

Karsten D. Wolf & Andreas Rausch

Lernmotivation und Problemlösefähigkeit als Erfolgskriterien für virtuelle Seminare in der Lehrerbildung

1 Ausgangssituation und Ziele

Als übergreifende Ziele von Unterricht werden eine nachhaltige Lernmotivation (Krapp 2003) sowie die Förderung komplexer Problemlösefähigkeit (Sembill 1992, Baumert et al. 1999) diskutiert. Auch wenn diese Ziele für Lehrende konsensfähig sind, besteht häufig eine hohe Unsicherheit, wie ein entsprechend förderlicher Unterricht zu gestalten ist. Obwohl Ansätze zur Gestaltung komplexer Lehr-Lern-Arrangements mittlerweile erfolgreich empirisch geprüft sind, finden sie nur selten Eingang in die Schulpraxis. Dies ist auf den hohen Planungs- und Vorbereitungsaufwand einerseits und die fehlende Methodenkompetenz der Lehrenden andererseits zurück zu führen (Oser 1997a; 1997b; Pätzold, Klusmeyer, Wingels & Lang 2003; Klusmeyer & Pätzold 2005).

Unter komplexen Lehr-Lern-Arrangements sind – verkürzt dargestellt – Unterrichtsgestaltungen zu verstehen, welche sich an einem konstruktivistischen Lernverständnis orientieren. Mit dem Konzept des Selbstorganisierten Lernens nach Sembill (SoLe) liegt ein theoretisch fundierter und in Studien mehrfach empirisch überprüfter Ansatz zur Gestaltung komplexer Lehr-Lern-Arrangements vor. Hinsichtlich der Zielgrößen Lernmotivation und Problemlösefähigkeit konnte eine Überlegenheit des SoLe-Konzepts gegenüber traditionellem, lehrerzentriertem Unterricht mehrfach gezeigt werden. Unterricht auf der Grundlage Selbstorganisierten Lernens (selbstorganisationsoffener Unterricht) erlaubt es den Lernenden, in projektorientierter Kleingruppenarbeit über mehrere Unterrichtseinheiten hinweg komplexe, praxisnahe Problemstellungen eigenverantwortlich zu bearbeiten. Darüber hinaus ist eine konsequente Beteiligung der Lernenden an Zielbildungs- und Kontrollprozessen vorgesehen (Sembill 1992, 1996, 2004; Sembill, Schumacher, Wolf, Wuttke & Santjer-Schnabel 2001; Seifried 2004).

Im Unterschied zu dem in der Praxis überwiegend vorzufindenden Frontalunterricht (evtl. durchsetzt mit kürzeren Einzel- oder Gruppenarbeitsphasen), der eine lineare, sequenzielle und sukzessive Vorbereitung ermöglicht, stellt die Planung und Vorbereitung komplexer Lehr-Lern-Arrangements durchaus ein komplexes

Problem (sensu Dörner)[1] dar. Da Studierende (und auch Lehrkräfte) während ihrer Aus- und Weiterbildung jedoch selten mit Problemen dieser Art konfrontiert werden, erstaunt es kaum, dass eine entsprechende Problemlösefähigkeit und damit eine zentrale Kompetenz von Lehrkräften nicht ausreichend ausgebildet wird (Oser 1997a, 1997b).

Ein Ziel der Bamberger Handelslehrerausbildung ist es daher, schon in der ersten Phase der Lehrerausbildung eine Auseinandersetzung mit der Gestaltung komplexer Lehr-Lern-Arrangements zu ermöglichen. Um darüber hinaus auch Studierenden anderer Universitäten sowie Referendaren und Unterrichtspraktikern die Möglichkeit zu bieten, Erfahrungen auf diesem Gebiet zu sammeln und auszutauschen, wird das Seminar „Planung und Vorbereitung selbstorganisationsoffenen Unterrichts am Beispiel Rechnungswesen" als Online-Veranstaltung im Rahmen der *virtuellen hochschule bayern (vhb)* angeboten. Neben der Förderung der domänenspezifischen Problemlösefähigkeit zielt die Konzeption auf den Aufbau einer nachhaltigen Lernmotivation als Grundlage einer langfristigen Weiterbildungsbereitschaft angehender Lehrkräfte ab. Nicht nur inhaltlich, sondern auch methodisch orientiert sich das E-Learning-Angebot daher am oben skizzierten Konzept des Selbstorganisierten Lernens.

Während die allgemeine Konzeption des zugrunde liegenden Seminars seitens der Fachöffentlichkeit bereits positiv aufgenommen wurde (Reinmann 2005), werden wir im Rahmen dieses Beitrags detaillierter auf die Ergebnisse der umfangreichen Begleitevaluation eingehen, um empirische Hinweise auf die Zielerreichung des Seminarangebotes zu gewinnen und Rückschlüsse auf allgemeine Erfolgskriterien für Seminare in der Lehrerbildung zu ziehen.

2 Konzeption des Online-Seminars

Das Seminar „Planung und Vorbereitung Selbstorganisationsoffenen Unterrichts am Beispiel Rechnungswesen" wird vom Lehrstuhl für Wirtschaftspädagogik an der Otto-Friedrich-Universität Bamberg durchgeführt und seit 2004 als A-Kurs[2] im Katalog „Lehrerbildung" der *virtuellen hochschule bayern (vhb)* geführt. Seit dem Wintersemester 2004/05 wird das Seminar in gleicher Form auch vom

---

1 Als komplex, echt, oder nicht wohl-definiert bezeichnete Probleme zeichnen sich durch Komplexität, Vernetztheit, Dynamik, Intransparenz und Polytelie bei gleichzeitig unzureichender Spezifikation von Vorgaben, Zielen, Barrieren und/oder Operatoren aus (Dörner 1979 et passim).

2 A-Kurse der vhb werden (1) regelmäßig angeboten, (2) tutoriell betreut und (3) durch den Fachrat der vhb zertifiziert. Entsprechende Kurse sind prüfungsordnungskonform und ermöglichen den Erwerb von Leistungspunkten.

Lehrstuhl für Wirtschaftspädagogik I der Johannes Gutenberg-Universität in Mainz angeboten.

Im Mittelpunkt steht die Gestaltung selbstorganisationsoffenen Unterrichts im Bereich Rechnungswesen. Auf diese Weise wird über den Erwerb wichtiger Methodenkompetenzen hinaus ein curriculares Kernelement der kaufmännischen Ausbildung zum Gegenstand der Reflexion, das als besonders reformbedürftig anzusehen ist (Preiß & Tramm 1996; Preiß 1999; Seifried 2004).

2.1 Inhaltliche Konzeption

Das Seminar ist in vier Inhaltsbereiche (Problemstellungen = PS; siehe obere Leiste in Abb. 1) gegliedert, die thematisch aufeinander aufbauen. Die Inhalte der vier Problemstellungen werden im Folgenden näher beschrieben, während Details zur methodischen und medientechnischen Umsetzung sowie zur Betreuung und Benotung in den nächsten Kapiteln thematisiert werden.

PS-1: Unterricht neu gestalten
Nach Schilderung und Analyse einer selbst erlebten Unterrichtseinheit erarbeiten die Lernenden Handlungsempfehlungen zur Verbesserung des erlebten Unterrichts. Im Kursmaterial steht ihnen dazu eine umfangreiche Methodensammlung zur Verfügung. Abschließend werden aus den konkreten Erfahrungen allgemeine Kriterien für „guten" Unterricht abstrahiert und gesammelt.

PS-2: Innovationsfeld kaufmännischer Unterricht
Der Schwerpunkt dieser Problemstellung liegt auf der Erstellung einer (groben) Halbjahresplanung im Bereich Kosten- und Leistungsrechnung, die sowohl den Erfordernissen aktueller Lehrpläne als auch dem Konzept Selbstorganisierten Lernens sowie den eigenen Kriterien für „guten" Unterricht gerecht wird. Als Informationsangebot finden die Lernenden im Kursmaterial umfangreiche Materialien zur Fachdidaktik, zum Themenbereich Kosten- und Leistungsrechnung sowie ausführliche Darstellungen der Konzeption des Selbstorganisierten Lernens.

PS-3: Unterricht vorbereiten
Nachdem die Teilnehmerinnen und Teilnehmer in der zweiten Problemstellung ein relativ abstraktes Raster für ein Unterrichtshalbjahr erstellt haben, liegt der Fokus nun auf der Feinplanung einer Unterrichtssequenz und der Erstellung authentischer, einsatzfähiger Unterrichtsmaterialien (z.B. Belegsätze, Geschäftsbriefe, etc.).

PS-4: Lernprozesse beurteilen
In der abschließenden Problemstellung machen die Lernenden eigene Erfahrungen mit Formen der Selbst- und Peer-Beurteilung und erarbeiten Vorschläge für den Einsatz alternativer Beurteilungsmethoden in ihren eigenen Unterrichtsplanungen.

2.2 Methodische Gestaltung

Das beschriebene Seminar macht den Inhalt des Selbstorganisierten Lernens zur Methode, so dass die Lernenden mit komplexen Problemstellungen konfrontiert werden, die sie größtenteils in kollaborativer Kleingruppenarbeit lösen. Die virtuellen Arbeitsphasen werden dabei durch zwei Präsenztermine ergänzt, wodurch das Seminar dem *Blended Learning* zuzuordnen ist.

Da der Großteil der Lernenden keinerlei Erfahrungen mit virtuellen Seminaren hat, werden zusätzlich einige Maßnahmen ergriffen, um einem vorzeitigen Seminar-Abbruch (drop-out) entgegenzuwirken. Schon vor Seminarbeginn besteht die Möglichkeit, sich anhand des Teilnehmerhandbuchs über das Seminar zu informieren. Im Rahmen der präsent durchgeführten Auftaktveranstaltung wird sowohl die Seminarkonzeption als auch die technische Plattform *EverLearn* (siehe Abschnitt 2.3) vorgestellt. Außerdem werden Besonderheiten der virtuellen Zusammenarbeit thematisiert und offene Fragen direkt vor Ort geklärt. Danach haben die Lernenden eine Woche Zeit, um sich mit der technischen Lernumgebung auseinander zu setzen (Erstellen einer eigenen *EverLearn*-Homepage). Ein Chat zu technischen Fragen rundet die Einführungsphase ab.

Um auch in den anschließenden virtuellen Phasen dem so genannten Lost-in-Cyberspace-Problem (Edwards & Hardman 1999) sowie dem Fehlen eines wöchentlichen Präsenztermins zur Klärung offener Fragen entgegen zu wirken, bedarf es gerade bei der Umsetzung „offener Unterrichtsformen" zusätzlicher Orientierungshilfen (Kerres 2001). Innerhalb der Problemstellungen sind den Lernenden daher sechs Bearbeitungsschritte vorgegeben (linke Leiste in Abb. 1), die allerdings auch Rücksprünge zulassen. Die hier gewählte Sechs-Stufen-Systematik orientiert sich an Prinzipien des geplanten bzw. vollständigen Handelns (Koch & Selka 1991; Sembill 1992) sowie an dem von Schank für das Online-Lernangebot der Columbia University entwickelten Schema (Wolf, Städtler & Baumann 2002). Jede der zu bearbeitenden Problemstellungen umfasst folgende Stufen:

(1) Zur Problemstellung informieren

(2) Problemstellung bearbeiten

(3) Eigene Lösung überprüfen
(4) Eigene Lösung veröffentlichen
(5) Rückmeldungen analysieren
(6) Problemstellung reflektieren

Die durchschnittlich vorgesehene Arbeitslast von ca. acht Stunden pro Woche ist glockenförmig über das Seminar verteilt. Sie steigt zu Beginn des Seminars langsam an, erreicht ihren Höhepunkt bei den beiden mittleren Problemstellungen und nimmt danach wieder ab. Dies kommt den Studierenden sehr entgegen, da gegen Ende eines Semesters meist Klausurvorbereitungen anstehen.

Ebenso wechselt die Sozialform im Verlauf des Seminars. Während die erste und vierte Problemstellung teilweise individuell oder in Partnerarbeit ablaufen, werden die beiden zentralen Problemstellungen in Kleingruppen bearbeitet. Der Kollaborationsgedanke kommt insbesondere in der dritten Problemstellung zum Tragen. Aus Zeitgründen ist es jeder Gruppe nur möglich, einen Teilausschnitt einer Halbjahresplanung im Detail auszuarbeiten. Daher werden je nach Teilnehmerzahl eine oder zwei besonders verfolgenswerte Halbjahresplanungen herausgegriffen, die anschließend arbeitsteilig von mehreren Gruppen gemeinsam ausgearbeitet werden (E-Projektarbeit). Auf diese Weise entstehen durchgängige Materialsätze, die den angehenden Lehrkräften dauerhaft in einer Online-Community zur Verfügung gestellt werden.

2.3 Medientechnische Umsetzung

Die technische Umsetzung des Seminars basiert auf dem Learning Content Management System namens *EverLearn* (www.everlearn.info), das insbesondere in Hinblick auf die Erfordernisse Selbstorganisierten Lernens entwickelt wurde. Die Anwendung läuft zu 100% Server-seitig, so dass die Nutzer (Lehrende und Lernende) lediglich einen Internetzugang und einen Browser benötigen.

Die Plattform bietet zahlreiche Möglichkeiten zur Kommunikation, Kooperation und Kollaboration. Neben Standard-Funktionen wie kursweiten Foren gibt es bspw. die Möglichkeit, an jede beliebige Inhaltsseite ein „Mini"-Forum direkt anzufügen (siehe rechter Bereich in Abb. 1). Ferner steht ein integrierter Instant Messenger zur synchronen Kommunikation (Chat) zur Verfügung. Das Herzstück von *EverLearn* sind die so genannten „Gemeinsamen Seiten", die in ihrer Funktionalität Wiki-Seiten entsprechen: Auch Lernende haben hier die Möglichkeit, multimediale Inhalte zu erstellen, ohne über HTML-Kenntnisse oder ähnliche technische Expertisen zu verfügen. So gestalten die Lernenden ihre eigenen Seiten, auf denen sie ihre Ergebnisse entwickeln, diskutieren und präsentieren (siehe Abb. 1).

Abb. 1: Screenshot einer Gruppenseite in der Lernumgebung EverLearn

2.4 Tutorielle Betreuung

Ein zentrales Element erfolgreicher Online-Seminare ist die Sicherstellung einer zeitnahen und persönlichen Betreuung der Lernenden (Rautenstrauch 2001; Schulmeister 2001; Brugia 2004; Reinmann 2005). Dies wird durch den Einsatz von Tutoren gewährleistet, die eng mit den verantwortlichen Lehrstuhlmitarbeitern zusammen arbeiten. Die intensive Betreuung erfordert ein Verhältnis von ca. 1 zu 8, d.h. jeder Tutor betreut acht Lernende bzw. zwei Arbeitsgruppen.[3] Der Großteil der Betreuungsleistung fällt in die erste Hälfte des Seminars, da im

---

[3] Dabei umfasst ein durchschnittlicher Tutorenvertrag 20 Stunden pro Monat für eine Dauer von drei Monaten. Unsere Erfahrungen bestätigen somit Feldbeobachtungen, wonach der Aufwand für eine seriöse Betreuung von Online-Angeboten erheblich unterschätzt wird (Miller & Oelkers 2005).

Sinne des *Fading* (CTGV 1997) zunehmend Verantwortung in die Hände der Lernenden gelegt wird. Die Tutoren übernehmen insbesondere die persönliche Betreuung, aber mit Unterstützung von Lehrstuhlmitarbeitern teilweise auch die fachliche Betreuung („ideale Tutoren"; Nübel, Ojstersek & Kerres 2005, 3). Während sie anfangs als Animatoren (invasiv) fungieren, stehen sie in späteren Phasen eher als Ratgeber (responsiv) zur Verfügung (Seufert & Mayr 2002).

Ein Tutorenleitfaden stellt zudem sicher, dass alle Tutoren ihren Betreuungsaufgaben in ähnlicher Weise nachkommen. Der Leitfaden beinhaltet neben allgemeinen Hinweisen zur Betreuung eine detaillierte Darstellung der wahrzunehmenden Betreuungsaufgaben innerhalb der einzelnen Problemstellungen (Egloffstein, Wagner & Vießmann 2006). Abb. 2 zeigt exemplarisch die speziellen Betreuungsaufgaben im Rahmen der zweiten Problemstellung.

Abb. 2: Betreuungsaufgaben in der zweiten Problemstellung

	Lernende	Betreuungsaufgaben der Tutoren	Lehrstuhlmitarbeiter
vor PS-2		• Vorbereitung: Einrichten von Gruppenseiten in Everlearn und Abgabetermine in der Kalenderfunktion kontrollieren • Seiten von PS-2 freischalten	• Vorbereitung: ggf. Überarbeitung der Problemstellung • Experten zum SoLe-Chat einladen
während PS-2	• Einarbeitung in das SoLe-Konzept • SoLe-Chat • Überarbeitung der Unterrichtskriterien • Erstellen einer Halbjahresplanung	• Bekanntgabe des Termins für den SoLe-Experten-Chat • Teilnahme am Chat • Teilnehmer zum frühzeitigen Einstellen ggf. unfertiger Ergebnisse anhalten • Inhaltliches Feedback zu den (Zwischen-) Ergebnissen (ggf. mehrmalig) • Hinweis auf Abgabetermine	• Teilnahme am Chat • Unterstützung der Tutoren bei schwierigen Fällen. • Auswahl einer bzw. zweier Koordinationsgruppen (in Absprache mit den Tutoren)
nach PS-2		• Erstellen von Vorgutachten zu den Gruppenergebnissen auf der Grundlage eines Kriterienkatalogs	• Bekanntgabe der Koordinationsgruppen für PS-3 • Beurteilung der Problemlösungen • Bekanntgabe der Noten

2.5 Beurteilungskonzept

Aufgrund des Projektcharakters komplexer Lehr-Lern-Arrangements greifen traditionelle Formen der Leistungsbeurteilung wie z.b. Klausuren zu kurz (vgl. Bohl 2004). Dementsprechend wurde neben dem Betreuungs- auch ein spezifisches Beurteilungskonzept entwickelt.

Die Gesamtnote für das Seminar setzt sich aus vier Teilnoten der vier Problemstellungen zusammen, die entsprechend der Arbeitsintensität gewichtet werden (20% – 30% – 30% – 20%). Gruppenleistungen werden als Ganzes benotet. Eine angemessene Verteilung der Arbeitslast innerhalb der Gruppe liegt dabei bewusst in der Verantwortung der Lernenden.[4] Eine Besonderheit ergibt sich für die dritte Problemstellung. Im Rahmen einer zweiten Präsenzveranstaltung werden die Ergebnisse der Gruppen aus PS-3 präsentiert und in einem Peer-Review-Verfahren gegenseitig bewertet. Die Lernenden orientieren sich dabei an einem Kriterienraster (Rubric; Roblyer & Wiencke 2003), das zuvor gemeinsam ausgearbeitet wird. Die abschließende vierte Problemstellung erfordert von den Lernenden eine Beurteilung ihres persönlichen Beitrags in PS-3 unter Einbezug geeigneter Literatur zum Thema Leistungsbeurteilung. Die Note für PS-3 (30% der Gesamtnote) setzt sich dann jeweils hälftig aus Peer-Review und Self-Assessment zusammen. Die Note für die vierte Problemstellung erfolgt wieder in klassischer Fremdbeurteilung durch die Seminarverantwortlichen.

Zusammenfassend stellt sich die Beurteilungskonzeption als eine auf Ergebnisdokumentationen (Leistungsportfolio) basierende Prozessbeurteilung dar, die durch Selbst- und Peer-Beurteilungen ergänzt wird. Die Prozess begleitenden Rückmeldungen durch die Tutoren haben keinen Einfluss auf die Note und orientieren sich an einer individuellen Bezugsnorm (Hinweise auf Verbesserungsmöglichkeiten). Das Feedback soll im Sinne eines konstruktiven Fehlerverständnisses (Oser, Hascher & Spychiger 1999) ausschließlich als Hilfe, nicht als Strafe verstanden werden. Die Benotung der Problemlösungen hingegen orientiert sich an einer sachlichen Bezugsnorm. Diese Kombination aus individueller und sachlicher Bezugsnorm kann als günstig für die Förderung der Leistungsmotivation angesehen werden (Rheinberg 2001).

---

4 Ergeben sich aufgrund unzureichenden Engagements einzelner Gruppenmitglieder Konflikte, so wird – in Absprache mit allen Gruppenmitgliedern – auf die Möglichkeit eines Notenpools zurückgegriffen: Die erreichte Punktzahl wird mit der Anzahl der Gruppenmitglieder multipliziert und die Aufteilung der Punkte aufgrund einer einstimmigen Entscheidung innerhalb der Gruppe vorgenommen (Wester 2000).

3 Erfolgskriterien für ein virtuelles Seminar

Mit der Forderung nach Lernerzentrierung im E-Learning rückt der Lernende auch bei der Qualitätsbeurteilung zunehmend in den Mittelpunkt des Interesses (Ehlers 2004; Schenkel & Tergan 2004; Schulmeister 2005). Bestehende Evaluationsansätze beschränken sich jedoch zu oft auf formlose Berichte, Untersuchungen mit zu engem Fokus (Schulmeister 2001), unhandliche Kriterienkataloge (Tergan, Fischer & Schenkel 2004) oder den Einsatz selbst entwickelter Fragebögen und sind daher nur selten geeignet, eine umfassende Qualitätsbeurteilung zu unterstützen (Schenkel, Fischer & Tergan 2004). Darüber hinaus scheinen Replikationsstudien in dem von schnellen technischen Veränderungen geprägten Forschungsfeld E-Learning selten zu sein.

Eine zentrale Zielgröße ist selbstredend im Lernerfolg der Teilnehmerinnen und Teilnehmer zu sehen. Zwar zielen die meisten Evaluationsstudien auch auf die Erhebung des Lernerfolgs ab, doch sind diese fast immer auf die Reproduktion von Faktenwissen beschränkt, das aufgrund testökonomischer Überlegungen nicht selten in Multiple-Choice-Tests oder Lückentexten abgefragt wird. Für die Anforderungen des vorgestellten Seminars greift ein solches Vorgehen zu kurz. Aus diesem Grund wurde in der Eingangs- und Ausgangserhebung ein aufwändiges Verfahren zur Messung der fachspezifischen Problemlösefähigkeit eingesetzt (AIT, Sembill 1992).

Auch im E-Learning-Bereich setzt sich – den Befunden der „klassischen" Lehr-Lern-Forschung folgend – die Erkenntnis durch, dass es nicht der Lehrende noch das „Neue Medium" ist, die jemanden „lernend machen", sondern auch virtuelles Lernen[5] im Sinne eines konstruktivistischen Lernverständnisses ein sozialer, aktiver und selbst gesteuerter Prozess seitens des Lernenden ist. „Wenn intendiert ist, dass die Lernenden Handlungswissen und Handlungskompetenzen im Umgang mit komplexen Situationen erwerben, dann benötigen sie eine motivationale Basis, die sie zu einer intensiven und ausdauernden Beschäftigung mit den Problemstellungen befähigt" (Sembill, Schumacher, Wolf, Wuttke & Santjer-Schnabel 2001, 258). In Anlehnung an Krapp (2003) wird hier insbesondere der Aufbau einer nachhaltigen Lernmotivation verfolgt, die basierend auf der

---

5 Der Begriff virtuelles Lernen ist in zweifacher Weise unglücklich, da (1) suggeriert wird, dass ein ‚anderes' Lernen stattfindet, obwohl sich aber nicht die dem Lernen zugrunde liegenden Prinzipien ändern, sondern lediglich die Lernumgebung. (2) Ferner dient der Begriff ‚virtuell' definitionsgemäß zur Beschreibung eines ‚künstlichen Ersatzes' (z.B. virtueller Speicher, virtuelle Organisation, etc.) und lässt somit den Schluss zu, dass es gar nicht zu ‚echten Lernprozessen' kommt. Nichtsdestotrotz hat er sich im E-Learning-Bereich durchgesetzt und dient uns als Sysnomym für ‚Lernen in Internet basierten Lernumgebungen'.

Selbstbestimmungstheorie (Deci & Ryan 1993) mittels eines von der Forschergruppe um Prenzel entwickelten Fragebogeninstruments erhoben wird (vgl. Prenzel, Kristen, Dengler, Ettle & Beer 1996).

Ein weiteres Ziel ist das Sammeln eigener Erfahrungen mit der Nutzung internetbasierter Lernumgebungen (Wolf 2003), insbesondere mit dem Lernen durch Schreiben so genannter *public entities* (Papert 1991) im Sinne öffentlich diskutierbarer Artefakte (Texte, Grafiken, Linklisten, etc.) sowie kollaborativer Gruppenarbeit. Zum einen wird damit die Medienkompetenz gefördert und zum anderen bekommen die angehenden Lehrkräfte Einblicke in die Nutzung neuer Medien in der Lehre. Abbildung 3 zeigt die Seminarziele und die Instrumente zu deren Erhebung im Überblick.

Abb. 3: Seminarziele und Erhebungsinstrumente

Seminarziele	Erhebungsinstrumente
Förderung fachgebundener Problemlösefähigkeit (Sembill, Wolf, Schumacher & Wuttke 2002), hier die Planung und Vorbereitung selbstorganisationsoffenen Unterrichts	AIT (Analytischer Idealtypus) nach Sembill (1992) als validiertes Instrument zur Messung komplexer Problemlösefähigkeit sowie die als Prozessbeurteilung erstellten Noten
Aufbau nachhaltiger Lernmotivation (Krapp 2003), hier bezüglich allgemeiner pädagogischer Problemstellungen sowie insbesondere der Unterrichtsgestaltung und Materialentwicklung im Fach Rechnungswesen	Fragebogen zu motivationalen Bedingungen und Prozessen beim Lernen (Forschergruppe um Prenzel) und Fragebogen zum Interesse an pädagogischen Problemstellungen (Adaption von Wild & Winteler 1990)
Kennen lernen der didaktisch geleiteten Nutzung internetbasierter Lernumgebungen (Wolf 2003), hier insbesondere das Lernen durch Schreiben so genannter *public entities* (Papert 1991) sowie kollaborative Gruppenarbeit	*Logfiles* der nach Nutzungsarten kategorisierten Handlungen in der Lernumgebung (sensu Wolf 2003), insbesondere das Erstellen und Bearbeiten von Inhalten

4 Empirische Befunde der Seminarevaluation

Im vorliegenden Beitrag konzentrieren wir uns in der Analyse auf die Untersuchung des Aufbaus von Lernmotivation und berichten über erste Ergebnisse zur Förderung fachgebundener Problemlösefähigkeit.

4.1 Stichprobe

Für die Analyse lagen Daten aus vier Seminardurchgängen mit insgesamt 108 Teilnehmer/innen (48 Männer und 60 Frauen) vor (siehe Tabelle 1), die sich zum überwiegenden Teil im vierten bis fünften Fachsemester der Studiengänge Wirtschaftspädagogik bzw. Wirtschaftspädagogik mit dem Schwerpunkt Wirtschaftsinformatik befanden. Die einzelnen Durchgänge wurden von jeweils verschiedenen Mitarbeitern der beteiligten Lehrstühle und mit Unterstützung eines – abhängig von der Teilnehmerzahl – variablen Tutorenteams angeleitet.

Tab. 1: Datenbasis der Untersuchung (n = 108 TN)[6]

	SoSe 04	WiSe 04/05	SoSe 05
Uni Bamberg	43 TN 20m / 23w 20-30 Jahre	36 TN 13m / 23w 21-36 Jahre	16 TN 9m / 7w 23-42 Jahre
Uni Mainz		13 TN 6m / 7w 25-39 Jahre	

4.2 Untersuchungsdesign

Das bei allen Durchläufen identische Erhebungsdesign sah neben einer Eingangserhebung und einer Ausgangserhebung die laufende Erhebung der Nutzung der Lernplattform durch ein Logfile sowie der Seminarleistungen durch ein Leistungsportfolio vor (siehe Abbildung 4). In der Eingangserhebung wurden neben der Problemlösefähigkeit (AIT) das Interesse an pädagogischen Problemstellungen (adaptiert nach Wild & Winteler 1990) sowie verschiedene mögliche Kontrollvariablen erhoben (Selbstwirksamkeit, Leistungsmotivation, subjektive Kompetenzeinschätzung bzgl. selbstorganisierten Lernens, biografische Daten und Computervorwissen). In der Ausgangserhebung wurden als abhängige Variablen neben dem AIT die Noten für die Bearbeitung der einzelnen Problemstellungen sowie die Lernmotivationsausprägungen (Prenzel 1994) erhoben. Als Situationsvariablen zur Beschreibung der wahrgenommenen Lehr-Lern-Prozesse wurden die Bedingungsfaktoren der Motivation (Prenzel 1994), der subjektiv wahrgenommene Selbstorganisationsgrad des Seminars (SOGU; Schumacher,

---

6 Im Wintersemester 2005/06 nahmen in Bamberg ca. 40 TN teil, in Mainz 12 TN. Die Evaluationsdaten lagen zur Drucklegung noch nicht vor.

Wolf & Wuttke 1998) und die subjektive Bewertung der Lehr-Lern-Umgebung (SuBeLLU; Wolf & Rausch 2004) erhoben.

Abb. 4: Erhebungsdesign

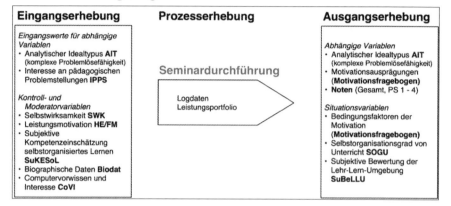

4.3 Eingangsbedingungen

Die vier Gruppen unterschieden sich weder bezüglich ihrer Selbstwirksamkeitserwartungen, ihrer Leistungsmotivation, ihrer subjektiven Kompetenzeinschätzung selbstorganisierten Lernens noch in ihrem Computer- und Internetvorwissen (Tukey-Kramer HSD Test,[7] Vergleich aller Paare, α = 0,05). Weibliche und männliche Studenten unterschieden sich lediglich bezüglich ihres Interesses an pädagogischen Problemstellungen signifikant (Frauen: 2,99; Männer: 2,78; mittlere Differenz: 0,21, p = .038; Skala: 1 = „trifft nicht zu" bis 4 = „trifft zu"), wobei dieser Unterschied später noch einmal aufgegriffen wird.

4.4 Ergebnisse zur Motivation

Tabelle 2 gibt die Ergebnisse des Fragebogens zur Lernmotivation, begleitender Emotionen und der Bedingungsfaktoren für die vier Durchgänge wieder. Die Teilnehmerinnen und Teilnehmer wurden jeweils gebeten, auf einer sechsstufigen Skala (von 1 = „nie" bis 6 = „immer") zu beurteilen, wie oft sie die beschriebenen motivationalen Zustände im Unterricht erreicht haben. Für „Amoti-

---

7 Der Tukey-Kramer HSD (Honestly Significant Difference) Test ist konservativ bei unterschiedlichen Stichprobengrößen (Hayter 1984).

vation" und „Extrinsische Motivation" sind geringe Werte günstiger. Für die Subskala „Überforderung vs. Anpassung" kann nicht ohne weiteres entschieden werden, welcher Ausprägungsgrad günstiger ist.

Tab. 2: *Ergebnisse Motivationsfragebogen nach Prenzel (Skalenmittelwerte und Standardabweichung) – Vergleich der vier Seminardurchläufe*

Skala	Bamberg SoSe 04 (n = 43)	Bamberg WiSe 04/05 (n = 36)	Bamberg SoSe 05 (n = 16)	Mainz WiSe 04/05 (n = 13)
Lernmotivation				
Amotivation	1.82 (.67)	1.76 (.46)	1.60 (.68)	1.81 (.50)
Extrinsische Motivation	2.21 (.84)	2.30 (.86)	2.15 (1.07)	2.25 (.98)
Introjizierte Motivation	4.81 (.62)	4.77 (.56)	4.81 (.87)	4.75 (.62)
Identifizierte Motivation	4.75 (.63)	4.52 (.75)	4.83 (.71)	4.61 (.85)
Intrinsische Motivation	4.48 (.65)	4.07 (.84)	4.19 (.89)	4.08 (.83)
Interesse	4.11 (.83)	4.04 (.62)	4.04 (.88)	4.05 (.75)
Begleitende Emotionen				
Negative Empfindungen	3.02 (.70)	3.05 (.77)	2.67 (.80)	3.32 (.88)
Positive Empfindungen	4.24 (.74)	4.07 (.64)	4.11 (.84)	4.04 (.62)
Empfundene Wichtigkeit	4.23 (.80)	4.01 (.90)	3.83 (1.03)	4.04 (.85)
Bedingungsfaktoren				
Soziale Einbindung	4.79 (.51)	4.75 (.54)	4.65 (.75)	4.79 (.48)
Kompetenzunterstützung	4.47 (.65)	4.42 (.56)	4.52 (.57)	4.35 (.61)
Autonomie	4.72 (.57)	4.71 (.56)	4.69 (.60)	4.71 (.65)
Instruktionsqualität	4.55 (.71)	4.61 (.49)	4.71 (.57)	4.75 (.41)
Überforderung vs. Anpassung	3.14 (1.00)	3.13 (.85)	2.50 (.95)	3.36 (1.03)

Nach einer ersten erfolgreichen Pilotstudie an der Universität Bamberg im Sommersemester 2004 (Bamberg SoSe 04; Wolf, Seifried & Städtler 2005) stellte sich die Frage, ob die positiven Ergebnisse replizierbar waren. Amotivation und extrinsische Motivation wiesen niedrige Werte auf, während die angestrebten Ausprägungen der Motivationsarten mit größerer Selbstbestimmung durchgehend hoch waren. Für die hier betrachteten vier Gruppen[8] gab es nach Tukey-Kramer HSD Test (Vergleich aller Paare, $\alpha = 0{,}05$) keine signifikanten Unterschiede. Insofern kann man davon ausgehen, dass das Seminardesign ausreichend robust gegenüber Variationen in der Zusammensetzung der Betreuer ist. Eine entsprechende Einarbeitung und e-Tutoring-Grundkompetenz der Betreuer und Tutoren vorausgesetzt, können mit dem Online-Seminar verlässlich hohe Werte bei den mehr selbstbestimmten Motivationsarten erzielt werden.

4.5 Bezug zu Benchmark-Studien

Bisherige Untersuchungen zu selbstorganisationsoffenem Unterricht im Kontext des DFG-Schwerpunktprogramms „Lehr-Lern-Prozesse in der kaufmännischen Erstausbildung" konzentrierten sich auf den Vergleich von Selbstorganisiertem Lernen (SoLe) mit traditionellem (herkömmlichen) Unterricht (Traditionelles Lernen, TraLe) im klassischen Präsenzunterricht. Das hier betrachtete Seminar wurde dagegen als *Blended Learning* Angebot überwiegend online („virtuell") durchgeführt.

Zur besseren Beurteilung, ob die gemessenen Werte auch im Vergleich gut sind, werden die Ergebnisse aus den Online-Seminaren (*SoLe vhb*: Mittelwerte über alle Seminarteilnehmer der vier Durchläufe) deshalb den Befunden aus insgesamt drei Benchmark-Studien gegenübergestellt:

- *SoLe-EduSerf* (n = 11, teilvirtuelles Hauptseminar, Lerninhalt „Internetbasiertes Lernen", siehe Wolf 2003).

- *SoLe II* (DFG-Schwerpunktprogramm „Lehr-Lern-Prozesse in der kaufmännischen Erstausbildung", n = 15, Selbstorganisationsoffener Unterricht, Bürokaufleute, Lerninhalt „Personalwirtschaft", siehe Sembill, Schumacher, Wolf, Wuttke & Santjer-Schnabel 2001),

---

8 Im Einzelvergleich (Students t-Test, jedes Paar) gibt es für drei Maße einen signifikanten Unterschied zwischen jeweils 2 Gruppen: Intrinsische Motivation (Bamberg SoSe 04 > Bamberg WiSe 04/05, $p = .022$); Negative Empfindung (Mainz WiSe 04/05 > Bamberg SoSe 05, $p = .026$); Überforderung vs. Anpassung (Mainz WiSe 04/05 > Bamberg SoSe 05, $p = .019$)

- *SoLe III* mit zwei Experimentalgruppen (n = 44, Selbstorganisationsoffener Unterricht, kaufmännische Grundstufe, Lerninhalt „Buchführung", siehe Seifried 2004 sowie Seifried, Wolf, Klüber & Sembill 2005) sowie
- *TraLe II* und *TraLe III* sind die entsprechenden Kontrollgruppen für die beiden oben genannten Untersuchungen („Standard"-Unterricht, bezeichnet als Traditionelles Lernen).

Zunächst fallen die fast durchgängig günstigeren Werte der SoLe-Klassen gegenüber den Kontrollklassen mit traditionellem Unterricht (TraLe II / TraLe III) auf (siehe Tabelle 3). Im Vergleich zu den Benchmark-Studien SoLe II und SoLe III sind die Motivationswerte ähnlich hoch. Während die Werte für die Kompetenzunterstützung und Autonomie erwartungsgemäß hoch sind, ergeben sich im Vergleich zu den Ergebnissen von Wolf (2003) in einem ähnlichen Setting (teilvirtuelles Seminar im Universitätskontext) jedoch einige interessante Unterschiede. So sind die Werte für die soziale Einbindung sowie die Instruktionsqualität für das SoLe vhb Seminar höher. Hier gilt es zu prüfen, ob die starke soziale Einbindung durch den hohen Anteil der Gruppenarbeiten befördert wird. Für die hohe wahrgenommene Instruktionsqualität scheinen zwei Faktoren ausschlaggebend zu sein: die deutliche Strukturierung der – weiterhin komplexen – Problemstellungen sowie die deutlich intensivere tutorielle Betreuung. Insgesamt zeigt die Gegenüberstellung der internetgestützen SoLe-Settings (*SoLe vhb* und *EduSerf*) im Vergleich zu den anderen SoLe-Untersuchungen eine hohe Eignung dieser Lehr-Lern-Konzeption gerade auch für virtuelle Lehr-Lern-Arrangements. Dies ist nicht selbstverständlich, da viele Online-Lernangebote mit Motivationsproblemen und hohen Abbrecherquoten zu kämpfen haben.[9]

---

9 Die Abbrecherquote bei den vier Durchgängen lag unter 5% (0 bis 2 Personen pro Seminar).

Tab. 3: Vergleich der Mittelwerte des Motivationsfragebogen nach Prenzel für das beschriebene Seminar (SoLe vhb, Skalenmittelwerte über alle Seminarteilnehmer der vier Durchläufe) mit Benchmarkstudien (Skalenmittelwerte, die zwei günstigsten Werte einer Skala sind fett gedruckt)[10]

Skala	SoLe vhb Gesamt n = 108	SoLe EduSerf n = 11	SoLe II n = 15	SoLe III EG1 n = 22	SoLe III EG2 n = 22	TraLe II n = 15	TraLe III n = 23
Lernmotivation							
Amotivation	**1.77**	2.17	2.31	**2.00**	2.19	2.47	2.53
Extrinsische Motivation	2.23	**1.93**	2.45	**2.22**	2.52	2.58	2.55
Introjizierte Motivation	**4.81**	3.90	4.07	**4.33**	4.27	4.20	4.14
Identifizierte Motivation	4.67	**4.73**	4.68	**4.80**	4.53	4.02	4.51
Intrinsische Motivation	4.26	**4.73**	**4.27**	4.18	4.00	3.04	3.20
Interesse	**4.07**	**4.80**	3.76	3.92	3.51	3.24	3.04
Begleitende Emotionen							
Negative Empfindungen	3.01	**2.00**	2.74	**2.55**	2.87	3.09	3.11
Positive Empfindungen	**4.14**	**4.77**	3.77	3.87	3.40	2.73	2.87
Empfundene Wichtigkeit	4.08	4.50	4.43	**4.79**	4.54	3.93	**4.59**
Bedingungsfaktoren							
Soziale Einbindung	**4.76**	4.25	4.27	**4.85**	4.17	3.98	3.52
Kompetenzunterstützung	**4.45**	4.10	4.04	**4.17**	3.82	3.35	3.36
Autonomie	**4.71**	**4.99**	4.28	4.24	3.81	3.44	3.28
Instruktionsqualität	**4.61**	3.65	4.49	**4.58**	4.53	3.94	3.88
Überforderung vs. Anpassung	3.07	2.27	3.53	3.07	3.27	3.13	3.02

---

10 Auf einen Mittelwertsvergleich wurde wegen der unterschiedlichen Kontexte der Studien verzichtet.

4.6 Zusammenhang zwischen Interesse an pädagogischen Problemstellungen und Interesse am Seminar

In der Eingangserhebung wurde mit dem IPPS-Fragebogen (Interesse an Pädagogischen Problemstellungen) sozusagen das „Vorinteresse" am Seminarthema gemessen. Es besteht ein starker, höchst signifikanter Zusammenhang zwischen dem Interesse an pädagogischen Problemstellungen (IPPS, Eingangserhebung) und dem Interesse am Seminar (Motivationsfragebogen, Ausgangserhebung) von $r = .41$ ($n = 104$, $p < .01$). Der in der Eingangserhebung diagnostizierte Unterschied zwischen Männern und Frauen bezüglich des Interesses (s.o.) konnte in der Ausgangserhebung – zumindest bezogen auf die Seminarinhalte – nicht mehr festgestellt werden.

Mit Hilfe einer multiplen Regressionsanalyse wurde überprüft, ob durch die gleichzeitige Einbeziehung der motivationalen Bedingungsfaktoren eine bedeutsame Erhöhung der korrelativen Beziehung zu erreichen war. Unter der schrittweisen Hinzunahme zunächst von Kompetenzunterstützung beträgt die (adjustierte) multiple Korrelation $r = .61$ und unter zusätzlicher Hinzunahme von sozialer Einbindung $r = .63$. Die zusätzlich Berücksichtigung der Autonomie führte dagegen nur zu einer unwesentlichen Verbesserung der Varianzaufklärung ($r = .64$). In der hier vorliegenden Datenlage erscheint Autonomie in Bezug auf das Interesse als zur Kompetenzunterstützung weitgehend redundante Variable.

Das Vorinteresse scheint – analog zu den Erkenntnissen bezüglich der überragenden Bedeutung des Vorwissens für Lernerfolg (Alexander 1996) – ein wichtiger Prädiktor für die Höhe des Interesses an den Seminarinhalten zu sein. In den untersuchten Seminaren kann 20% der Varianz des Interesses an den Seminarinhalten mit dem IPPS vorhergesagt bzw. erklärt werden. Die Berücksichtigung der motivationalen Bedingungsfaktoren soziale Einbindung und Kompetenzunterstützung im Regressionsmodell verdoppelt diesen Wert auf 40%.

4.7 Ergebnisse zum Lernerfolg

Zur Beurteilung des Lernerfolges wurde die domänenspezifische komplexe Problemlösefähigkeit gemessen (AIT, Auswertung bisher nur für die Seminargruppe „Bamberg WiSe 04/05", $n = 36$). Der durchschnittliche AIT Gesamtwert als (nach oben offenes) quantitatives Gütemaß stieg signifikant (paarweiser t-Test, $p < .001$) von $M = 17,1$ in der Eingangserhebung auf $M = 21,6$, wobei dieser Anstieg trotz der Verwendung unterschiedlicher Tests in Ausgangs- und Eingangserhebung teilweise auch auf Carry-Over-Effekte (Bortz 2005) zurückzuführen sein könnte. Die Eingangs- und Ausgangswerte des AIT korrelieren mit r = .43 (p < .01).

Da innerhalb des Seminars komplexe Probleme als Leistungsnachweise bearbeitet werden mussten, ist es von Interesse, inwieweit die Noten der Leistungsnachweise (Schulnoten) mit der gemessenen Problemlösefähigkeit korrelieren. Der korrelative Zusammenhang beträgt r = -.43 (p < .01), was eine gewisse Nähe der Aufgabenbearbeitung im Seminar mit komplexem Problemlösen dokumentiert.[11] Für die Entstehung der Note sind offensichtlich jedoch auch andere Faktoren bedeutsam (s.u.).

4.8 Zusammenhang zwischen Interesse und Lernerfolg

Wenn – wie im vorgestellten Seminar – die Förderung langfristiger Lernmotivation gelingt, so sollte sich mittelfristig auch ein verstärkter Lernerfolg einstellen. Wie in Tabelle 4 zu sehen ist, besteht für die Gruppe „Bamberg WiSe 04/05" ein hoher Zusammenhang von r = .49 zwischen dem Interesse und der Problemlösekompetenz (AIT-G) in der Ausgangserhebung. Dieses Ergebnis stützt also die Forderung nach einer verstärkten Anstrengung zur Förderung von Interesse (Schauer 2003).

Tab. 4: *Produkt-Moment-Korrelationsmaße zwischen den Leistungs- und den Motivationsmaßen (2-seitig getestet, Angabe des Signifikanzniveaus in Klammern)*[12]

	Kompetenz-unterstützung	Soziale Einbindung	Autonomie	IPPS (EEH)	Interesse (AEH)
AIT-G (AEH) n=36	.27 (.128)	.28 (.100)	.31 (.063)	.40* (.032)	.49** (.003)
Note n=104	-.11 (.294)	-.29** (.002)	-.17 (.074)	-.04 (.656)	-.15 (.130)

Die fehlenden Zusammenhänge zwischen der Seminarnote und dem Interesse zeigen, dass hier offenbar andere Einflussfaktoren für die Note wichtig sind. Insbesondere die soziale Einbindung scheint hier von Bedeutung zu sein (r = -.29). Da die Teilnehmer/innen in dem Seminar für eine erfolgreiche Teil-

---

11 Da eine niedrigere Note eine bessere Note ist, ist eine negative Korrelation günstig.
12 Die AIT-G Werte liegen bisher nur für die Gruppe „Bamberg WiSe 04/05" mit n = 36 vor.

nahme stark sowohl auf die gute Zusammenarbeit innerhalb ihrer Arbeitsgruppe als auch mit anderen Peers angewiesen waren, gehen sozio-emotionale Störungen mit einer schlechteren (= höheren) Note einher. Gute Noten scheint man unabhängig vom Interesse am Lernstoff erreichen zu können. Hier deutet sich die Notwendigkeit der Berücksichtigung volitionaler Kompetenzen in weiteren Untersuchungen an.

5 Ausblick & Diskussion

Das didaktische Design des untersuchten Online-Seminars erweist sich wiederholt in vier Durchgängen als hoch lernmotivationsfördernd, wobei diese Form der mehrfachen Replikation von Ergebnissen bei der Evaluation von E-Learning Projekten eher selten ist. Die Bedingungsfaktoren selbstbestimmter Motivation konnten zuverlässig unterstützt werden, was insbesondere bei der sozialen Einbindung für das Konzept des *Blended Learnings* (Einbindung von Präsenzterminen) sowie für den relativ großen Anteil von Gruppenarbeiten spricht.

Die in dieser Untersuchung aufgezeigte hohe Bedeutung des Vorinteresses für den weiteren Interessensaufbau spricht für die Förderung der langfristigen Lernmotivation als ein zentrales Erfolgsmaß von Aus- und Weiterbildungsmaßnahmen in der Lehrerbildung. Besonders hervorzuheben ist der aufgezeigte Zusammenhang zwischen dem Interesse und der Problemlösefähigkeit. Dieser kann als Hinweis verstanden werden, dass selbstbestimmte Motivationsarten nicht nur für zukünftige Bildungsprozesse wichtig sind, sondern auch tatsächlich zu einer verbesserten Lernleistung führen. In weiteren Analysen wird zu untersuchen sein, inwieweit die Nutzung der Lernumgebung als „lern-nahes" Maß eine vermittelnde Größe zwischen Interesse und Lernerfolg sein könnte.

Die Untersuchung macht deutlich, dass der Erfolg von E-Learning-Angeboten trotz der technischen Komplexität in erster Linie von der Qualität der didaktischen Gestaltung abhängig ist. Ein an die Konzeption des selbstorganisationsoffenen Unterrichts angelehntes didaktisches Design scheint dabei für *Blended Learning* Angebote besonders geeignet zu sein. Es muss jedoch sichergestellt werden, dass die verwendete internetbasierte Lernumgebung den Studierenden weitgehende Gestaltungsmöglichkeiten zur Elaboration bei gleichzeitig extrem einfacher Bedienung ermöglicht. So waren trotz heterogener Computer- und Internetkenntnisse der Teilnehmer/innen keinerlei Zusammenhänge zwischen den Computer- und Internetkenntnissen und dem Interesse oder dem Lernerfolg zu beobachten.

Ein weiterer Vorteil (teil-)virtueller Lehr-Lern-Arrangements ist die vereinfachte Möglichkeit, diese Angebote an anderen Universitäten zu nutzen. Auch unsere Partneruniversität in Mainz konnte die gleichen positiven Ergebnisse erzielen, sparte sich die Arbeit für die Erstellung von Kursdesign und -inhalten und behielt durch die selbst geleistete Betreuung jederzeit die gewünschte Kontrolle über den Leistungsprozess ihrer Studenten/innen.

Das hier vorgestellte Seminar erfordert einen hohen Betreuungsaufwand, der jedoch nicht auf Nachteile der Virtualisierung, sondern auf Vorteile der didaktischen Gestaltung zurückzuführen ist. Die Hoffnungen, dass gutes E-Learning weniger aufwändig (und damit kostengünstiger) als gute Präsenzlehre sei, können nicht erfüllt werden. Aber gerade in der Lehrerbildung bietet die Nutzung von Ansätzen des *Lernens durch Lehren* Vorteile für alle Beteiligten. Durch die Einbindung von Tutoren aus höheren Semestern – etwa im Rahmen eines „mediendidaktischen Praktikums" – könnte eine intensive Betreuung auch unter schwierigen finanziellen Rahmenbedingungen gesichert werden.

Literatur

Alexander, P.A. (1996): The past, present, and future of knowledge research: A reexamination of the role of knowledge in learning and instruction. Educational Psychologist, 3(2), 89-92.

Baumert, J., Klieme, E., Neubrand, M., Prenzel, M., Schiefele, U., Schneider, W., Tillmann, K.-J. & Weiß, M. (1999): Erfassung fächerübergreifender Problemlösekompetenzen in PISA. Download unter http://www.mpib-berlin.mpg.de/pisa/problemloesen.pdf (Stand: 06.01.2006).

Bohl, T. (2004): Prüfen und Bewerten im offenen Unterricht. Weinheim und Basel: Beltz.

Bortz, J. (2005): Statistik für Human- und Sozialwissenschaftler. 6te, vollst. übearb. u. akt. Ausgabe. Heidelberg: Springer.

Brugia, M. (2004): E-learning for teachers and trainers. Innovative practices, skills and competences. Thessaloniki: Cedefop.

CTGV – Cognition and Technology Group at Vanderbilt (1997): The Jasper project: Lessons in curriculum, instruction, assessment, and professional development. Mahwah (NJ): Erlbaum.

Deci, E. L. & Ryan, R. M. (1993): Die Selbstbestimmungstheorie der Motivation und ihre Bedeutung für die Pädagogik. Zeitschrift für Pädagogik, 39(2), 223-238.

Dörner, D. (1979): Problemlösen als Informationsverarbeitung. 2. Aufl. Stuttgart: Kohlhammer.

Edwards, D.M. & Hardman, L. (1999): Lost in hyperspace: cognitive mapping and navigation in a hypertext environment. In: McAleese, R. (Ed.): Hypertext: theory into practice. Exeter (UK): Intellect Books, 90-105.

Egloffstein, M., Wagner, M. & Vießmann, S. (2004): Tutorenleitfaden für das vhb-Seminar „Selbstorganisationsoffener Unterricht am Beispiel Rechnungswesen" (Unveröffentlichtes Manuskript am Lehrstuhl für Wirtschaftspädagogik). Bamberg.

Ehlers, U.-D. (2004): Erfolgsfaktoren für E-Learning: Die Sicht der Lernenden und mediendidaktische Konsequenzen. In: Tergan, S.-O. & Schenkel, P. (Hrsg.): Was macht E-Learning erfolgreich? Grundlagen und Instrumente der Qualitätsbeurteilung. Berlin u.a.: Springer, 29-49.

Hayter, A.J. (1984): A Proof of the Conjecture that the Tukey-Kramer Method is Conservative. The Annals of Statistics, 12, 61-75.

Kerres, M. (2001): Multimediale und telemediale Lernumgebungen. 2., vollst. überarb. Aufl. München, Wien: Oldenbourg.

Klusmeyer, J. & Pätzold, G. (2005): Die unterrichtsmethodische Kompetenz von Lehrkräften an kaufmännischen Berufsschulen als mögliches Implementationsproblem des Lernfeldkonzepts. Wirtschaft und Erziehung, 57(1), 11-15.

Koch, J. & Selka, R. (1991): Leittexte – ein Weg zu selbständigem Lernen. 2. Aufl. Berlin: BIBB.

Krapp, A. (2003): Nachhaltige Lernmotivation als Ziel von Bildung und Unterricht. In: Arbeitskreis Gymnasium und Wirtschaft (Hrsg.): Nachhaltige Lernmotivation und schulische Bildung. Heft 6: Motivieren und Evaluieren in Bildung und Unterricht. (Arbeitskreis Gymnasium und Wirtschaft e.V.). München, 16-40.

Miller, D. & Oelkers, J. (2005): Gestaltung der Evaluation von E-Learning-Projekten. In: Euler, D. & Seufert, S. (Hrsg.): E-Learning in Hochschulen und Bildungszentren. München und Wien: Oldenbourg, 493-512.

Nübel, I., Ojstersek, N. &. Kerres, M. (2005): E-Tutoring. Zur Organisation von Online-Betreuung. In: Arnold, R. & Lermen, M. (Hrsg.): Didaktik des eLearning. Baltmannsweiler: Schneider Verlag.

Oser, F. (1997a): Standards in der Lehrerbildung. Teil 1: Berufliche Kompetenzen, die hohen Qualitätsmerkmalen entsprechen. Beiträge zur Lehrerbildung, 15(1), 26-37.

Oser, F. (1997b): Standards in der Lehrerbildung. Teil 2: Wie werden Standards in der schweizerischen Lehrerbildung erworben? Erste empirische Ergebnisse. Beiträge zur Lehrerbildung, 15(2), 210-228.

Oser, F., Hascher, T. & Spychiger, M. (1999): Lernen aus Fehlern. Zur Psychologie des „negativen" Wissens. In: Althof, W. (Hrsg.): Fehlerwelten: vom Fehlermachen und Lernen aus Fehlern. Opladen: Leske + Budrich, 11-41.

Papert, S. (1991): Situating Constructionism. In: Harel, I. & Papert, S. (Eds.): Constructionism. Norwood (NJ): Ablex, 1-12.

Pätzold, G., Klusmeyer, J., Wingels, J. & Lang, M. (2003): Lehr-Lern-Methoden in der beruflichen Bildung. Eine empirische Untersuchung in ausgewählten Berufsfeldern. Oldenburg: Universität Oldenburg.

Preiß, P. & Tramm, T. (1996): Die Göttinger Unterrichtskonzeption des wirtschafts-instrumentellen Rechnungswesens, In: Preiß, P. & Tramm, T. (Hrsg.): Rechnungswesenunterricht und ökonomisches Denken. Didaktische Innovationen für die kaufmännische Ausbildung. Wiesbaden: Gabler, 222-323.

Preiß, P. (1999): Didaktik des wirtschaftsinstrumentellen Rechnungswesens. München und Wien: Oldenbourg.

Prenzel, M. (1994): Fragebogen zu „Motivationalen Bedingungen" und zu „Motivationalen Prozessen beim Lernen". Regensburg.

Prenzel, M., Kristen, A., Dengler, P., Ettle, R. & Beer, T. (1996): Selbstbestimmt motiviertes und interessiertes Lernen in der kaufmännischen Erstausbildung. In: Beck, K. & Heid, H. (Hrsg.): Lehr-Lernprozesse in der kaufmännischen Erstausbildung. 13. Beiheft der Zeitschrift für Berufs- und Wirtschaftspädagogik. Stuttgart: Steiner, 108-127.

Rautenstrauch, C. (2001): Tele-Tutoren: Qualifizierungsmerkmale einer neu entstehenden Profession. Bielefeld: Bertelsmann.

Reinmann, G. (2005): Blended Learning in der Lehrerausbildung. Lengerich: Pabst.

Rheinberg, F. (2001): Leistungsbeurteilung im Schulalltag: Wozu vergleicht man was womit? In: Weinert, F.E. (Hrsg.): Leistungsmessungen in Schulen. Weinheim: Beltz, 59-71.

Roblyer, M.D. & Wiencke, W.R. (2003): Design and Use of a Rubric to Assess and Encourage Interactive Qualities in Distance Courses. American Journal of Distance Education, 17(2), 77-98.

Schauer, E. (2003): Können Lehrveranstaltungen die Lern- und Weiterbildungsmotivation von künftigen LehrerInnen beeinflussen? Journal für Lehrerinnen- und Lehrerbildung, 3(3), 31-40.

Schenkel, P. & Tergan, S.-O. (2004): Qualität von E-Learning: eine Einführung. In: Tergan, S.-O. & Schenkel, P. (Hrsg.): Was macht E-Learning erfolgreich? Grundlagen und Instrumente der Qualitätsbeurteilung. Berlin u.a.: Springer, 3-13.

Schenkel, P., Fischer, A. & Tergan, S.-O. (2004): Das Evaluationsnetz zur Evaluation von E-Learning. In: Tergan, S.-O. & Schenkel, P. (Hrsg.): Was macht E-Learning erfolgreich? Grundlagen und Instrumente der Qualitätsbeurteilung. Berlin u.a.: Springer, 131-138.

Schulmeister, R. (2001): Virtuelle Universität – Virtuelles Lernen. München und Wien: Oldenbourg.

Schulmeister, R. (2005): Kriterien didaktischer Qualität im E-Learning zur Sicherung der Akzeptanz und Nachhaltigkeit. In: Euler, D. & Seufert, S. (Hrsg.): E-Learning in Hochschulen und Bildungszentren. München und Wien: Oldenbourg, 471-492.

Schumacher, L., Wolf, K.D. & Wuttke, E. (1998): SOGU – Fragebogen zur wahrgenommenen Selbstorganisation von Unterricht. Gießen.

Seifried, J. (2004): Fachdidaktische Variationen in einer selbstorganisationsoffenen Lernumgebung – Eine empirische Untersuchung des Rechnungswesenunterrichts. Wiesbaden: DUV.

Seifried, J., Wolf, K.D., Klüber, C. & Sembill, D. (2005): Die Kompatibilität curricularer und methodischer Modellierungen als notwendige Bedingung für Unterrichtsqualität. In: Sembill, D. & Seifried, J. (Hrsg.): Rechnungswesenunterricht am Scheideweg: Lehren, Lernen und Prüfen. Wiesbaden: DUV, 123-142.

Sembill, D. (1992): Problemlösefähigkeit, Handlungskompetenz und Emotionale Befindlichkeit – Zielgrößen forschenden Lernens. Göttingen, Toronto, Zürich: Hogrefe.

Sembill, D. (1996): Systemisches Denken, Selbstorganisiertes Lernen, Ganzheitliches Handeln – Systemtheoretische Reflexionen und erziehungswissenschaftliche Umsetzungen. In: Beck, K., Müller, W., Deißinger, T. & Zimmermann, M. (Hrsg.): Berufserziehung im Umbruch – Didaktische Herausforderungen und Ansätze zu ihrer Bewältigung. Weinheim: Deutscher Studien Verlag, 61-78.

Sembill, D. (2004): Abschlussbericht zu „Prozessanalysen Selbstorganisierten Lernens" im Rahmen des DFG-Schwerpunktprogramms „Lehr-Lern-Prozesse in der kaufmännischen Erstausbildung". Bamberg.

Sembill, D., Schumacher, L., Wolf, K.D., Wuttke, E. & Santjer-Schnabel, I. (2001): Förderung der Problemlösefähigkeit und der Motivation durch Selbstorganisiertes Lernen. In: Beck, K. & Krumm, V. (Hrsg.): Lehren und Lernen in der beruflichen Erstausbildung. Opladen: Leske + Budrich, 257 - 281.

Sembill, D., Wolf, K.D., Schumacher, L. & Wuttke, E. (2002): Self-Organized Learning in Vocational Education – Foundation, Implementation, and Evaluation. In: Beck, K. (Ed.): Teaching-Learning Processes in Vocational Education. Frankfurt a.M. u.a.: Peter Lang, 267-295.

Seufert, S. & Mayr, P. (2002): Fachlexikon e-learning. Wegweiser durch das e-Vokabular. Bonn, Manager-Seminare.

Tergan, S.-O., Fischer, A. & Schenkel, P. (2004): Qualitätsevaluation von E-Learning mit dem Evaluationsnetz. In: Meister, D.M., Tergan, S.-O. & Zentel, P. (Hrsg.): Evaluation von E-Learning – Zielrichtungen, methodologische Aspekte, Zukunftsperspektiven. Münster u.a.: Waxmann, 223-233.

Wester, F. (2000): Offener Unterricht und Leistungsbewertung. In: Beutel, S.-I. & Vollstädt, W.: Leistung ermitteln und bewerten. Hamburg: Bergmann + Helbig, 113-128.

Wild, K.-P. & Winteler, A. (1990): Fragebogen zum Interesse an wirtschaftlichen Zusammenhängen und an Computern. Fakultät für Sozialwissenschaften der Universität der Bundeswehr München.

Wolf, K.D. (2003): Gestaltung und Einsatz einer internetbasierten Lernumgebung zur Unterstützung Selbstorganisierten Lernens. Hamburg: Kovac.

Wolf, K.D., Städtler, H. & Baumann, R. (2002): Authentische Lernsituationen – Best Practice virtueller Lehrangebote am Beispiel Columbia und Cardean University. Download unter http://www.vhb.org/dokumente/workshops/ws05072002/vhbDidWorkshopWolf.pdf, Stand 12.02.2006.

Wolf, K.D. & Rausch, A. (2004): SuBeLLU – Fragebogen zur subjektiven Bewertung der Lehr-Lern-Umgebung. Bamberg.

Wolf, K.D., Seifried, J. & Städtler, H. (2005): Virtuelles Seminar zur Fachdidaktik des Rechnungswesenunterrichts: Implementation und erste Erfahrungen. In: Sembill, D. & Seifried, J. (Hrsg.): Rechnungswesenunterricht am Scheideweg. Wiesbaden: DUV, 143-162.

Jürgen Seifried

Überzeugungen von (angehenden) Handelslehrern

1 Problemstellung

Bei der Analyse von Handlungsmustern und Skripts[1] zeigte sich sowohl für den allgemein- als auch für den berufsbildenden Bereich, dass das unterrichtliche Handeln in deutschen Schulen – ungeachtet des auf wissenschaftlicher Ebene eingeläuteten Paradigmenwechsels von „traditionellen" zu „konstruktivistischen" Didaktikansätzen – nach wie vor durch das Vorherrschen des fragend-entwickelnden Unterrichts mit extremer Engführung des Lehrer-Schüler-Gesprächs geprägt ist. Belege liefern sowohl Unterrichtsbeobachtungen (für den allgemeinbildenden Bereich siehe Stigler et al. 1999; Hage et al. 1985; für den beruflichen Bereich siehe Seifried, Grill & Wagner 2006) als auch Befragungen der am Unterrichtsgeschehen Beteiligten (für den allgemeinbildenden Bereich siehe z.B. Ditton & Merz 2000; für den beruflichen Bereich siehe Seeber & Squarra 2003 sowie Pätzold et al. 2003). Es ist zudem zu konstatieren, dass die frontallastige Unterrichtsgestaltung mit einer latenten Unzufriedenheit der Schüler mit zentralen Qualitätsmerkmalen des Unterrichts (u.a. „Autonomieerleben" und „Anregungsgehalt") einhergeht.

Die offenbar vorherrschende lehrerzentrierte Gestaltung der Lehr-Lern-Prozesse beeinträchtigt aber nicht nur die Zufriedenheit der Lernenden (und ggf. die der Lehrenden), auch hinsichtlich zentraler Zielkriterien von Bildungs- und Qualifizierungsbemühungen wie beispielsweise Problemlösefähigkeit muss das Erfolgspotenzial der herkömmlichen Vorgehensweise kritisch hinterfragt werden. Die Forschungsgruppe um Sembill beispielsweise konnte mehrfach nachweisen, dass Lerngruppen, die in einem selbstorganisationsoffenen Lehr-Lern-Arrangement lernten und arbeiteten, gegenüber Kontrollgruppen, die unter vergleichbaren Rahmenbedingungen in einer traditionellen Lernumgebung im Rahmen des „klassischen" fragend-entwickelnden Frontalunterrichts unterrichtet wurden, sowohl auf kognitiver als auch auf emotional-motivationaler Ebene überlegene Resultate erzielen konnten (Sembill et al. 1998; Wuttke 1999; Sembill 2004; Seifried 2004). Vor dem Hintergrund dieser Befunde stellt sich die Frage, welche Faktoren Lehrende hindern, ihren Unterricht offener, problem- und schülerorientierter zu gestalten.

---

1 Unter Skripts versteht man in Anlehnung an Schank & Abelson (1977) die mentale Repräsentation einer systemischen Handlungsabfolge, die auf eine spezifische Situation hin ausgerichtet ist.

2 Sichtweisen auf Lehren und Lernen

Bei dem Versuch, die Entscheidungen der Lehrperson zur Unterrichtsgestaltung zu beleuchten, bieten „subjektive Theorien" (Groeben et al. 1988), „naive Verhaltenstheorien" (Laucken 1974), „epistemologische Überzeugungen" (Köller, Baumert & Neubrand 2000; Törner 2002) oder „Beliefs" (Nespor 1987; Pajares 1992) interessante Ansatzpunkte. Im Forschungsprogramm Subjektive Theorien (Groeben et al. 1988) wird der Handelnde unter Rückgriff auf das epistemologische Subjektmodell als reflexives Individuum verstanden, das – in Analogie zu Wissenschaftlern – Hypothesen und Erklärungen generiert sowie überprüft und diese zur Handlungsorientierung anwendet. Subjektive Theorien sind demnach ein komplexes Aggregat von bewussten oder teilbewussten Kognitionen der Selbst- und Weltsicht und der damit verbundenen Emotionen und Volitionen, die die Funktionen der Erklärung, Prognose und Technologie erfüllen und eine zu objektiven Theorien analoge Struktur besitzen (Groeben et al. 1988; Mutzeck 1988; Dann 1994).[2]

Eine rein auf kognitive Aspekte hin ausgerichtete Herangehensweise (wie dies die Formulierung „Kognitionen der Selbst- und Weltsicht" vermuten lässt) an die skizzierte Fragestellung erscheint angesichts der engen Verknüpfung von Kognition, Emotion und Volition indes nur wenig zielführend. Unterrichtssituationen werden von Lehrpersonen nicht nur strukturiert, sondern aufgrund einer subjektiven Auswahl und Relevanz von Informationen auch entsprechend bewertet. „Objektiv" identische Situationen lösen je nach emotionaler Involviertheit bei unterschiedlichen Lehrpersonen unterschiedliche Reaktionen aus (Schweer 2000, 52 f.). Dementsprechend sind Situationsbeurteilungen immer mit Emotionen verbunden (Sembill 1992a). Die Berücksichtigung der Situationswahrnehmung durch Lehrpersonen – bzw. deren Erfassung möglichst während des Lehrprozesses bzw. unmittelbar nach Unterrichtsende – ist daher von großer Bedeutung. Der Erkenntnis, dass Denkweisen von Lehrpersonen mit affektiven und normativ-evaluativen Aspekten eng verbunden sind, versucht man in jüngerer Zeit vermehrt durch den Rückgriff auf den Begriff „Beliefs" (Überzeugungen) Rechnung zu tragen (Diedrichs, Thußbas & Klieme 2002; Zedler et

---

2 In der angloamerikanischen Literatur wurde das Phänomen unter dem Stichwort „teacher thinking" (Clark & Peterson 1986) und als Teilbereich der „implicit theories" (Marland 1995) diskutiert. Dabei wird eine vergleichsweise strenge Trennung von subjektiven, individuell ausgeprägten sowie wissenschaftlichen, allgemeingültigen (objektiven) Theorien propagiert. Im Unterschied zum Forschungsprogramm Subjektive Theorien (FST) wird dabei nicht von einer Strukturparallelität von objektiven und subjektiven Theorien ausgegangen. Insgesamt, so konstatiert Girke (1999, 21), bleibt der nordamerikanische Forschungsstand hinter dem des FST zurück.

al. 2004). Vielfach werden die Begriffe auch synonym verwendet.³ Unabhängig von der Begriffswahl indes ist hervorzuheben, dass bei der Analyse von Sichtweisen auf Lehren und Lernen neben kognitiven jeweils auch emotionale Komponenten im Sinne einer persönlich gefärbten Grundüberzeugung mit ins Kalkül zu ziehen sind.

Ziel der Auseinandersetzung mit subjektiven Theorien bzw. Überzeugungen ist die Rekonstruktion des Lehrerhandelns. Im Folgenden soll davon ausgegangen werden, dass Personen grundsätzlich fähig sind, eigene Erfahrungen zu reflektieren und zur Problembewältigung zu nutzen. Es liegt daher nahe, die Beschreibung und Erklärung von Handlungen (im Sinne eines aktiven, zielgerichteten Tuns) „vom subjektiven Wissen der Person über ihr eigenes Verhalten aus" zu versuchen (Huber & Mandl 1994, 12). Dieses Unterfangen wird jedoch durch mehrere Umstände erschwert: Es ist nicht davon auszugehen, dass der handelnden Person alle jeweils handlungsrelevanten subjektiven Theorien bewusst sind. Zudem ist nicht zu klären, in welchem Ausmaß subjektive Theorien das aktuelle bzw. zukünftige Handeln beeinflussen. Es wird daher gefordert, beide Fragenbereiche im wechselseitigen Zusammenhang zu beantworten. Schließlich ist davon auszugehen, dass berichtete Sichtweisen nicht (ausschließlich) handlungsleitenden, sondern auch handlungsrechtfertigenden Charakter haben.

Die Untersuchungen zu subjektiven Theorien von Lehrern waren thematisch bis in die 1980er Jahre schwerpunktmäßig in den Themenbereichen (1) „Beurteilung von Schülern", (2) „Unterrichtsplanung/Unterrichtsdurchführung" sowie (3) „Umgang mit Schulschwierigkeiten/Krisensituationen" angesiedelt (Mandl & Huber 1982). In jüngerer Zeit sind insbesondere die umfangreichen Untersuchungen zum Gruppenunterricht von der Nürnberger Projektgruppe (Dann, Diegritz & Rosenbusch 1999) hervorzuheben. Daneben existiert eine Vielzahl von Einzelstudien zu subjektiven Theorien von (angehenden) Lehrpersonen, die in der Regel einem der oben genannten Themenkreise zugeordnet werden kann. Dabei hat sich gezeigt, dass Überzeugungen, die unterrichtsnah, konkret und mit inhaltsbezogenen Aussagen der Lehrperson dargestellt wurden, durchaus Handlungsrelevanz besitzen. Auf Grund der Bedeutung von Lehrerdenkweisen für die Unterrichtsgestaltung ist mit der Diskussion der Möglichkeiten und Grenzen der Modifikation von Überzeugungen ein vierter Themenkreis von besonderem Interesse, falls man Unterricht nachhaltig verändern möchte (Langfeldt & Nieder 2004). Ungeachtet dieser umfangreichen Forschungsaktivitäten bestehen nach wie vor Forschungslücken. Törner (2002, 107) konstatiert, dass insbesondere zu den Fragen (1) der Untersuchung der „Mechanismen" der Auswirkungen, (2) der Entstehung und Entwicklung, (3) der Bedingungen der Veränderung sowie

---

3 Zur Bestimmung des Begriffs „Beliefs" vgl. Pajares 1992; Pehkonen 1994; Furinghetti & Pehkonen 2002 sowie Speer 2005.

(4) der Entwicklung von Skalen für die Erfassung von Überzeugungen bzw. subjektiven Theorien bislang nur wenige qualifizierte Arbeiten vorliegen.

Betrachtet man einschlägige Forschungsanstrengungen aus der beruflichen Bildung, so sind insbesondere die von der Göttinger Forschergruppe um Achtenhagen in den 1970er Jahren durchgeführten Studien zur „Unterrichtstheorie" von angehenden Handelslehrern hervorzuheben (Achtenhagen, Heidenreich & Sembill 1975; Achtenhagen, Sembill & Steinhoff 1979). Unter Rückgriff auf die implizite Persönlichkeitstheorie (als wesentlichen Teil der Unterrichtstheorie einer Lehrperson) wurde u.a. untersucht, wie Studierende der Wirtschaftspädagogik sowie Studienreferendare Schüler verschiedener Ausbildungszweige im kaufmännischen Schulwesen einstufen. Dahinter steht die Frage, ob entsprechende Effekte als Einstellung gegenüber sozialen Schichten interpretiert werden können. Wie u.a. van Buer (1980) und Sembill (1984) zeigen konnten, werden implizite Persönlichkeitstheorien von Lehrkräften im Unterricht selbst handlungswirksam.

Insgesamt gesehen fehlt es jedoch – sieht man von den erwähnten Beispielen einmal ab – an beruflich akzentuierten Forschungsarbeiten. Es ist insbesondere ein Mangel an lerninhaltsspezifischen Untersuchungen zu beklagen: Man weiß nur wenig darüber, wie Lehrpersonen über kaufmännische Lerninhalte denken, wie sie Wirtschaftslehreunterricht planen, wie sie den Lernerfolg feststellen etc. Das hier beschriebene Forschungsprojekt setzt an diesem Forschungsdefizit an. Es wurden u.a. erhoben, wie (angehende) Lehrerinnen und Lehrer Buchführungsunterricht planen, welche Unterrichtsmethoden sie einsetzen und welche Bedeutung sie der systematischen Vermittlung der Lerninhalte beimessen. Dabei wird versucht, verschiedene Facetten des professionellen Lehrerwissens in Anlehnung an Shulman (1986, 1987), Underhill (1988) und Bromme (1992, 1997) differenziert zu erfassen. Prinzipiell sind dabei vier Bereiche zu unterscheiden: (1) Das Wesen des Lerninhalts/Fachs, (2) die Art und Weise, wie der Lerninhalt/ das Fach zu unterrichten ist, (3) die Art und Weise, wie der Lerninhalt/das Fach gelernt werden kann und (4) die eigene Person bzw. das eigene Verhalten in sozialen Kontexten. Im Folgenden stehen die Aspekte (1) bis (3) im Blickpunkt.

Für die genannten Gesichtspunkte soll jeweils geprüft werden, ob (1) Unterschiede in Abhängigkeit von der Unterrichtserfahrung (bzw. in Abhängigkeit von der Nähe zu „objektiven" Theorien) und (2) in Abhängigkeit von den Lerninhalten (Gegenüberstellung von Buchführung und Wirtschaftslehre) festgestellt werden können. Für die erste Fragestellung ist die Annahme plausibel, dass die Studierenden vor dem Hintergrund ihrer eher dem konstruktivistischen Paradigma folgenden Handelslehrerausbildung (Sembill 1992b) über stärker ausgeprägte schüler- und problemorientierte Sichtweisen auf Lehren und Lernen berichten als langjährig tätige Unterrichtsexperten. Hinsichtlich der zweiten Fragestellung wird erwartet, dass beide Untersuchungsgruppen angesichts der spezifischen Struktur der Lerninhalte für den Buchführungsunterricht (vorherrschendes Unterrichts- und Begründungsmuster: abstrakte, wenig anschauliche und hochformalisierte Lerninhalte „zwingen" die Lehrpersonen zu einer lehrerzentrierten Vorgehensweise) eher lehrerzentrierte Unterrichtsformen vorsehen als für den Wirtschaftslehreunterricht.

3 Methode

3.1 Datenerfassung

Die Überzeugungen der (angehenden) Lehrpersonen wurden mittels eines Fragebogens erfasst, der auf standardisierte, bewährte Verfahren Rückgriff nimmt. Die Daten wurden mit Hilfe einer Online-Erhebung gewonnen (siehe Abbildung 1). Dies hat Vorteile aus Sicht der Testökonomie (schnelle und kostengünstige Datenerhebung), ist aber mit dem Nachteil verbunden, dass Personen ohne Internet-Zugang nicht auf direktem Weg erreicht werden. Daher stand der Fragebogen auch zum Download bereit, so dass beispielsweise für Fachbetreuer und Schulleitungen die Möglichkeit bestand, den Fragebogen in ausgedruckter Fassung an Lehrpersonen ohne entsprechende technische Ausstattung weiterzureichen. Von der Möglichkeit der Bearbeitung der Papierversion wurde in einem nicht unbeträchtlichen Ausmaß Gebrauch gemacht (19% des Rücklaufs), so dass zu prüfen war, ob die verschiedenen Nutzungsformen die Ergebnisse beeinflussen. Eine Gegenüberstellung zentraler Kennwerte sowie biografischer Daten in Abhängigkeit von der Repräsentationsform des Fragebogens zeigt indes, dass keine hervorhebenswerten Unterschiede zwischen den Nutzergruppen auszumachen sind.

Zur Erfassung der Bedeutung von Unterrichtsmethoden wurde zunächst erfragt, in welchem Umfang die Probanden verschiedene Unterrichtsmethoden in Abhängigkeit von unterschiedlichen Lerninhaltsbereichen (Buchführung vs. Wirtschaftslehre) vorsehen. In Anlehnung an Pätzold et al. (2003) wurde zudem erhoben, wie die (angehenden) Lehrpersonen die Eignung des Frontalunterrichts bezüglich verschiedener Zielsetzungen (z.B. zur Bewältigung der Stofffülle oder zur Förderung der Problemlösefähigkeit der Schüler) einschätzen und welche Konstellationen und Rahmenbedingungen den vermehrten Einsatz so genannter handlungsorientierter Unterrichtsmethoden in der Schulpraxis verhindern (Beispielitem: „Die Umsetzung von handlungsorientierten Methoden im Unterricht ist zeitaufwändig").

Abb. 1:   Auszug aus dem Online-Fragebogen

Zur Operationalisierung der Lehrersichtweisen auf den Lerninhalt wurde auf ein für den Mathematikunterricht entwickeltes und lerninhaltsspezifisch modifiziertes Instrument von Grigutsch, Raatz & Törner (1998) zurückgegriffen. Dieses umfasst die Facetten Prozess-Aspekt („Im Vordergrund der Buchführung stehen Inhalte, Ideen und Denkprozesse"), Schema-Aspekt („Buchführungsunterricht besteht aus Regeln, die genau angeben, wie man Aufgaben löst"), Formalismus-Aspekt („Kennzeichen des Buchführungsunterrichts sind Klarheit, Exaktheit und Eindeutigkeit") sowie Anwendungs-Aspekt („Kenntnisse in Buchführung sind für das spätere Leben der Schüler wichtig").

3.2   Stichprobe und Durchführung der Befragung

Die Online-Erhebung wurde im Sommer 2005 durchgeführt. Die Grundgesamtheit umfasste sämtliche kaufmännischen Schulen in Bayern. In der Regel wurde die Schulleitung angeschrieben und gebeten, entsprechende Fachlehrer über die Möglichkeit der Teilnahme an der Online-Umfrage zu unterrichten. Falls Adressenlisten bzw. E-Mail-Adressen von Lehrpersonen verfügbar waren, wurden Fachlehrkräfte auch direkt angeschrieben und um ihre Meinung gebeten. Parallel hierzu wurden insgesamt vier Studienjahrgänge von Bamberger Studierenden der Wirtschaftspädagogik befragt (1., 3., 5. und 7. Fachsemester). Die Studierenden verteilen sich nahezu gleichmäßig auf das Grundstudium (ohne Lehrerfahrung) und auf das Hauptstudium (nach den Schulpraktischen Übungen, Lehrerfahrung im Umfang von mindestens zwei unter Anleitung von Mentoren in kaufmännischen Schulen vorbereiteten und durchgeführten Unterrichtsversuchen). Insgesamt gehen die Antworten von 220 Lehrpersonen und von 215 Studierenden in die Auswertung ein.

4 Empirische Befunde

4.1 Sichtweisen auf Unterrichtsmethoden

In einem ersten Analyseschritt wurden sowohl die Studierenden als auch die Unterrichtsexperten gefragt, in welchem Umfang sie verschiedene Unterrichtsformen einsetzen bzw. in Zukunft einsetzen wollen. Die (angehenden) Handelslehrer wurden gebeten, ihre Angaben jeweils getrennt für die Lerninhalte Buchführung und Wirtschaftslehre zu tätigen. Dabei unterscheiden wir zwischen Frontalunterricht, Partner-/Einzelarbeit sowie verschiedenen Unterrichtsformen, die Kommunikation und Kooperation der Schüler voraussetzen (und fördern sollen). Hierzu zählen Gruppenunterricht, Fallstudie, Planspiel, Rollenspiel und Projektunterricht. Es ist zu vermuten, dass (a) Studierende häufiger als Unterrichtsexperten so genannte handlungsorientierte Unterrichtsformen (Summe der Werte für Gruppenunterricht, Fallstudie, Planspiel, Rollenspiel und Projektunterricht) bevorzugen und dass (b) beide Untersuchungsgruppen für den Buchführungsunterricht mehr Unterrichtsanteile für den Frontalunterricht vorsehen als für den Wirtschaftslehreunterricht.

ad (a): Die Bereitschaft für den Einsatz von handlungsorientierten Unterrichtsmethoden ist bei den Studierenden signifikant stärker ausgeprägt als bei den Unterrichtspraktikern (siehe Tabelle 1 und Abbildung 2). Entsprechend geringer sind die Anteile, die für Frontalunterricht vorgesehen werden. Es zeigt sich aber auch, dass sowohl Unterrichtspraktiker als auch Studierende dem Frontalunterricht die größte Bedeutung beimessen. Daneben spielen Partner-/Einzelarbeit sowie Gruppenarbeit eine wichtige Rolle. Insgesamt gesehen verwenden die Unterrichtspraktiker nach eigenen Angaben 64% der Unterrichtszeit auf die Kombination von Frontalunterricht und Partner-/Einzelarbeit (Studierende: 47%). Auf die Option Gruppenunterricht entfallen 16 bzw. 19%, für Fallstudien sind noch 9 bzw. 11% und für Projektunterricht 5 bzw. 9% der Unterrichtszeit vorgesehen.

Tab. 1: Gruppen-, Lerninhalts- und Wechselwirkungseffekt

Unterrichts-methode	Gruppeneffekt (Praktiker vs. Studierende)			Lerninhaltseffekt (Buchf. vs. Wirtschaftslehre)			Wechselwirkungseffekt Gruppe x Lerninhalt		
	F	p	η^2	F	p	η^2	F	p	η^2
Frontalunterricht	33.518	.000	.075	170.543	.000	.291	4.284	.039	.010
Handlungsorient.	116.014	.000	.218	518.673	.000	.556	28.179	.000	.064

Abb. 2: (Geplante) Einsatzhäufigkeit verschiedener Unterrichtsformen

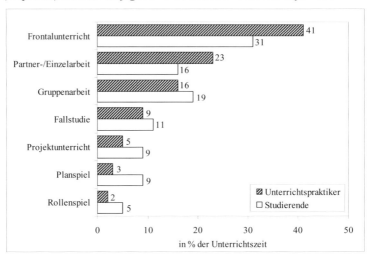

ad (b): Es ist ein signifikanter Effekt in Abhängigkeit vom Lerninhalt festzustellen (siehe Tabelle 1). Beide Vergleichsgruppen sehen den Wirtschaftslehreunterricht eher als geeignet an, um handlungsorientierten Unterricht durchzuführen. Frontalunterricht dagegen eignet sich aus Sicht der (angehenden) Handelslehrer eher für Buchführungsunterricht (siehe Abbildung 3). Damit bestätigt sich erneut, dass aus Sicht von Lehrpersonen insbesondere der Buchführungsunterricht vergleichsweise lehrerorientiert zu gestalten ist. Handlungs- und problemorientierte Unterrichtsmethoden haben es in diesem Umfeld deutlich schwerer als in anderen Bereichen der kaufmännischen Curricula (Seifried 2004).

Insgesamt ist zu konstatieren, dass die befragten Lehrkräfte deutlich weniger Frontalunterricht vorsehen, als dies die Ergebnisse einer von uns durchgeführten Unterrichtsbeobachtung (Seifried, Grill & Wagner 2006) erwarten ließen. Dies könnte zum einen auf die Schwierigkeit zurückzuführen sein, bei einer Befragung das zeitliche Gewicht des Methodeneinsatzes zu präzisieren. Zum anderen könnte der Aspekt der sozialen Erwünschtheit bzw. die Gefahr der „selbstdienlichen Verzerrung" von Lehrerangaben (Clausen 2002, 47) eine Rolle spielen. Trotz der angeführten Einschränkungen ergibt sich bei einer Betrachtung der Rangfolge der Bedeutung der Unterrichtsmethoden im Großen und Ganzen ein in sich stimmiges Bild. Zudem tritt der Zusammenhang zwischen Lerninhalt und Methodenwahl sowohl bei der Befragung als auch bei der Unterrichtsbeobachtung hervor: Frontalunterricht nimmt unabhängig vom Lerninhalt eine dominierende Rolle ein und wird im Buchführungsunterricht signifikant häufiger eingesetzt als im Wirtschaftslehreunterricht.

Abb. 3: Unterrichtsformen in Abhängigkeit von der Gruppenzugehörigkeit und vom Lerninhalt

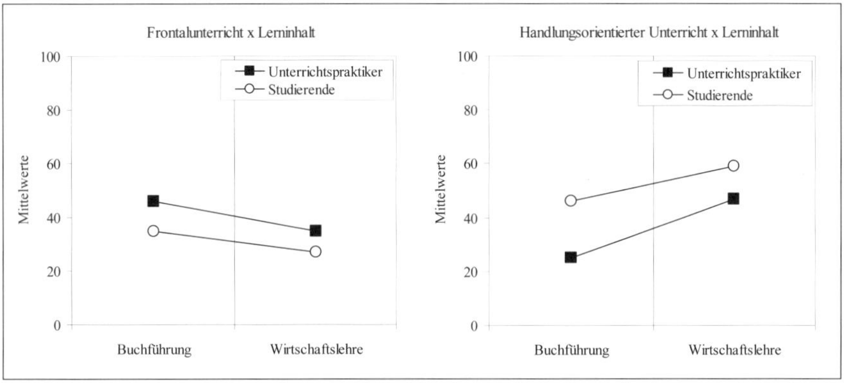

Weiterhin wurden die Befragten um die Einschätzung der Eignung des Frontalunterrichts für verschiedene Unterrichtsziele gebeten (siehe Abbildung 4). Frontalunterricht eignet sich aus Sicht der Befragten in erster Linie zur Bewältigung der Stofffülle, zur Erarbeitung von Begriffswissen sowie – mit Abstrichen – zur Erarbeitung von Zusammenhangswissen. Denkbar ungeeignet dagegen erscheint diese Unterrichtsmethode für die Förderung so genannter überfachlicher Kompetenzen wie Team-, Problemlöse- oder Kommunikationsfähigkeit. Dabei sind sich Unterrichtsexperten und Studierende in ihrem Urteil weitgehend einig. Zwar lassen sich für einige Items überzufällige Unterschiede feststellen, größere Effektstärken treten jedoch nur für die Aspekte „Förderung der Problemlösefähigkeit der Schüler" und „Motivation der Schüler" auf. Offenbar favorisieren insbesondere Unterrichtspraktiker Methoden, die sie vornehmlich für die Ziele „Bewältigung der Stofffülle" und „Erarbeitung von Begriffswissen" als geeignet erachten. Dieser Befund kann in zwei Richtungen interpretiert werden: Entweder messen die Lehrpersonen diesen Zielen eine übergeordnete Bedeutung bei und nehmen die Vernachlässigung der Förderung überfachlicher Kompetenzen bewusst in Kauf. Eine offenere Gestaltung des Unterrichts erscheint dann angesichts deutlich ausgeprägter Zielhierarchien als nicht sinnvoll. Oder: Eine offenere Gestaltung des Unterrichts wird angesichts vielfältiger Restriktionen und Hemmnisse in der Unterrichtspraxis als nicht möglich erachtet.

Abb. 4:   Eignung des Frontalunterrichts aus Sicht (angehender) Handelslehrer

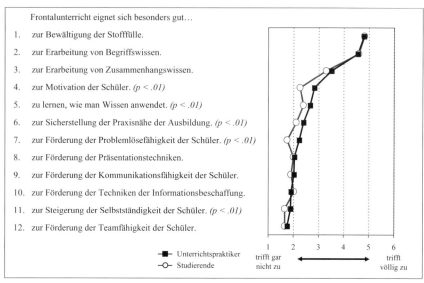

Frontalunterricht eignet sich besonders gut...
1. zur Bewältigung der Stofffülle.
2. zur Erarbeitung von Begriffswissen.
3. zur Erarbeitung von Zusammenhangswissen.
4. zur Motivation der Schüler. *(p < .01)*
5. zu lernen, wie man Wissen anwendet. *(p < .01)*
6. zur Sicherstellung der Praxisnähe der Ausbildung. *(p < .01)*
7. zur Förderung der Problemlösefähigkeit der Schüler. *(p < .01)*
8. zur Förderung der Präsentationstechniken.
9. zur Förderung der Kommunikationsfähigkeit der Schüler.
10. zur Förderung der Techniken der Informationsbeschaffung.
11. zur Steigerung der Selbstständigkeit der Schüler. *(p < .01)*
12. zur Förderung der Teamfähigkeit der Schüler.

■ Unterrichtspraktiker
○ Studierende

1 2 3 4 5 6
trifft gar nicht zu ← → trifft völlig zu

Es ist daher auch zu prüfen, welche Umstände den Einsatz handlungsorientierter Unterrichtsmethoden im Unterrichtsalltag verhindern bzw. welche potenzielle Hemmnisse von den Befragten ausgemacht werden (siehe Abbildung 5). Als ein wichtiger Hemmfaktor für die Unterrichtspraktiker stellt sich insbesondere das Zeitproblem dar. Die Aussagen „Die Unterrichtsplanung ist bei Verwendung handlungsorientierter Methoden zeitaufwändig" und „Die Umsetzung handlungsorientierter Methoden im Unterricht ist zeitaufwändig" fanden mit einem Mittelwert von 5,0 bzw. 4,8 jeweils hohe Zustimmung durch die Unterrichtspraktiker. Zudem geben sowohl die Unterrichtspraktiker als auch die Studierenden an, dass der übervolle Lehrplan, die vorherrschenden Prüfungsmodalitäten sowie fehlende Verfahren zur Leistungsfeststellung einer Ausweitung der Handlungsorientierung in kaufmännischen Schulen entgegenstehen. Schließlich betrachten die Befragten die 45-Minuten-Taktung als bedeutsames Hemmnis. Ein enorm wichtiger Hemmfaktor stellt also das Zeit-Mengen-Problem dar (übervoller Lehrplan bei begrenzter Unterrichts- und Unterrichtsvorbereitungszeit).

Abb. 5: **Hemmnisse einer Ausweitung der Handlungsorientierung im kaufmännischen Unterricht**

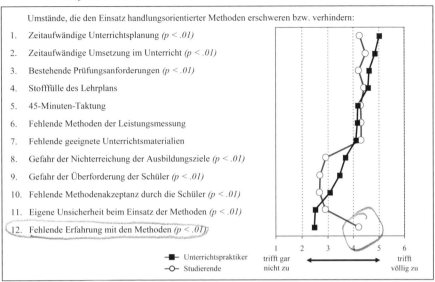

Umstände, die den Einsatz handlungsorientierter Methoden erschweren bzw. verhindern:
1. Zeitaufwändige Unterrichtsplanung $(p < .01)$
2. Zeitaufwändige Umsetzung im Unterricht $(p < .01)$
3. Bestehende Prüfungsanforderungen $(p < .01)$
4. Stofffülle des Lehrplans
5. 45-Minuten-Taktung
6. Fehlende Methoden der Leistungsmessung
7. Fehlende geeignete Unterrichtsmaterialien
8. Gefahr der Nichterreichung der Ausbildungsziele $(p < .01)$
9. Gefahr der Überforderung der Schüler $(p < .01)$
10. Fehlende Methodenakzeptanz durch die Schüler $(p < .01)$
11. Eigene Unsicherheit beim Einsatz der Methoden $(p < .01)$
12. Fehlende Erfahrung mit den Methoden $(p < .01)$

■ Unterrichtspraktiker
○ Studierende

1 trifft gar nicht zu ← → 6 trifft völlig zu

Es zeigt sich zudem, dass die Studierenden im Vergleich zu den Unterrichtspraktikern insbesondere die Gefahr der Nichterreichung der Ausbildungsziele und der Überforderung der Schüler als weniger gravierend einstufen. Auch hinsichtlich der Gefahr einer nicht hinreichenden Methodenakzeptanz seitens der Schüler äußern sich die Studierenden weniger kritisch. Demgegenüber berichten diese naturgemäß über fehlende Unterrichtserfahrungen mit handlungsorientierten Methoden. Sowohl in der ersten als auch in der zweiten Phase der Lehrerausbildung sind daher entsprechende Lerngelegenheiten für Studierende und Referendare bereit zu stellen, um Barrieren frühzeitig abzubauen.

4.2 Buchführungsspezifische Weltbilder

Im Folgenden wird exemplarisch anhand des Buchführungsunterrichts analysiert, wie stark verschiedene Sichtweisen auf das Lehren und Lernen ausgeprägt sind. Konkret ging es darum, ob für den Lerninhalt „Buchführung" eine Unterscheidung zwischen einer eher dynamischen, konstruktivistischen Sichtweise des Lerninhalts, die einhergeht mit der Überzeugung, dass man Schüleraktivität im Unterricht zielgerichtet anregen und fördern muss und einer eher statischen, objektivistisch geprägten Sichtweise, die formale Aspekte des Lerninhalts betont und die Anleitung der Lehr-Lern-Prozesse durch die Lehrperson in den Vordergrund rückt, ausgemacht werden kann. Dabei greifen wir auf ein ursprünglich für den Mathematikunterricht entwickeltes und von uns lerninhaltsspezifisch überarbeitetes Instrument von Grigutsch, Raatz & Törner (1998) zurück.

Zur Überprüfung der Dimensionalität der Items, die die buchführungsspezifischen Weltbilder widerspiegeln, kam eine Hauptkomponentenanalyse zur Anwendung. Diese ermöglicht die Identifikation voneinander unabhängiger Dimensionen zur Charakterisierung der Lehrersicht auf die Buchführung. Unter Zugrundelegung des Kaiser-Kriteriums (Eigenwerte > 1) konnten vier Dimensionen extrahiert werden, die insgesamt 56% der Ausgangsvarianz erklären (siehe Tabelle 2). Faktor 1 (24% der Gesamtvarianz) umfasst die Items „Im Buchführungsunterricht sollen Schüler ihre Fähigkeit zum komplexen Denken verbessern können", „Schüler sollten im Buchführungsunterricht oft Situationen erleben, in denen sie selbstständig Wissen entwickeln können", „Schüler sollten im Buchführungsunterricht möglichst eigene Lösungswege entwickeln", „Im Buchführungsunterricht müssen viele Aufgaben behandelt werden, für deren Lösung es nicht reicht, nur Routinen zu beherrschen", „Im Vordergrund der Buchführung stehen Inhalte, Ideen und Denkprozesse" sowie „Buchhalterische Aufgaben können auf verschiedenen Wegen gelöst werden" und kann in Anlehnung an Grigutsch, Raatz & Törner (1998) als „Prozess-Aspekt" bezeichnet werden. Der zweite Faktor, der 16% der Gesamtvarianz bindet, lässt sich als „Anwendungs-Aspekt" interpretieren. Auf Faktor 3 („Formalismus-Aspekt") entfallen 10% der Gesamtvarianz. Faktor 4 (6% der Gesamtvarianz) schließlich vereinigt drei Items auf sich und wird als „Schema-Aspekt" bezeichnet.

Tab. 2: *Varimax-rotierte Ladungsmatrix der Hauptkomponentenanalyse für Sichtweisen auf die Buchführung*

	Hauptkomponente			
	1	2	3	4
Faktor 1: Prozess-Aspekt (Varianzaufklärung: 23.6%)				
Im Buchführungsunterricht sollen Schüler ihre Fähigkeit zum komplexen Denken verbessern können.	.79			
Schüler sollten im Buchführungsunterricht oft Situationen erleben, in denen sie selbstständig Wissen entwickeln können.	.75			
Schüler sollten im Buchführungsunterricht möglichst eigene Lösungswege entwickeln.	.69			
Im Buchführungsunterricht müssen viele Aufgaben behandelt werden, für deren Lösung es nicht reicht, nur Routinen zu beherrschen.	.68			
Im Vordergrund der Buchführung stehen Inhalte, Ideen und Denkprozesse.	.62			
Buchhalterische Aufgaben können auf verschiedenen Wegen gelöst werden.	.48			

Tab. 2: *Varimax-rotierte Ladungsmatrix der Hauptkomponentenanalyse für Sichtweisen auf die Buchführung (Fortsetzung)*

	Hauptkomponente			
	1	2	3	4
Faktor 2: Anwendungs-Aspekt (Varianzaufklärung: 15.6%)				
Nur einige wenige Dinge, die man im Buchführungsunterricht lernt, kann man später verwenden.		-.83		
Kenntnisse in Buchführung sind für das spätere Leben der Schüler wichtig.		.80		
Buchführungsunterricht hat einen direkten Bezug zur betrieblichen Praxis.		.67		
Buchführungsunterricht hilft, alltägliche Aufgaben zu lösen.		.58		
Faktor 3: Formalismus-Aspekt (Varianzaufklärung: 10.1%)				
Buchhalterisches Denken wird durch Abstraktion und Logik bestimmt.			.74	
Unabdingbar für den Buchführungsunterricht ist eine präzise Fachsprache.			.73	
Wesentlich für den Buchführungsunterricht sind logische Strenge und Präzision.			.61	.43
Kennzeichen des Buchführungsunterrichts sind Klarheit, Exaktheit und Eindeutigkeit.			.57	.44
Faktor 4: Schema-Aspekt (Varianzaufklärung: 6.5%)				
Buchführungsunterricht besteht aus Behalten und Anwenden von Definitionen und Regeln, von Fakten und Verfahren.				.78
Buchführungsunterricht besteht aus Lernen, Erinnern und Anwenden.				.75
Buchführungsunterricht besteht aus Regeln, die genau angeben, wie man Aufgaben löst.				.57

Rotationsmethode: Varimax mit Kaiser-Normalisierung; Ladungen < .40 werden nicht ausgewiesen.

Mit der vorgelegten Analyse kann zunächst einmal die von Grigutsch, Raatz & Törner (1998) identifizierte Struktur der Sichtweisen auf Mathematikunterricht auch für den Buchführungsunterricht ausgemacht werden. Zudem ergeben sich Hinweise auf das Ausmaß der Ausprägung einer konstruktivistischen bzw. rezeptiven Sichtweise. Betrachtet man die verschiedenen „buchführungsspezifischen Weltbilder" für Unterrichtsexperten und angehende Handelslehrer getrennt, so lassen sich auf Basis einer Gegenüberstellung der ermittelten Faktorwerte sowohl für den Prozess- als auch für den Formalismus- und Schema-Aspekt signifikante Unterschiede auf dem 1%-Niveau feststellen (siehe Abbildung 6). Interpretiert man in Anlehnung an Diedrichs, Thußbas & Klieme (2002, 115) den Prozess-Aspekt als Indikator für ein konstruktivistisches Verständnis von Lehr- und Lernprozessen, so lässt sich erneut konstatieren, dass die Studierenden eher über eine konstruktivistisch geprägte Sichtweise verfügen als die Unterrichtspraktiker. In Übereinstimmung hierzu berichten die Studierenden dann auch über eine geringere Ausprägung des Formalismus-Aspekts (Buchführung ist durch Strenge, Exaktheit und begriffliche Präzision gekennzeichnet) als die in der Schulpraxis tätigen Probanden. Demgegenüber wird die Schemaorientierung (Buchführung als „Werkzeugkasten") stärker herausgestellt. Für den Anwendungs-Aspekt (Betonung des praktischen Nutzens der Buchführung) lassen sich dagegen keine überzufälligen Unterschiede zwischen den Gruppen feststellen.

Abb. 6: *Buchführungsspezifische Weltbilder – Vergleich zwischen Studierenden und Unterrichtspraktikern (Faktorwerte)*

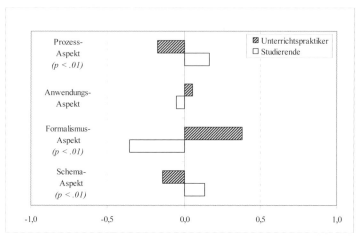

5 Diskussion der Befunde und Ausblick

Zunächst einmal ist festzuhalten, dass die Studierenden in einem stärkeren Maße über eine konstruktivistische Sichtweise berichten als die befragten Unterrichtspraktiker. Dies lässt sich beispielsweise in einer stärker ausgeprägten Prozessorientierung sowie der stärker ausgeprägten Vorliebe für so genannte handlungsorientierte Unterrichtsmethoden festmachen. Weiterhin zeigt sich, dass untersuchungsgruppenübergreifend im Faktor „Zeit" ein zentrales Hemmnis für den Einsatz von so genannten handlungsorientierten Unterrichtsmethoden besteht. Sowohl Planung als auch Umsetzung im Unterricht werden von den Befragten als sehr zeitaufwändig eingeschätzt. Angesichts der Stofffülle und vor dem Hintergrund der Struktur von Abschlussprüfungen, in denen es allen Reformen zum Trotz immer noch mehrheitlich um die Reproduktion von Fakten geht, erscheint insbesondere aus Sicht der Unterrichtspraktiker der vermehrte Einsatz von schüler- und problemorientierten Unterrichtsmethoden entweder nicht zwingend notwendig oder nicht verantwortbar.

3) Zudem bestehen ausgeprägte lerninhaltsspezifische Überzeugungs- und Argumentationsmuster: Buchführungsunterricht wird ähnlich gesehen wie Mathematikunterricht (Identifikation der Aspekte Prozess, Formalismus, Anwendung und Schema nach Grigutsch, Raatz & Törner 1998). Es kann also von einer Ähnlichkeit zwischen dem Mathematik- und dem Buchführungsunterricht ausgegangen werden. Problemlagen und Lösungswege könnten sich für beide Lerninhaltsgebiete daher ähnlich darstellen. Erwartungsgemäß wird Buchführung zudem deutlich anders gesehen als Wirtschaftslehre. Dies hat für die Unterrichtsgestaltung bzw. den Methodeneinsatz weitreichende Konsequenzen. Für Themen aus dem Bereich der Wirtschaftslehre erscheint der Einsatz von schülerorientierten Unterrichtsmethoden weitaus eher möglich als im Buchführungsunterricht, der aus Sicht der Lehrpersonen sehr viel systematischer geplant und durchgeführt werden muss und damit deutlich weniger Potenzial für Handlungs- und Schülerorientierung in sich birgt als andere kaufmännische Lerninhalte.

Insgesamt gesehen eröffnet sich durch die standardisierte Befragung ein erster Zugang zur Erfassung der Überzeugungen von (angehenden) Handelslehrern. Es konnten vielfältige Hinweise darauf gewonnen werden, dass sich Lehrpersonen im Hinblick auf die berichteten Sichtweisen fundamental unterscheiden und dass ein enger Zusammenhang zwischen den geäußerten Sichtweisen und der selbstberichteten Unterrichtspraxis besteht. Vieles muss jedoch angesichts des begrenzten Umfangs des Fragebogens an der Oberfläche verbleiben. Fragebogen besitzen nicht die Flexibilität, die zur Auslotung von situationsbezogenen Sichtweisen notwendig ist. Zudem besteht durch die Vorgabe von Begriffen und angesichts des Fehlens eines Dialogs zwischen Fragendem und Befragtem die Gefahr von Fehlinterpretationen und Missverständnissen (Fischler 2001). Die Erfassung von Überzeugungen bzw. subjektiven Theorien mit Hilfe eines standardisierten Fragebogens weist also Grenzen auf und ist durch eher qualitativ ausgerichtete Forschungsmethoden zu ergänzen. Von besonderem Interesse wird dabei sein, die verschiedenen Datenquellen aufeinander zu beziehen.

Literatur

Achtenhagen, F., Heidenreich, W.-D. & Sembill, D. (1975): Überlegungen zur „Unterrichtstheorie" von Handelslehrerstudenten und Referendaren des Handelslehramtes. Die Deutsche Berufs- und Fachschule, 71(8), 578-601.

Achtenhagen, F., Sembill, D. & Steinhoff, E. (1979): Die Lehrerpersönlichkeit im Urteil von Schülern. Zeitschrift für Pädagogik, 25(2), 191-208.

Blömeke, S., Eichler, D. & Müller, Ch. (2003): Rekonstruktion kognitiver Strukturen von Lehrpersonen als Herausforderung für die empirische Unterrichtsforschung. Theoretische und methodologische Überlegungen zu Chancen und Grenzen von Videostudien. Unterrichtswissenschaft, 31(2), 103-121.

Bromme, R. (1992): Der Lehrer als Experte. Bern, Göttingen & Toronto: Huber.

Bromme, R. (1997): Kompetenzen, Funktionen und unterrichtliches Handeln des Lehrers. In: Weinert, F. E. (Hrsg.): Enzyklopädie der Psychologie: Psychologie des Unterrichts und der Schule. Göttingen u.a.: Hogrefe, 177-212.

van Buer, J. (1980): Implizite Individualisierungsstrategien in der unterrichtlichen Lehrer-Schüler-Interaktion – am Beispiel des Englischanfangsunterrichts. Berichte des Seminars für Wirtschaftspädagogik der Georg-August-Universität Göttingen, Band 3, Diss. Göttingen.

Clark, C.M. & Peterson, P.L. (1986): Teachers' thought processes. In: Wittrock, M.C. (Ed.): Handbook of research on teaching, 3rd Ed. New York. Macmillan, 255-296.

Clausen, M. (2002): Unterrichtsqualität: Eine Frage der Perspektive? Empirische Analysen zur Übereinstimmung, Konstrukt- und Kriteriumsvalidität. Münster u.a.: Waxmann.

Dann, H.-D. (1994): Pädagogisches Verstehen: Subjektive Theorien und erfolgreiches Handeln von Lehrkräften. In: Reusser, K. & Reusser-Weyeneth, M. (Hrsg.): Verstehen. Psychologischer Prozess und didaktische Aufgabe. Bern u.a.: Huber, 163-182.

Dann, H.-D., Diegritz, T. & Rosenbusch, H.S. (Hrsg.) (1999): Gruppenunterricht im Schulalltag: Realität und Chancen. Erlangen: Universitätsverbund Erlangen-Nürnberg e.V.

Diedrichs, M., Thußbas, C. & Klieme, E. (2002): Professionelles Lehrerwissen und selbstberichtete Unterrichtspraxis im Fach Mathematik. In: Prenzel, M. & Doll, J. (Hrsg.): Bildungsqualität von Schule: Schulische und außerschulische Bedingungen mathematischer, naturwissenschaftlicher und überfachlicher Kompetenzen. 45. Beiheft der Zeitschrift für Pädagogik. Weinheim & Basel: Beltz, 107-123.

Ditton, H. & Merz, D. (2000): Qualität von Schule und Unterricht. Kurzbericht über erste Ergebnisse einer Untersuchung an bayerischen Schulen. Eichstätt & Osnabrück. Download unter http://www.quassu.net/Bericht1.pdf (Stand: 08.12.2005).

Fischler, H. (2001): Verfahren zur Erfassung von Lehrer-Vorstellungen zum Lehren und Lernen in den Naturwissenschaften. Zeitschrift für Didaktik der Naturwissenschaften, 7, 105-120.

Girke, U. (1999): Subjektive Theorien zu Unterrichtsstörungen in der Berufsschule. Ein Vergleich von Lehrern als Lehramtsstudenten und Referendaren sowie Lehrern im ersten Berufsjahr. Frankfurt a.M. u.a.: Lang.

Grigutsch, St., Raatz, U. & Törner, G. (1998): Einstellungen gegenüber Mathematik bei Mathematiklehrern. Journal für Mathematikdidaktik, 19(1), 3-45.

Groeben, N., Wahl, D., Schlee, J. & Scheele, B. (1988): Das Forschungsprogramm Subjektive Theorien. Eine Einführung in die Psychologie des reflexiven Subjekts. Tübingen: Francke.

Hage, K., Bischoff, H., Dichanz, H., Eubel, K.-D., Oehlschläger, H.-J. & Schwittmann, D. (1985): Das Methoden-Repertoire von Lehrern. Eine Untersuchung zum Schulalltag der Sekundarstufe I. Opladen: Leske + Budrich.

Huber, G.L. & Mandl, H. (1994): Verbalisationsmethoden zur Erfassung von Kognitionen im Handlungszusammenhang. In: Huber, G.L. & Mandl, H. (Hrsg.): Verbale Daten. Eine Einführung in die Grundlagen und Methoden der Erhebung und Auswertung. 2., bearb. Aufl. Weinheim & Basel: Beltz, PsychologieVerlagsUnion, 11-42.

Köller, O., Baumert, J. & Neubrandt, J. (2000): Epistemologische Überzeugungen und Fachverständnis im Mathematik- und Physikunterricht. In: Baumert, J., Bos, W. & Lehmann, R. (Hrsg.): TIMSS/III. Dritte Internationale Mathematik- und Naturwissenschaftsstudie. Mathematische und naturwissenschaftliche Bildung am Ende der Schullaufbahn. Bd. 2: Mathematische und physikalische Kompetenzen am Ende der gymnasialen Oberstufe. Opladen: Leske + Budrich, 229-270.

Langfeldt, H.-P. & Nieder, T. (2004): Subjektive Theorien von Lehramtsstudierenden – ein Forschungsprogramm zur Qualitätsverbesserung in der universitären Lehrerausbildung. In: Lenzen, D. (Hrsg.): PISA und die Konsequenzen für die erziehungswissenschaftliche Forschung. 3. Beiheft der Zeitschrift für Erziehungswissenschaft. Wiesbaden: VS Verlag für Sozialwissenschaften, 159-170.

Laucken, U. (1974): Naive Verhaltenstheorie. Stuttgart: Klett.

Mandl, H. & Huber, G.L. (1982): Subjektive Theorien von Lehrern. Forschungsbericht Nr. 18. Tübingen: DIFF.

Marland, P.W. (1995): Implicit theories of teaching. In: Anderson, L.W. (Eds.): International encyclopedia of teaching and teacher education, 2nd Ed. Oxford: Pergamon, 131-136.

Mutzeck, W. (1988): Von der Absicht zum Handeln. Rekonstruktion und Analyse subjektiver Theorien zum Transfer von Fortbildungsveranstaltungen in den Berufsalltag. Weinheim: Deutscher Studien Verlag.

Nespor, J. (1987): The role of beliefs in the practice of teaching. Journal of Curriculum Studies, 19(4), 317-328.

Pajares, M.F. (1992): Teachers' beliefs and educational research: Cleaning up a messy construct. Review of Educational Research, 62(3), 307-332.

Pätzold, G., Klusmeyer, J., Wingels, J. & Lang, M. (2003): Lehr-Lern-Methoden in der beruflichen Bildung. Eine empirische Untersuchung in ausgewählten Berufsfeldern. Oldenburg: Universität Oldenburg.

Schank, R.C. & Abelson, P.R. (1977): Scripts, plans, goals and understanding. An inquiry into human knowledge structures. Hillsdale, N.J.: Lawrence Earlbaum.

Schweer, M.K.W. (2000): Vertrauen als basale Kompetenz der Lehrer-Schüler-Interaktion. In: Schweer M.K.W. (Hrsg.): Lehrer-Schüler-Interaktion. Pädagogisch-psychologische Aspekte des Lehrens und Lernens in der Schule. Opladen: Leske + Budrich, 129-138.

Seeber, S. & Squarra, D. (2003): Lehren und Lernen in beruflichen Schulen. Schülerurteile zur Unterrichtsqualität. Frankfurt u.a.: Peter Lang.

Seifried, J. (2004): Fachdidaktische Variationen in einer selbstorganisationsoffenen Lernumgebung – Eine empirische Untersuchung des Rechnungswesenunterrichts. Wiesbaden: Deutscher Universitäts-Verlag.

Seifried, J., Grill, L. & Wagner, M. (2006): Unterrichtsmethoden in der kaufmännischen Unterrichtspraxis. Wirtschaft und Erziehung (im Druck).

Sembill, D. (1984): Modellgeleitete Interaktionsanalysen im Rahmen einer forschungsorientierten Lehrerausbildung – am Beispiel von Untersuchungen zum „Kaufvertrag". Berichte des Seminars für Wirtschaftspädagogik der Georg-August-Universität Göttingen, Band 7, Diss. Göttingen.

Sembill, D. (1992a): Problemlösefähigkeit, Handlungskompetenz und Emotionale Befindlichkeit. Zielgrößen Forschenden Lernens. Göttingen u.a.: Hogrefe.

Sembill, D. (1992b): Selbstorganisiertes Lernen in der Handelslehrerausbildung. Unterrichtswissenschaft, 20(4), 343-357.

Sembill, D. (2004): Abschlussbericht zu „Prozessanalysen Selbstorganisierten Lernens" im Rahmen des DFG-Schwerpunktprogramms „Lehr-Lern-Prozesse in der kaufmännischen Erstausbildung". Bamberg.

Sembill, D., Wolf, K.D., Wuttke, E., Santjer, I. & Schumacher, L. (1998): Prozessanalysen Selbstorganisierten Lernens. In: Beck, K. & Dubs, R. (Hrsg.): Kompetenzerwerb in der Berufserziehung. Kognitive, motivationale und moralische Dimensionen kaufmännischer Qualifizierungsprozesse. 14. Beiheft der Zeitschrift für Berufs- und Wirtschaftspädagogik. Stuttgart: Franz Steiner, 57-79.

Shulman, L.S. (1986): Those who understand: Knowledge growth in teaching. Educational Researcher, 15(2), 4-14.

Shulman, L.S. (1987): Knowledge and teaching: Foundations of the new reform. Harvard Educational Research, 57(1), 1-22.

Speer, N.M. (2005): Issues of methods and theory in the study of mathematics teachers' professed and attributed beliefs. Educational Studies in Mathematics, 58(3), 361-391.

Stigler, J.W., Gonzales, P., Kawanaka, T., Knoll, St. & Serrano, A. (1999): The TIMSS video-tape classroom study: Methods and findings from an exploratory research project on eighth-grade mathematics instruction in Germany, Japan, and the United States. Washington (DC): U.S. Government Printing Office.

Törner, G. (2002): Epistemologische Grundüberzeugungen – Verborgene Variablen beim Lehren und Lernen von Mathematik. Der Mathematikunterricht (MU), 48(4/5), 103-128.

Underhill, R. (1988): Mathematics teachers' beliefs: Review and reflections. Focus on Learning Problems in Mathematics, 10(3), 43-58.

Wuttke, E. (1999): Motivation und Lernstrategien in einer selbstorganisationsoffenen Lernumgebung. Eine empirische Untersuchung bei Industriekaufleuten. Frankfurt a.M. u.a.: Lang.

Zedler, P., Fischler, H., Kirchner, S. & Schröder, H.-J. (2004): Fachdidaktisches Coaching – Veränderungen von Lehrerkognitionen und unterrichtlichen Handlungsmustern. In: Doll, J. & Prenzel, M. (Hrsg.): Bildungsqualität von Schule: Lehrerprofessionalisierung, Unterrichtsentwicklung und Schülerförderung als Strategien der Qualitätsverbesserung. Münster u.a.: Waxmann, 114-132.

Ingelore Mammes

Lehrerperspektiven auf das Unterrichten naturwissenschaftlicher Grundbildung

Zur schriftlichen Erhebung von Überzeugungen, Bilanzen und dem Kennen von Unterrichtsmethoden sowie ihrer Beziehung zum unterrichtlichen Handeln

1 Einleitung

Ziel des Beitrags ist es, das Forschungsvorhaben *Lehrerperspektiven auf das Unterrichten naturwissenschaftlicher Grundbildung* vorzustellen. Hintergrund des Forschungsvorhabens sind die durchschnittlichen Ergebnisse im naturwissenschaftlichen Bereich internationaler Schulleistungstests. Neben anderen wird eine Ursache in fragend-entwickelnden Unterrichtsskripts deutscher Lehrkräfte gesehen (Baumert et al. 1997; Baumert et al. 2001; Prenzel et al. 2003). Eine solche Unterrichtskultur steht jedoch einer naturwissenschaftlichen Grundbildung im Sinne der Scientific Literacy entgegen (Gräber et al. 2002). Eine entsprechende Entwicklung des Unterrichts ist aber auf adäquate Kompetenzen und Auffassungen der Lehrkräfte angewiesen (vgl. Rahm & Schröck 2005; Esslinger 2002).

Ziel ist es daher, vor dem Hintergrund der aktuellen Schulentwicklungsdebatte die Perspektiven bayerischer Naturwissenschaftslehrkräfte auf das Unterrichten naturwissenschaftlicher Grundbildung zu erforschen. Dabei werden in dem Beitrag zunächst der Untersuchungskontext, das Design sowie das Erhebungsinventar erläutert und anschließend ausgewählte Untersuchungsergebnisse vorstellt.

2 Begründungszusammenhang der Untersuchung

Die Ergebnisse internationaler Schulleistungstests wie TIMSS und PISA zeigen, dass deutsche Schülerinnen und Schüler eher unterdurchschnittliche Leistungen im Bereich des naturwissenschaftlichen Verständnisses, der Wissensanwendung und durchschnittliche im Problemlösen erbringen. Relative Stärken zeigen die Schülerinnen und Schüler dagegen im Lösen von Routineaufgaben. Die Daten beinhalten eine starke Streuung, die auf eine hohe Heterogenität der Leistungen hinweist. Dabei sind die Anteile deutscher Schülerinnen und Schüler auf den unteren Kompetenzstufen größer und in den höheren kleiner als im internationalen Durchschnitt (Baumert et al. 1997; Baumert et al. 2001; Prenzel et al. 2003).

Ein Einflussfaktor bildet die deutsche Unterrichtstradition der Lehrkräfte aus (Baumert 2001; Fischer et al. 2002; Stigler et al. 1996). Sie fördert Routineprozeduren sowie passives Wissen und entspricht in ihrer methodischen Ausgestaltung nur wenig einer Lernkultur, die im Sinne eines Scientific Literacy Begriffs naturwissenschaftliche Grundbildung fördert (Helmke 2003; Gräber et al. 2002; Häußler et al. 1998).

Diese Lernkultur ist aber genuiner Bestandteil der aktuellen Schulentwicklungsdebatte. Um die naturwissenschaftliche Lernkultur entsprechend zu entwickeln, hat das Land Bayern das Fach „Natur und Technik" an Gymnasien eingeführt. Zielsetzung des Faches ist es, durch z.B. Problem- und Handlungsorientierung und mit diesen Prinzipien verbundene Methoden das Naturwissenschaftsverständnis seiner Schülerinnen und Schülern zu fördern. Dabei kann das Fach von Lehrkräften mit der Lehrbefähigung in Biologie, Chemie, Geographie, Physik und Kunst erteilt werden.

Solche Reformbemühungen im Sinne einer Unterrichtsentwicklung sind aber immer auch auf die Kompetenzen und beruflichen Überzeugungen der Lehrkräfte angewiesen (Rahm & Schröck 2005; Esslinger 2002). Damit setzt Unterrichtsentwicklung eine entsprechende Orientierung bei den Lehrkräften voraus. In diesem Zusammenhang ermittelten Van Veen et al. (2001) in einer Untersuchung Lehrkräfte, die eher traditionell orientiert unterrichteten und solche, die am Erwerb einer naturwissenschaftlichen Handlungsorientierung der Schülerinnen und Schüler interessiert arbeiteten. Mangelnde Unterrichtsentwicklung vermuten sie in traditionellen Orientierungen der Lehrkräfte (Dann et al. 1981; Esslinger 2002; Huibregste et al. 1994; Lompscher 1995; Reinmann-Rothmeier & Mandl 1997).

Aus Orientierungen, Einstellungen oder Überzeugungen lässt sich das Handeln von Lehrkräften aber nur bedingt ableiten (vgl. Benninghaus 1973; Schumann & Johnson 1976). Es wird angenommen, dass neben der Variable „Einstellungen" oder „Überzeugungen" auch Wissen und andere Variablen bei der Wahl einer Handlung wesentlich von Bedeutung sind. Mit Hilfe der Handlungs-Entscheidungstheorie nach Kraak & Lindenlaub (1974) lassen sich neben „Einstellungen" auch „Kenntnisse der Handlung" sowie „subjektive Bilanzen" berücksichtigen und so Aussagen über Handlungsorientierungen von Lehrkräften machen.

3 Untersuchungsdesign und Stichprobe der schriftlichen Befragung

Um Musterläufigkeiten der Naturwissenschaftslehrkräfte im Sinne von Handlungsorientierungen erkennbar werden zu lassen, ist es erforderlich, empirisch-quantitativ Daten mittels einer schriftlichen Befragung zu explorieren. In einem zweiten Untersuchungsschritt werden diese statistisch gewonnenen Ergebnisse mittels Leitfaden-Interviews illustriert (vgl. Bortz & Döring 1994; Friebertshäuser 2003; Lamnek 1989; Mayring 1999; Friedrichs 1980; Schnell et al. 1995; Bortz 1999; Brewer & Hunter 1989; Engler 2003; Fuch-Heinritz et al. 1994; Johnson & Onwuegbuzie 2004).

Die Untersuchung wird an Gymnasien im Bundesland Bayern durchgeführt. Dabei werden Lehrkräfte befragt, deren studierte Fächer sie potentiell für den Einsatz im „Natur und Technik"-Unterricht qualifizieren. Dies sind im naturwissenschaftlichen Bereich die Fächer Physik, Chemie, Geographie und Biologie.

Aus technischen Gründen konnte keine Zufallsstichprobe durch das statistische Landesamt gezogen werden. Es ergibt sich daher folgendes Verfahren zur Ziehung der Stichprobe: Alle bayerischen Gymnasien mit naturwissenschaftlichem Schwerpunkt werden an der Untersuchung beteiligt[1]. Dabei werden aus den einzelnen Schulen je vier Lehrkräfte mit den entsprechenden Fächern zufällig ausgewählt. Diese Zufallsauswahl erfolgt nach einer genauen Auswahlvorschrift durch die Leitung des jeweiligen Gymnasiums. Damit entspricht die Stichprobenziehung einem Multistage Sampling. Die Anzahl der zu ziehenden Lehrkräfte an jedem Gymnasium ergibt sich aus dem gewünschten Stichprobenumfang von ca. 400 Lehrkräften. Diesem ermittelten Stichprobenumfang liegen Schätzgenauigkeits- und Fehlertoleranzberechnungen sowie Überlegungen zur voraussichtlichen Rücklaufquote zu Grunde (vgl. Althoff 1993; Brewer & Hunter 1989; Wosnitza & Jäger 1999; Rost 1999; Schnell et al. 1995; Bortz & Döring 1995; Friedrichs 1980; Bortz 1999; Pokropp 1980; Kreienbrock 1989).

4 Konzeption des Fragebogens

Die Neukonstruktion des Fragebogens beginnt mit einer möglichst exakten Bestimmung des in der Erhebung zu untersuchenden Merkmals – hier die Handlungsorientierung – unter Zuhilfenahme der modifizierten Handlungs-Entscheidungstheorie. Sie gehört der Gruppe der Erwartungs-Bewertungs-Theorien an

---

[1] Diese Auswahl stellt sicher, dass an den angeschriebenen Schulen Lehrkräfte mit entsprechender Ausbildung eingestellt sind.

und ergänzt Bestehende. Mit ihr können Handlungsdispositionen ermittelt werden. Die Theorie enthält drei wesentliche Komponenten. In dieser Untersuchung wird die *Subjektive Bedeutsamkeit eines Ergebnisses* definiert als positive oder negative Bewertung, die die *Überzeugungen* hinsichtlich der Sinnhaftigkeit eines Ereignisses wiedergeben. *Die Subjektive Bilanz* wird definiert als das von einem Entscheidungssubjekt erlebte positive oder negative Gesamtgewicht der von einer Handlung abhängigen Ergebnisse. Die *Subjektive Verfügbarkeit* wird definiert als das *Kennen* der Handlungen (vgl. Lindenlaub 1984; Natter 1986). Damit ist die Wahrscheinlichkeit der Wahl einer Handlung am höchsten, wenn die subjektive Bedeutsamkeit sowie die Bilanz positiv und die Handlung bekannt ist.

Inhaltlich orientiert sich der Fragebogen an Handlungen, die im Sinne der Unterrichtsentwicklung und Implementierung der neuen Lernkultur in den Eigenschaften des Fachs „Natur und Technik" manifestiert sind, z.B. Interessenlage der Schüler im Unterricht berücksichtigen, handlungsorientiertes Vorgehen, fächerübergreifender Unterricht, Einsatz der Methoden Entdecken und Erfinden (vgl. Staatsinstitut für Schulpädagogik und Bildungsforschung 2003; Bayerisches Staatsministerium für Unterricht und Kultus 2005). Aus den Komponenten und der inhaltlichen Ausrichtung des Fragebogens ergeben sich folgende Itembatterien:

- Items zu Überzeugungen hinsichtlich des Einsatzes von z.B. Unterrichtsmethoden, die die Handlungsorientierung fördern.

	stimme voll zu					stimme gar nicht zu
	1	2	3	4	5	6
2.1 Handlungsorientierter Unterricht ist die effektivste Form des Lehrens	☐	☐	☐	☐	☐	☐

- Items zur persönlichen Bilanz hinsichtlich des Einsatzes von z.B. solchen Methoden.

	sehr gut umzusetzen					sehr schlecht umzusetzen
	1	2	3	4	5	6
3.2 Unterricht, der stark handlungsorientiert ist, ist...	☐	☐	☐	☐	☐	☐
... mein persönlicher Grund:						

- Items zum Kennen z.B. dieser Methoden.

4.6 In diesen Methoden kenne ich mich ...	...sehr gut aus					...gar nicht aus
	1	2	3	4	5	6
Lernwerkstatt	☐	☐	☐	☐	☐	☐
Schülerdemonstrationsexperiment	☐	☐	☐	☐	☐	☐

- Um zu ermitteln, inwieweit die Komponenten ihren Bezug zum tatsächlichen Handeln der Lehrkräfte findet, wurden diese in einem Teilabschnitt des Fragebogens nach dem Einsatz solcher Methoden befragt.

3.8 Mit welcher Häufigkeit setzen Sie die nachstehend aufgeführten Methoden im Unterricht ein?	Jede Schulstunde	1 x pro Woche	1 x pro Monat	1 x pro Halbjahr	1 x pro Schuljahr	nie
	1	2	3	4	5	6
Gruppendiskussion	☐	☐	☐	☐	☐	☐
Schülerdemonstrationsexperiment	☐	☐	☐	☐	☐	☐

- Im Zusammenhang mit Fragen zur beruflichen Sozialisation wurde ermittelt, zu welchem Zeitpunkt ihrer Ausbildung die Lehrkräfte diese Methoden kennen gelernt haben.

6.5 Welche dieser Methoden haben Sie zum ersten Mal im Studium, Referendariat, Schulalltag oder in Fortbildungen kennen gelernt?	Studium	Referendariat	Schulalltag	Fortbildung	Kenn ich nicht
Schülerdemonstrationsexperimente	☐	☐	☐	☐	☐
Projekt	☐	☐	☐	☐	☐

Die Erhebung erfolgt mit größtenteils geschlossenen und nur wenigen offenen Antwortformaten. Entsprechend der Komponenten wird die Befragung zum Hauptmerkmal *Handlungsorientierungen* in Teilbefragungen gegliedert.

Den entsprechenden Items liegt folgende Struktur zu Grunde: Zunächst werden die Eigenschaften des Faches „Natur und Technik" definiert. Dabei wird beispielsweise ermittelt, durch welche Unterrichtsmethoden die Handlungsorientierung umgesetzt wird und welche ihrer Umsetzung entgegenstehen (vgl. Peterßen 2001). Nachfolgend werden auf Basis dieser Definitionen für die Überzeugungen Aussagen entwickelt, die die Sinnhaftigkeit solcher Methoden widerspiegeln. Diesen Statements soll in unterschiedlichem Maße zugestimmt oder sie sollen abgelehnt werden. Zu diesem Zweck wurden Rating-Skalen eingesetzt. Ihre Anwendung erfolgt im Selfrating (Bortz & Döring 1994; Johnson 1999; Krapp & Prell 1975; Bortz & Döring 1995; Mummendey 1999; Rost 1996).

Bei der Bilanz steht die Effektivität des Lehrerfolgs als Bilanzierungsmerkmal im Vordergrund. Darunter ist das Aufwand-Nutzen-Verhältnis der gewählten Unterrichtsmethode zu verstehen. Daher wird hier von der „Effektivität der Umsetzung" gesprochen (vgl. Städler 1998). Auch diese Itemkonstruktion greift die Eigenschaften des Faches „Natur und Technik" entsprechend auf. Dabei wird vor allem die Umsetzbarkeit der definierten Methoden und Eigenschaften erfragt (Bortz & Döring 1995; Mummendey 1999; Rost 1996). Hier ergänzen offene Antwortformate aus zwei Gründen die Geschlossenen: Sie sollen den Befragten ausführlichere Aussagen ermöglichen und dadurch Hinweise auf Möglichkeiten und Grenzen der Umsetzbarkeit reformorientierter Methoden aus Sicht der Lehrkräfte geben (Friedrichs 1980).

Die Erfragung des Kennens erfolgt ebenfalls im Selfrating unter Zuhilfenahme der gleichen Skalierungen. Dabei sollte das Wissen der Lehrkräfte nicht im Sinne eines Tests erfasst werden, sondern die eigene Beurteilung der Qualifikation für die Durchführung einer Methode im Vordergrund stehen. Erweitert wurde dieser Fragenkomplex um Fragen zu theoretisch verankerten Kenntnissen aus den im Fach „Natur und Technik" einzusetzenden Methoden. Dabei sollen in einem ersten Teil den Methoden bestimmte Eigenschaften zugeordnet werden. Den Probanden stehen dabei vier Eigenschaften zur Auswahl, die sie in einem Ratingverfahren mit drei Kategorien (ja; weiß nicht; nein) den Methoden zuordnen sollen. Dabei wurde auf eine mittlere Antwortkategorie geachtet, um Unsicherheiten in den Methodenkenntnissen erfassen zu können (Mummendey 1999; Rost 1996). Die Eigenschaften der Methoden wurden zuvor der Fachliteratur entlehnt und nur zwei der vier Eigenschaften sind für je eine Methode zutreffend (vgl. Köck & Ott 1994; Peterßen 2001). Ein weiterer Abschnitt stellt den Probanden zehn Aussagen vor, die je eine Unterrichtsmethode beschreiben. Die Lehrkräfte sollen diese Aussagen nun der passenden Methode in einem Multiple-Choice-Verfahren zuordnen (Rogge 1995).

5 Datenanalyse der schriftlichen Befragung

Zunächst sollen Skalierungsverfahren eingesetzt werden, um die Menge der Einzelitems zusammenzufassen. Dabei wird unter einer Skala eine Reihe von Items verstanden, die entlang einer Dimension messen. Solche Skalen werden im Fragebogen mittels faktorenanalytischer Verfahren konstruiert. Dabei werden z.B. Statements, die untereinander stark korrelieren, zu einem Faktor zusammengefasst. Die Variablen aus den einzelnen Faktoren korrelieren dagegen nur gering oder gar nicht untereinander. Ziel ist es dabei, Skalen zu ermitteln, die die beobachteten Zusammenhänge zwischen den gegebenen Items möglichst vollständig erklären (Backhaus 2003). Dazu wird hier die Hauptkomponentenanalyse mit anschließender Varimax-Rotation durchgeführt.

Für die Komponenten des Fragebogens ergaben sich folgende Skalen:

Überzeugungen		
Skala	AM	S
Reformorientierte	3,44	0,61
Traditionelle	3,80	0,67
Lehrerzusammenarbeit	3,92	0,93
Natur und Technik	3,49	1,13

Bilanzen		
Skala	AM	S
Bilanzen	3,29	0,75

Kennen der Methode		
Skala	AM	S
Eigentätige Methoden	3,24	0,84
Demonstrationsorientierte Methoden	1,73	0,72

Einsatz der Methode		
Skala	AM	S
Eigentätige Methoden	4,31	0,64
Demonstrationsorientierte Methoden	2,37	0,69

Unter dem Begriff der Clusteranalyse werden unterschiedliche Verfahren zur Gruppenbildung zusammengefasst. Das in solchen Verfahren zu verarbeitende Datenmaterial besteht aus einer Vielzahl von Personen (N = 487). Die Zielsetzung der Clusteranalyse besteht in der Zusammenfassung der Personen zu Personengruppen. Die Mitglieder einer Gruppe sollen dabei verwandte Eigenschaftsstrukturen aufweisen, zwischen den einzelnen Gruppen sollen dagegen keine Ähnlichkeiten bestehen. Auf Grund der hohen Fallzahl wurde dabei mit der Clusterzentrenanalyse gearbeitet. Die dabei festzulegende Clusterzahl wurde mittels Diskriminanzanalyse untermauert (Backhaus et al. 2003). Korrelationsberechnungen sollen anschließend Zusammenhänge zwischen zwei oder mehreren Gruppierungen ermitteln. Subgruppenanalysen sollen dabei Aufschlüsse über Unterschiede zwischen einzelnen Gruppen geben.

6 Zusammenfassung der Ergebnisse der schriftlichen Befragung

Im Verlauf der Datenanalyse zeigten sich vor allem die im Folgenden skizzierten Musterläufigkeiten. Zu den Komponenten der Befragung konnten unterschiedliche Gruppen gebildet werden, deren Unterscheidungsmerkmale vor allem auf den vorangestellt ermittelten Skalen basieren.

- In der Komponente der „Überzeugungen" bildeten sich zwei Gruppen heraus: Die eher an reformorientierten Überzeugungen und die an eher traditionellen Überzeugungen orientierten Lehrkräfte.

- In der Komponente der „subjektiven Bilanzen" unterscheidet sich die Gruppe der von Methoden und Eigenschaften des Faches „Natur und Technik" positiv Überzeugten von der, der eher negativ Überzeugten.

- In der Komponente des „Kennens" unterscheiden sich drei Gruppen von einander. Ihre Unterscheidung basiert auf zwei analytisch ermittelten Skalen. Einerseits den *reformorientierten Methoden* (sie entsprechen der Ausrichtung des Faches „Natur und Technik") und andererseits den *demonstrationsorientierte Methoden* (sie orientieren sich eher an der Demonstration im Unterricht). Zum einen wird unterschieden zwischen der Gruppe derer, die sowohl demonstrationsorientierte, wie auch reformorientierte Methoden mäßig kennen, der Gruppe, die angibt beide Methoden gut zu kennen und einer weiteren Gruppe, die demonstrationsorientierte Methoden gut, dagegen reformorientierte Methoden eher schlecht kennt.

- Die Gruppenbildung der Komponente „Einsatz der Methoden" zeigt ein ähnliches Bild mit gleichen Faktoren. Es unterschiedet sich eine Gruppe, die beide Methodenformen nur selten einsetzt, eine weitere, die demonstrationsorientierte Methoden häufig und reformorientierte Methoden häufiger einsetzt und eine Gruppe, die demonstrationsorientierte Methoden oft, jedoch reformorientierte Methoden fast nie einsetzt.

- Im zusätzlich ermittelten Methodenverständnis unterscheiden sich zwei Gruppen, zum einen die eher theoriegeleiteten Lehrkräfte, zum anderen solche, die eher theorieungeleitet sind.

In der Analyse der Zusammenhänge ergab sich gemäß der Handlungs-Entscheidungstheorie folgendes Bild:

- Überzeugungen korrelieren eher gering mit dem Einsatz der Methoden (cc = 0,20; p < 0,001). Demnach setzen Lehrkräfte aus der Gruppe der Reformorientierten am häufigsten demonstrations- und reformorientierte Methoden ein, während eher traditionell orientierte Lehrkräfte am häufigsten demonstrationsorientierte Unterrichtsmethoden einsetzen.

- Ebenso korrelieren persönliche Bilanzen mit dem Einsatz der Methoden eher gering (cc = 0,20; p < 0,001). Hier setzten eher positiv Überzeugte auch reformorientierte Methoden ein.

- Dagegen korreliert das Kennen der Methode mit dem Einsatz der Methode hoch (cc = 0,56; p < 0,001). Die Lehrkräfte, die angeben, beide Methodenformen gut zu kennen, setzten auch beide Methodenformen ein, während die, die angeben die demonstrationsorientierten Methoden gut zu kennen eben diese auch vorwiegend einsetzten.

	Mäßiger Einsatz beider Methoden (Gruppe I)	Einsatz demo. & eigentät. Methoden (Gruppe II)	Einsatz demo. Methoden (Gruppe III)	Ges.
Kennen beide Methoden mäßig (Gruppe I)	62 62,0%	27 27,0%	11 11,0%	100 100%
Kennen demo. & eigentätiger Methoden (Gruppe II)	20 9,5%	136 64,8%	54 25,7%	210 100%
Kennen demo. Methoden gut (Gruppe III)	16 9,4%	39 22,8%	116 67,8%	171 100%

Insgesamt hat die Untersuchung mit dem Einsatz des Fragebogens ihr Ziel erreicht. Es konnten Musterläufigkeiten in den Handlungsorientierungen von

Lehrkräften der Naturwissenschaften ermittelt werden. Das ermittelte Datenmaterial kann nun als Basis differenzierterer Analysen in Form qualitativer Untersuchungen dienen und so detaillierte Informationen zu Handlungsdispositionen von Naturwissenschaftlehrkräften gewonnen werden.

Literatur

Althoff, S. (1993): Auswahlverfahren in der Markt-, Meinungs- und empirischen Sozialforschung. Herbolzheim: Centaurus.

Backhaus, K., Erichson, B., Plinke, W. & Weiber, R. (2003): Multivariate Analysemethoden. Berlin u.a.: Springer Verlag.

Baumert, J., Klieme, E., Neubrand, M., Prenzel, M., Schiefele, U., Schneider, W., Stanat, P., Tillmann, K.-J. & Weiß, M. (2001): PISA 2000. Basiskompetenzen von Schülerinnen und Schülern im internationalen Vergleich. Opladen: Leske + Budrich.

Benninghaus, H. (1973): Soziale Einstellungen und soziales Verhalten. In: Albrecht, G., Daheim, H. & Sack, F. (Hrsg.): Soziologie. Opladen: Westdeutscher Verlag, 671-707.

Bortz, J. & Döring, N. (1995): Forschungsmethoden und Evaluation für Sozialwissenschaftler. Berlin & Heidelberg: Springer Verlag.

Bortz, J. (1999): Statistik für Sozialwissenschaftler. Berlin, Heidelberg & New York: Springer Verlag.

Brewer, J. & Hunter, A. (1989): Multimethod Research. A Synthesis of Styles. London & New Delhi: Newbury Park.

Cloetta, B., Dann, H.-D., Helmreich, R., Müller-Fohrbrodt, G. & Peifer, H. (1973): Berufsrelevante Einstellungen als Ziele der Lehrerausbildung. Zeitschrift für Pädagogik, 19(6), 919-941.

Dann, H.-D., Müller-Fohrbrodt, G. & Cloetta, B. (1981): Sozialisation junger Lehrer im Beruf. „Praxisschock" drei Jahre später. Zeitschrift für Entwicklungspsychologie und pädagogische Psychologie, (13), 251-262.

Diedrich, M., Thußbas, C. & Klieme, E. (2002): Professionelles Lehrerwissen und selbstberichtete Unterrichtspraxis im Fach Mathematik. In: Prenzel, M. & Doll, J. (Hrsg.): Bildungsqualität von Schule: Schulische und außerschulische Bedingungen mathematischer, naturwissenschaftlicher und übergreifender Kompetenz, 102-123.

Esslinger, I. (2002): Berufsverständnis und Schulentwicklung: ein Passungsverhältnis? Eine empirische Untersuchung zu schulentwicklungsrelevanten Berufsauffassungen von Lehrerinnen und Lehrern. Bad Heilbrunn: Klinkhardt.

Fischer, H., Reyer, T., Wirz, C., Bos, W. & Höllrich, N. (2002): Unterrichtsgestaltung und Lernerfolg im Physikunterricht. In: Prenzel, M. & Doll, J. (Hrsg.): Bildungsqualität von

Schule: Schulische und außerschulische Bedingungen mathematischer, naturwissenschaftlicher und übergreifender Kompetenz, 124-138.

Friebertshäuser, B. (2003): Interviewtechniken – ein Überblick. In: Friebertshäuser, B. & Prengel, A. (Hrsg.): Handbuch qualitativer Forschungsmethoden in der Erziehungswissenschaft. Weinheim & München: Juventa, 371-396.

Friedrichs, J. (1980): Methoden empirischer Sozialforschung. Opladen: Westdeutscher Verlag.

Fuchs-Heinritz, W., Lautmann, R., Rammstedt, O. & Wienold, H. (1994): Lexikon zur Soziologie. Opladen: Westdeutscher Verlag.

Gräber, W., Nentwig, P., Koballa, T. & Evans, R. (Hrsg.) (2002): Scientific Literacy. Der Beitrag der Naturwissenschaften zur Allgemein Bildung. Opladen: Leske + Budrich.

Häußler, P., Bünder, W., Duit, R., Gräber, W. & Mayer, J. (1998): Perspektiven für die Unterrichtspraxis. Kiel.

Helmke, A. (2003): Unterrichtsqualität. Seelze: Kallmeyer.

Huibregtse, I., Korthagen, F. & Wubbels, T. (1994): Physics teachers' conceptions of learning, teaching and professional development. International Journal of Science Education, 16(5), 539-561.

Johnson, B.R. & Onwuegbuzie, A.J. (2004): Mixed Methods Research: A Research Paradigm Whose Time Has Come. Educational Researcher, 33(7), 14-26.

Köck, P. & Ott, H. (1994): Wörterbuch für Erziehung und Unterricht. Donauwörth: Ludwig Auer.

Kraak, B. & Lindenlaub, S. (1974): Entwurf einer Handlungs-Entscheidungstheorie. Mitteilungen und Nachrichten des Deutschen Instituts für Internationale Pädagogische Forschung, Nr. 75/76, 93-105.

Kreienbrock, L. (1989): Einführung in die Stichprobenverfahren. München, Wien: Oldenbourg.

Lamnek, S. (1989): Qualitative Sozialforschung. München: Psychologie Verlags Union.

Lompscher, J. (1995): Unterschiedliche Lehrstrategien und ihre Konsequenzen. In: Ehlers, S. (Hrsg.): Lerntheorie, Tätigkeitstheorie, Fremdsprachenunterricht. Standpunkte zur Sprach- und Kulturvermittlung. München: Goethe-Institut, 39-52.

Mayring, Ph. (1999): Einführung in die qualitative Sozialforschung. Weinheim: Psychologie Verlags Union.

Mummendey, H.-D (1995): Die Fragebogenmethode. Göttingen, Bern, Toronto, Seattle: Hogrefe.

Natter, W. (1986): Lehrereinstellungen gegenüber Disziplin und Disziplinstörungen im Unterricht. Wien: o.V.

Peterßen, W.H. (2001): Kleines Methoden-Lexikon. München: Oldenbourg.

Pokropp, F. (1980): Stichproben: Theorie und Verfahren. München: Oldenbourg.

Rahm, S. & Schröck, N. (2004): Schulpädagogik. In: Apel, J. & Sacher, W. (Hrsg.): Studienbuch Schulpädagogik.

Recum, v.H. & Döring, P. (o.J.): Das Schulleiterhandbuch Bd.13. Braunschweig: SL-Verlag.

Reinmann-Rothmeier, G. & Mandl, H. (1997): Lehren im Erwachsenenalter. In: Weinert, F.E. & Mandl, H. (Hrsg.): Psychologie der Erwachsenenbildung. Göttingen, Bern Toronto, Seattle: Hogrefe, 355-403.

Rost, J. (1996): Lehrbuch Testtheorie, Testkonstruktion. Bern, Göttingen, Toronto, Seattle: Hogrefe.

Schnell, R., Hill, P.B. & Esser, E. (1995): Methoden der empirischen Sozialforschung. München & Wien: Oldenbourg.

Schuman, H. & Johnson, M.P. (1976): Attitudes and behavior. Annual Review of Sociology, 2, 161-207.

Staatsinstitut für Schulpädagogik und Bildungsforschung (2003): Materialien zum neuen Fach Natur und Technik. München: Eigenverlag.

Städtler, T. (1998): Lexikon der Psychologie. Stuttgart: Kröner.

Van Veen, K., Sleegers, P., Bergen, T. & Klaassen, C. (2001): Professional orientations of secondary school teachers towards their work. Teaching and Teacher Education 17. 175-194.

Wosnitza, M. & Jäger, R.S. (1999): Daten erfassen, auswerten und präsentieren – aber wie? Landau: Verlag Empirische Pädagogik.

Zeiher, H. (1973): Gymnasiallehrer und Reformen. Eine empirische Untersuchung über Einstellungen zu Schule und Unterricht. Stuttgart: Klett.

Matthias Baer, Günter Dörr, Urban Fraefel, Mirjam Kocher, Oliver Küster, Susanna Larcher, Peter Müller, Waltraud Sempert & Corinne Wyss

Standarderreichung in der Lehrerinnen- und Lehrerbildung: Analyse der Wirksamkeit der berufsfeldorientierten Ausbildung

1 Einleitung

Die Fragestellung zur Entwicklung von Handlungswissen und Berufskompetenzen von Lehrpersonen ist in den vergangenen zwei Jahrzehnten aus verschiedenen Blickwinkeln beleuchtet worden (Brophy 2000; Klieme et al. 2003; Blömeke et al. 2004). Die besonders interessierenden interdependenten Prozessverhältnisse zwischen Theorie und Praxis bzw. Wissen und Handeln als Ausgangspunkt und Determinanten für die Entwicklung spezifischer Kompetenzen und Expertisegrade konnten bislang nicht eindeutig geklärt werden. Will man Lehrkompetenzen im Rahmen der Lehrerbildung vermitteln, sollte man wissen, welche Kompetenzen für einen professionellen Lehrer notwendig sind. Eine Theorie, die dies leisten könnte, ist derzeit nicht in Sicht. Oser (1997a, 1997b) hat deshalb einen anderen Weg eingeschlagen und auf induktivem Weg ein Modell von handlungsorientierten Kompetenzprofilen für die Lehrerinnen- und Lehrerbildung entwickelt. In diesem Modell wird der Begriff des „Standards" sowohl für die Bezeichnung einer hochprofessionellen Kompetenz als auch als Maßstab für deren optimale Erreichung benutzt. Osers Modell der Standards in der Lehrerinnen- und Lehrerbildung wurde im deutschsprachigen Raum ausführlich diskutiert und auch kritisiert (Ostermeier & Prenzel 2002; Brandenberg & Keller 2002; Terhart 2002; Criblez 2003; Fuchs & Zutavern 2003; Strittmatter 2004; Herzog 2005). Osers Ziel ist es u.a., durch die Formulierung expliziter professioneller Standards eine objektivere Basis für die Lehrerbildung bereitzustellen, als dies bisher der Fall ist. Obwohl mittlerweile erste Untersuchungen zu diesen Standards vorliegen (Oser & Oelkers 2001; Seipp 2003), ist bisher ungeklärt, wie sich diese Standards im Rahmen der Lehrerbildung entwickeln bzw. wie sich Unterrichtskompetenz längsschnittlich entwickelt. Dieser Frage gehen wir in einem gemeinsamen Forschungsprojekt nach.[1]

---

[1] An dem Projekt sind die Pädagogischen Hochschulen Rorschach und Zürich sowie die Pädagogische Hochschule Weingarten beteiligt. Das Projekt wird durch die Internationale Bodensee-Hochschule (IBH) finanziert.

2 Theoretische Bezugsmodelle

2.1 Persönlichkeitsmerkmale

Die Diskussion über den Einfluss von Persönlichkeitsvariablen als Prädiktoren für den Erwerb und die Verarbeitungstiefe didaktischer Handlungskompetenzen war in der empirischen Lehrerinnen- und Lehrerforschung lange Zeit verpönt. Begründen lässt sich diese Haltung mit Forschungsbefunden zum so genannten *Persönlichkeitsparadigma* in den 1960er Jahren. Aktuell weist Helmke (2003) jedoch auf den geringen Forschungsstand zu Merkmalen der Lehrperson und deren Einfluss auf Unterrichtsqualität hin. Mayr (2003) sieht diesbezüglich Anzeichen einer Trendwende und begründet das mit dem erfolgreichen Einsatz persönlichkeitsdiagnostischer Verfahren als Instrument der Personalentwicklung in der Wirtschaft, vor denen sich auch das staatliche Bildungswesen nicht verschließen könne. Zudem konnte er in einer Längsschnittstudie zeigen (Mayr 2005), dass erhobene Persönlichkeitsvariablen nach dem persönlichkeitspsychologischen Konstrukt der so genannten „Big Five" (Bartussek 1996) eine nicht zu vernachlässigende Varianzaufklärung für die Selbstwahrnehmung unterrichtlicher Kompetenzen, Berufszufriedenheit und die Bewältigung von Belastungsfaktoren darstellen können (vgl. Urban 1984, 2005).

Die so genannten „Big Five" enthalten die Dimensionen Extraversion, Neurotizismus, Offenheit für Erfahrungen, Verträglichkeit und Gewissenhaftigkeit. Zahlreiche Studien belegen den prognostischen Wert dieser Persönlichkeitsdimensionen für das Leistungsverhalten und die Zufriedenheit im Beruf, und zwar insbesondere den der Dimensionen Neurotizismus, Extraversion und Gewissenhaftigkeit (Tokar et al. 1998; Judge et al. 2002; siehe auch den Beitrag von Foerster in diesem Band).

Da angenommen wird, dass die Persönlichkeitsdimension „Selbstwirksamkeitserwartung" als zentrale individuelle Ressource zur Anforderungsbewältigung, speziell in der Übergangsphase vom Studium ins Berufsleben, eine wichtige Einflussgröße sein kann, wird diese ergänzend erfragt (Larcher Klee 2005). Zur Erhebung der Variable liegen verschiedene standardisierte Verfahren vor (Schwarzer & Jerusalem 1999; Fahrenberg et al. 2001).

2.2 Professionswissen von Lehrpersonen

Die an der Kognitionstheorie orientierte Professionsforschung beschäftigt sich – ausgehend von der „Novizen-Experten-Forschung" – mit dem Aufbau von Wissen im Lehrerberuf und dessen Transformation in berufliches Können. Mit Messner & Reusser (2000) ist dies ein Prozess, in dem explizites Theoriewissen implizit werden muss. In Einklang mit einem konstruktivistischen Ansatz wird die traditionelle Vorstellung von Kompetenzerwerb verworfen, wonach es das Ziel der Lehrerinnen- und Lehrerbildung sei, das notwendige Wissen unter Bezugnahme auf Wissenschaft und Lehrkunstregeln bereitzustellen und zu vermitteln, dass also das Berufswissen zuerst „in den Kopf müsse, bevor und damit es später handlungswirksam werde" (Messner & Reusser 2000, 281 f.). Handlungskompetenz lässt sich nicht aus der bloßen instrumentellen Umsetzung von Theorien gewinnen. Vielmehr wird davon ausgegangen, dass die traditionelle Vorstellung des Akkumulierens abzurufender Bestände träges Wissen erzeugt, das in der Berufspraxis kaum handlungswirksam wird. Forschungsergebnisse legen nahe, dass eine flexible berufliche Handlungskompetenz in Verbindung von systematischer Wissensaneignung „mit situiert gestaltetem, auf die Analyse von realen Handlungsproblemen fokussierendem Lernen" erworben wird (Reusser 2005; zur Problematik des *trägen Wissens* Wahl, Weinert & Huber 1997; Wahl 2005).

Es liegen verschiedene Vorschläge vor, wie sich Lehrerwissen denken und strukturieren lässt. Shulman (1987) unterscheidet zwischen (a) *subject matter knowledge,* (b) *pedagogical knowledge,* z.B. über Klassenführung, (c) *curricular knowledge,* also dem Wissen über den für die Schule ausgewählten Stoff, wie er in Lehrplänen steht und (d) *pedagogical content knowledge,* wonach Expertise in einem Inhaltsbereich mit profunden Kenntnissen über die effektivsten Methoden der Aneignung und des Lernens dieser Inhalte kombiniert wird. Bromme (1992, 1997) übernimmt weitgehend das Konzept von Shulman. „Professionelles Wissen bezeichnet die einmal bewusst gelernten Fakten, Theorien und Regeln, sowie die Erfahrungen und Einstellungen des Lehrers" (Bromme 1992, 10). Der Begriff umfasst also auch Wertvorstellungen, nicht nur deskriptives und erklärendes Wissen. Bei der Instrumentenentwicklung im Projekt, insbesondere beim Vignettentest, wurde darauf geachtet, Konzepte von Berufswissen zu unterlegen, die dieser Problematik Rechnung tragen.

2.3 Funktionale Kompetenzen des Lehrerberufs

Kompetenzen werden hier insofern als funktional bezeichnet, als dass sie die Lehrperson in die Lage versetzen, auf die Herausforderungen des Berufsfeldes angemessen reagieren zu können. Mit Weinert (2002, 27 f.) gesprochen, werden Kompetenzen verstanden als „die bei Individuen verfügbaren oder durch sie erlernbaren kognitiven Fähigkeiten und Fertigkeiten, um bestimmte Probleme zu lösen, sowie die damit verbundenen motivationalen, volitionalen und sozialen

Bereitschaften und Fähigkeiten, um die Problemlösungen in variablen Situationen erfolgreich und verantwortungsvoll nutzen zu können".

Es sind zahlreiche Versuche unternommen worden, die notwendigen Berufskompetenzen umfassend zu beschreiben. Einen Überblick über Kompetenzkonzepte gibt Weinert (1999). Frey, der sich ebenfalls mit dem Kompetenzbegriff und seiner empirischen Erfassung befasst hat (Frey 2002; Frey, Balzer & Renold 2002; Frey & Balzer 2003; Frey, Jäger & Renold 2003), legt eine aktuelle Untersuchung zur Kompetenzstruktur von Lehrerstudierenden vor (Frey 2004; Lipowsky 2003). Eine umfassende Darstellung zur Lehrerexpertise und zur Unterrichtsqualität sowie ihrer Erfassung, Bewertung und Verbesserung liegt von Helmke (2003) vor. Mit Blick auf den Lehrerberuf ist ihnen wesentlich gemeinsam, dass Sach- bzw. Fachkompetenz zentraler Bestandteil des Kompetenzkonzepts ist.

2.4 Unterrichtsqualität

Gemäß Helmke besteht der Kern der Unterrichtsqualität aus denjenigen Prinzipien und Merkmalen, „die für den Unterrichtserfolg ausschlaggebend sind" (Helmke 2003, 43). Welches diese Prinzipien und Merkmale sind, ist Gegenstand langjähriger Debatten gerade in der Lehrerinnen- und Lehrerbildung gewesen. Ende der 90er Jahre erfuhr der forschungsgestützte Ansatz von Brophy (1997, 2000) breite Rezeption, wohl auch, weil er auf griffige Weise den bisherigen Forschungsstand zur Lehrerwirksamkeit in einleuchtende Prinzipien zu fassen vermochte. Weitere zusammenfassende Darstellungen finden sich bei Clausen (2002) und Helmke (2003). Clausen et al. (2003) klammern personale Bedingungen, die Helmke im Rahmen des Angebots-Nutzungs-Modells (Helmke & Weinert 1997) ausführlich diskutiert, weitgehend aus und ordnen die Qualitätsmerkmale vier Gruppen zu (Instruktionseffizienz, Schülerorientierung, Kognitive Aktivierung und Klarheit/Strukturiertheit). Dieser Ansatz ist insofern bedeutsam, als er Grundlage von hochinferenten Unterrichtseinschätzungen ist und als Instrument der empirischen Erprobung standgehalten hat.

2.5 Standards

Aus wissenschaftlicher Sicht ist die Entwicklung von Professionsstandards ohne die Vorarbeiten auf den Gebieten des Professionswissens, der Kompetenzen, der pädagogischen Professionalisierung und der Unterrichtsqualität undenkbar. Oser (1997a, 1997b, 2001, 2002, 2005) verwendet den Standardbegriff zur Kennzeichnung berufsrelevanten Wissens, das in vielfältiger Weise mit Handeln verbunden ist und knüpft damit an die Standarddebatten in den USA an (Keller 2002). Unter Standards versteht er „Fähigkeiten, die theoretisch fundiert sind, hinsichtlich deren es Grundlagenforschung gibt, die kriteriell evaluierbar sind und die auf einer gelebten Praxis beruhen" (Oser 1997b, 210). Belege für die Wirksamkeit explizit formulierter Standards in der Lehrerbildung bestehen hauptsächlich in Form von Fallstudien (Cochran-Smith & Lytle 1999; Putnam & Borko 2000).

Hinsichtlich des vorliegenden Projekts ist bedeutsam, dass die Standards gemäß Oser „als Richtschnur für eine Ausbildung und deren Evaluation dienen" können (Oser 1997a, 28). Seine Analyse ergibt 88 Standards, die er in zwölf Standardgruppen zusammenfasst. Die Standards umfassen ebenso unterrichtliche wie außerunterrichtliche Bereiche (z.B. Zusammenarbeit in der Schule, Schule und Öffentlichkeit, Selbstorganisationskompetenz), nicht aber die Unterrichtsinhalte (vgl. dazu die Kritik von Terhart 2002, 2003). Insgesamt wird das Konzept der Standards speziell in der Lehrerinnen und Lehrerbildung nach wie vor kontrovers diskutiert (Herzog 2005).

3 Methodisches Vorgehen

Das Projekt knüpft zum einen an ein Hauptergebnis der Untersuchung der Wirksamkeit der Lehrerinnen- und Lehrerbildungssysteme in der Schweiz an (Oser & Oelkers 2001): die Feststellung, dass die Berufskompetenzen von Lehrpersonen nur schwach oder kaum ausgebildet wurden – konkret, dass die Ausbildung von Lehrerinnen und Lehrern in Bezug auf funktionale Leistungen zuwenig wirksam war (Oser & Oelkers 2001, 17). Für Deutschland fand Seipp (2003) vergleichbare Ergebnisse. Die genannten Studien beschränken sich in ihrer Untersuchung der Wirkungsfrage der Lehrerinnen- und Lehrerbildung auf Selbsteinschätzungen der befragten Studierenden bzw. Lehrpersonen und sind als Querschnittvergleich angelegt. Im hier vorgestellten Projekt sollen zusätzlich zu den Selbsteinschätzungen andere Datenquellen genutzt werden, die in einer längsschnittlichen Untersuchung objektivere Aussagen über Kompetenzverläufe ermöglichen und so auch dezidiertere Rückschlüsse über die Wirkungsweise der Ausbildung zulassen. Die eingesetzten Instrumente beziehen sich auf die verschiedenen theoretischen Bezugsmodelle (siehe Abbildung 1).

Abb. 1: Konzeptioneller Rahmen und Erhebungsinstrumente

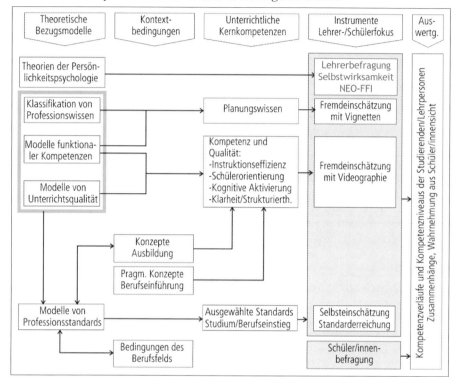

3.1 Erhebungsinstrumente

Ausgehend von unserem theoretischen Modell wird durch Selbst- und Fremdeinschätzungen sowie die standardisierten Verfahren versucht, zum einen die Validität der Untersuchungsergebnisse zu erhöhen und zum anderen aus verschiedenen Blickwinkeln den Kompetenzerwerb von Studierenden und dessen Veränderungen vom Beginn des Studiums bis zum Ende des Vorbereitungsdienstes (Deutschland) bzw. bis zur Berufseinführung (Schweiz) zu beleuchten.

Im Folgenden werden die Instrumente näher erläutert:
- Online-Fragebogen zur umfassenden Selbsteinschätzung: Mit einem umfangreichen elektronischen Fragebogen, der auf der Grundlage der Professionsstandards von Oser und den Ergebnissen einer Vorstudie (Baer & Fraefel 2003) entwickelt wurde, schätzen die Studierenden zu Beginn des Studiums

und nach jedem Studienjahr detailliert selbst ihre Lehrkompetenz ein. Es werden auch soziokulturelle Basisdaten und Informationen über den formellen Ausbildungsstand erhoben.

- Vignettentest: Vignetten stellen sprachlich repräsentierte Problemsituationen dar. Die Versuchslehrpersonen schlagen für ein vorgelegtes Problem eine Lösung vor und schreiben sie auf. Die Niederschriften werden inhaltsanalytisch aufbereitet und statistisch ausgewertet. Mit Vignetten lässt sich das „theoretische" oder deklarative Wissen über einen Sachverhalt ermitteln.

- Unterrichtsvideographie: Videoaufnahmen von eigenem Unterricht: Videoaufnahmen sind mit den modernen Auswertungstechniken (softwarebasierte Videoanalyse) zweifellos ein äußerst flexibles Instrument, zumal die Daten auch anderweitig, z.B. in der Ausbildung, eingesetzt werden können. Im vorliegenden Projekt werden Videos zur Dokumentierung von Unterricht verwendet, um ihn einer eingehenden Analyse zugänglich zu machen. Eingesetzt wird das am Leibniz-Institut für die Pädagogik der Naturwissenschaften (IPN) entwickelte Programm „Videograph" (Rimmele 2004). In der Analyse und Auswertung werden niedrig- und hochinferente Kodier- bzw. Ratingverfahren eingesetzt (Clausen et al. 2003; Seidel 2003).

- Selbstwirksamkeitserwartungen: Zur Erfassung der wahrgenommenen Selbstwirksamkeit werden Skalen des Modellversuchs selbstwirksamer Schulen (Schwarzer & Jerusalem 1999) eingesetzt. Angenommen wird, dass das Konstrukt „Selbstwirksamkeit" als zentrale personale Ressource einen Einfluss auf den Erwerb und die Entwicklung von Unterrichtskompetenzen haben kann, insbesondere beim Übergang vom Studium in die berufliche Praxis.

- Erfassung von persönlichkeitspsychologischen Variablen durch die so genannten „Big Five" (Bartussek 1996): In der Persönlichkeitspsychologie hat sich nach langen Diskussionen ein weitgehender Konsens darüber ergeben, dass sich Personen anhand weniger Merkmalsdimensionen – den so genannten „Big Five" – ausreichend genau beschreiben lassen. Im Forschungsprojekt wird das „NEO-Fünf-Faktoren Inventar" (NEO-FFI) als Standardinstrument zur Erhebung der „Big Five" eingesetzt (Costa & McCrae 1985; Borkenau & Ostendorf 1993).

- Schülerinnen- und Schülerfragebogen: Grundlage des Schülerinnen- und Schülerfragebogens ist der am IPN entwickelte Fragebogen zur Erfassung von Schülermerkmalen (Seidel et al. 2003). Dabei werden nur die Skalen zur Erfassung von motivational-affektiven Schülermerkmalen bzw. situativen unterrichtsbezogenen Lehr-Lernprozessen übernommen.

Im Folgenden wird über die Durchführung und Auswertung des Onlinefragebogens berichtet (zu weiteren Ergebnissen siehe Baer et al. 2006).

3.2 Durchführung

Die Onlinebefragung basiert im Wesentlichen auf dem Fragebogen, der auch von Oser & Oelkers (2001) eingesetzt wurde. Von den dort untersuchten zwölf Standardgruppen wurde nur die letzte Standardgruppe („Allgemeine und fachdidaktische Standards") ausgeschlossen. Darüber hinaus wurde die Standardgruppe „Gestaltung und Methoden des Unterrichts" in sechs verschiedene Skalen ausdifferenziert. Die Entwicklung des Instrumentes erfolgte in einer Vorstudie (Baer & Fraefel, in Vorb.), die zu Beginn des Projektes vorlag. Jede der 16 Skalen umfasste vier Items. Da neben den Oserschen Standards in der Online-Befragung noch weitere Variabeln erhoben wurden (Baer & Fraefel 2006), beantworteten die Studierenden aus Ökonomiegründen nicht sämtliche Items. Zu jeder Standardgruppe wurde allerdings mindestens ein Ankeritem vorgegeben, das prototypisch für eine Standardgruppe steht und in der Voruntersuchung hinreichend hohe Korrelationen zur Gesamtskala aufwies (ebd.).

Sämtliche Studierende im ersten Semester der drei beteiligten Hochschulen wurden per E-Mail angeschrieben und um Teilnahme an der Befragung gebeten. In der E-Mail war ein Link aufgeführt, über den sie zu dem Fragebogen gelangen konnten. Wenn Studierende nach zwei Wochen den Fragebogen noch nicht bearbeitet hatten, erhielten sie eine Erinnerungsmail. Zu jedem Item waren drei Angaben abzugeben:

- Diese Kompetenz habe ich bis zum gegenwärtigen Zeitpunkt erworben (gar nicht – in sehr hohem Maße).

- Diese Kompetenz in den nächsten Jahren zu erwerben ist mir wichtig (gar nicht wichtig – sehr wichtig).

- Die zusätzliche Kompetenz gedenke ich so zu erwerben (außerschulischer Bereich – Theorie – Seminare/Projekte/Trainings – Praktika – Berufspraxis).

Die beiden ersten Angaben waren als Prozentangabe zu machen (0–100%), bei der dritten Angabe konnten eine bis mehrere Alternativen angekreuzt werden (siehe Abbildung 2). Die Bearbeitung des Fragebogens dauerte etwa 30 Minuten. An der Befragung nahmen 381 Studierende teil, was einer Rücklaufquote von 65% entspricht.

Abb. 2: Beispielitems aus dem Online-Fragebogen

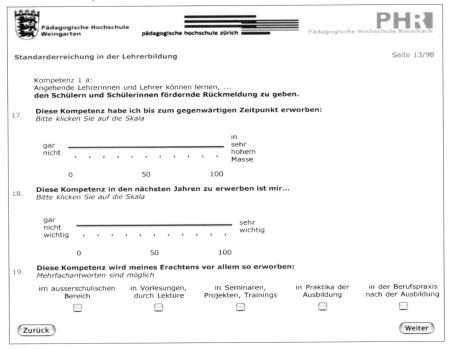

4 Empirische Befunde

Zum gegenwärtigen Zeitpunkt liegen für die beiden Hochschulen Rorschach und Weingarten die Ergebnisse zu einem Messzeitpunkt (1. Semester), für Zürich liegen Ergebnisse zu zwei Messzeitpunkten vor. Tabelle 1 zeigt die Ergebnisse für alle Studierenden im ersten Semester.

Die Ergebnisse zeigen, dass Studierende zu Beginn des Studiums ihre Kompetenzen insgesamt recht niedrig einschätzen. Aber bereits zu einem sehr frühen Zeitpunkt zeigen sich deutliche Unterschiede: Während die Kompetenz zum Einsatz von Medien mit 41% am höchsten eingeschätzt wird, wird die Selbstorganisationskompetenz der Lehrkraft mit 19% am niedrigsten eingeschätzt. Neben den relativ niedrigen Werten überrascht die große Streuung der Daten. Das weist darauf hin, dass die Selbsteinschätzungen der Studierenden bezüglich ihrer Kompetenz zu Beginn des Studiums sehr unterschiedlich sind.

Tab. 1: Ergebnis der Online-Befragung zum Beginn des Studiums

Standardgruppe/Skala	Kompetenz bereits erworben		Will Kompetenz im Studium erwerben	
	M	s	M	s
Lehrer-Schüler-Beziehung	0,38	0,19	0,87	0,12
Schülerunterstützendes Handeln und Diagnose	0,29	0,17	0,82	0,13
Bewältigung von Disziplinproblemen und Schülerrisiken	0,29	0,20	0,85	0,14
Aufbau und Förderung von sozialem Verhalten	0,34	0,18	0,81	0,15
Lernstrategien vermitteln	0,30	0,19	0,82	0,14
Individuelle Lernprozesse anleiten und begleiten	0,30	0,18	0,90	0,10
Breites Repertoire an Unterrichtsmethoden	0,25	0,19	0,76	0,14
Leistungsmessung	0,33	0,18	0,83	0,14
Medien	0,41	0,24	0,83	0,17
Zusammenarbeit in der Schule	0,29	0,18	0,81	0,15
Schule und Öffentlichkeit	0,20	0,14	0,72	0,17
Selbstorganisationskompetenz der Lehrkraft	0,19	0,19	0,78	0,17
Didaktische Analyse und Lektionsplanung	0,32	0,17	0,88	0,09
Fachkenntnisse und Vermittlung von Sachverhalten	0,30	0,17	0,85	0,10
Strukturierung des Unterrichtsverlaufes	0,34	0,24	0,88	0,10
Lernwirksame Gestaltung von Unterricht	0,28	0,22	0,83	0,13

Werden die eigenen Kompetenzen zu Beginn des Studiums als relativ niedrig eingeschätzt, ist die Motivation, diese Kompetenzen im Verlauf des Studiums zu erwerben, hoch. Dass es in dieser Motivation nur geringe interindividuelle Unterschiede gibt, zeigen die deutlich niedrigeren Streuungswerte. Die Tabellen 2 und 3 zeigen die Unterschiede zwischen den drei beteiligten Hochschulen.

Tab. 2: Unterschiede in der Selbsteinschätzung bei Studierenden zum Studienbeginn zwischen den Hochschulen (Kompetenz erworben). (In den fett gedruckten Standardgruppen konnten signifikante Unterschiede zwischen den Standorten festgestellt werden, p < .05)

Standardgruppe/Skala	Weingarten			Zürich			Rorschach		
	N	M	s	N	M	s	N	M	s
Lehrer-Schüler-Beziehung	24	0,34	0,19	36	0,37	0,20	15	0,44	0,18
Schülerunterstützendes Handeln und Diagnose	25	0,28	0,17	37	0,28	0,17	16	0,31	0,17
Bewältigung von Disziplinproblemen und Schülerrisiken	18	0,26	0,18	37	0,26	0,18	21	0,37	0,23
Aufbau und Förderung von sozialem Verhalten	26	0,39	0,19	38	0,31	0,18	17	0,36	0,15
Lernstrategien vermitteln	16	0,21*	0,16	35	0,30*	0,18	19	0,35*	0,21
Individuelle Lernprozesse anleiten und begleiten	18	0,21	0,13	35	0,33	0,19	18	0,34	0,18
Breites Repertoire an Unterrichtsmethoden	16	0,15*	0,14	33	0,27*	0,20	16	0,31*	0,19
Leistungsmessung	18	0,34	0,19	38	0,29	0,16	21	0,38	0,20
Medien	19	0,43	0,28	39	0,39	0,22	21	0,43	0,23
Selbstorganisationskompetenz der Lehrkraft	15	0,16	0,16	29	0,19	0,20	16	0,24	0,21
Didaktische Analyse und Lektionsplanung	16	0,29	0,16	29	0,31	0,19	22	0,37	0,16
Fachkenntnisse und Vermittlung von Sachverhalten	17	0,23	0,15	31	0,30	0,17	19	0,36	0,19
Strukturierung des Unterrichtsverlaufes	17	0,23*	0,18	31	0,40*	0,28	19	0,36*	0,20
Lernwirksame Gestaltung von Unterricht	16	0,21	0,16	31	0,32	0,25	19	0,27	0,20
Zusammenarbeit in der Schule	15	0,25	0,18	38	0,27	0,15	21	0,36	0,21
Schule und Öffentlichkeit	13	0,19	0,16	30	0,20	0,15	19	0,20	0,12

Tab. 3: Unterschiede in der Selbsteinschätzung bei Studierenden zum Studienbeginn zwischen den Hochschulen (will Kompetenz erwerben). *(In den fett gedruckten Standardgruppen konnten signifikante Unterschiede zwischen den Standorten festgestellt werden, p < .05)*

Standardgruppe/Skala	Weingarten			Zürich			Rorschach		
	N	M	s	N	M	s	N	M	s
Lehrer-Schüler-Beziehung	24	0,89	0,12	37	0,86	0,11	15	0,88	0,12
Schülerunterstützendes Handeln und Diagnose	27	0,84	0,12	38	0,82	0,13	17	0,81	0,12
Bewältigung von Disziplinproblemen und Schülerrisiken	19	0,88	0,11	38	0,82	0,16	23	0,87	0,11
Aufbau und Förderung von sozialem Verhalten	26	0,84	0,13	38	0,78	0,17	17	0,83	0,14
Lernstrategien vermitteln	19	0,81	0,13	37	0,80	0,17	19	0,86	0,06
Individuelle Lernprozesse anleiten und begleiten	19	0,89	0,10	37	0,91	0,10	19	0,89	0,09
Breites Repertoire an Unterrichtsmethoden	18	0,69*	0,12	36	0,80*	0,14	18	0,80*	0,11
Leistungsmessung	19	0,87	0,13	37	0,81	0,14	23	0,84	0,13
Medien	19	0,87	0,10	38	0,82	0,19	23	0,80	0,18
Zusammenarbeit in der Schule	18	0,79	0,17	38	0,82	0,16	23	0,81	0,12
Schule und Öffentlichkeit	17	0,64	0,22	33	0,76	0,16	23	0,73	0,14
Selbstorganisationskompetenz der Lehrkraft	18	0,78	0,15	33	0,79	0,18	19	0,77	0,17
Didaktische Analyse und Lektionsplanung	17	0,89	0,11	32	0,87	0,08	23	0,87	0,08
Fachkenntnisse und Vermittlung von Sachverhalten	17	0,86	0,10	33	0,85	0,11	22	0,85	0,09
Strukturierung des Unterrichtsverlaufes	18	0,86	0,09	33	0,89	0,11	19	0,88	0,11
Lernwirksame Gestaltung von Unterricht	18	0,84	0,09	32	0,83	0,12	19	0,81	0,16

Vergleicht man die selbst eingeschätzten Kompetenzen zu Beginn des Studiums an den verschiedenen Standorten miteinander, ergeben sich deutliche Unterschiede. Wenn sich auch nur in drei Skalen („Lernstrategien vermitteln", „Breites Repertoire an Unterrichtsmethoden", „Strukturierung des Unterrichtsverlaufes") signifikante Unterschiede feststellen lassen, so fällt auf, dass sich die Studierenden aus Weingarten in fast allen Skalen schlechter einschätzen als die Studierenden aus Zürich bzw. Rorschach. Lediglich in der Skala „Aufbau und Förderung von sozialem Verhalten" schätzen sich die Studierenden aus Weingarten im Vergleich am besten ein.

Dagegen gibt es kaum Unterschiede in der Motivation, diese Kompetenzen im Verlauf des Studiums zu erwerben. In nur einer Skala („Breites Repertoire an Unterrichtsmethoden") lässt sich ein signifikanter Unterschied feststellen. Auch hier ist die Motivation der Studierenden in Rorschach und Zürich signifikant höher als die in Weingarten, diese Kompetenz im Laufe des Studiums zu erwerben.

Tabelle 4 zeigt die Unterschiede in der Selbsteinschätzung bezüglich der Lehrkompetenzen zwischen dem ersten und dritten Semester. Diese Daten beziehen sich allerdings nur auf Studierende aus Zürich, da dort im Rahmen eines Vorversuches bereits im WS 03/04 der gleiche Fragebogen bei Studierenden im ersten Semester und im WS 04/05 bei den gleichen Studierenden (drittes Semester) eingesetzt werden konnte.

In allen Skalen ist ein Anstieg in der Selbsteinschätzung der Lehrkompetenzen festzustellen. Dieser Anstieg ist in einzelnen Skalen zwar gering, überschreitet allerdings in sieben von 16 Skalen (Schülerunterstützendes Handeln und Diagnose, Bewältigung von Disziplinproblemen und Schülerrisiken, breites Repertoire an Unterrichtsmethoden, Leistungsmessung, Medien, Zusammenarbeit in der Schule, didaktische Analyse und Lektionsplanung) die Signifikanzgrenze. Das bedeutet, dass sich Studierende im dritten Semester in keiner Skala schlechter einschätzen als im ersten Semester, in einigen Skalen jedoch deutlich besser.

Tab. 4: Vergleich der Selbsteinschätzung bei Studierenden im ersten und dritten Semester an der PH Zürich (Kompetenz erworben). (In den fett gedruckten Skalen konnten signifikante Unterschiede festgestellt werden, p < .05)

Standardgruppe/Skala	1. Semester			3. Semester		
	N	M	s	N	M	s
Lehrer-Schüler-Beziehung	36	0,37	0,20	10	0,43	0,14
Schülerunterstützendes Handeln und Diagnose	37	0,28*	0,17	11	0,39*	0,19
Bewältigung von Disziplinproblemen und Schülerrisiken	37	0,26*	0,18	13	0,48*	0,13
Aufbau und Förderung von sozialem Verhalten	38	0,31	0,18	11	0,40	0,20
Lernstrategien vermitteln	35	0,30	0,18	16	0,35	0,17
Individuelle Lernprozesse anleiten und begleiten	35	0,33	0,19	16	0,41	0,17
Breites Repertoire an Unterrichtsmethoden	33	0,27*	0,20	16	0,39*	0,17
Leistungsmessung	38	0,29*	0,16	13	0,52*	0,20
Medien	39	0,39*	0,22	13	0,60*	0,18
Zusammenarbeit in der Schule	38	0,27*	0,15	14	0,56*	0,20
Schule und Öffentlichkeit	30	0,20	0,15	18	0,29	0,20
Selbstorganisationskompetenz der Lehrkraft	29	0,19	0,20	23	0,21	0,12
Didaktische Analyse und Lektionsplanung	29	0,31*	0,19	18	0,48*	0,17
Fachkenntnisse und Vermittlung von Sachverhalten	31	0,30	0,17	18	0,41	0,22
Strukturierung des Unterrichtsverlaufes	31	0,40	0,28	22	0,50	0,22
Lernwirksame Gestaltung von Unterricht	31	0,32	0,25	22	0,39	0,18

5 Diskussion

Lehramtsstudierende schätzen ihre eigene Lehrkompetenz zu Beginn ihres Studiums relativ niedrig ein, haben allerdings eine hohe Motivation, diese Kompetenzen im Laufe ihres Studiums zu erwerben. Diese Aussage ist angesichts der Ergebnisse von Oser & Oelkers (2001) sowie Seipp (2003) nicht überraschend. Allerdings stammen die vorliegenden Ergebnisse von Studienanfängern und es bleibt zu konstatieren, dass Studierende in einzelnen Skalen sehr wohl glauben, bereits über Grundkompetenzen zu verfügen. Unsere Daten sind jedoch auch nicht unmittelbar mit den Ergebnissen von Oser & Oelkers (2001) und Seipp (2003) zu vergleichen, lag doch der Befragung eine andere Skala zugrunde. Während den Probanden bei Oser & Oelkers (2001) und Seipp (2003) eine fünfstufige Ratingskala vorlag (habe nichts von diesem Standard gehört – habe theoretisch davon gehört – habe dazu Übungen gemacht oder mich in der Praxis damit auseinandergesetzt – habe Theorie und Übung, oder Theorie und Praxis, oder Übung und Praxis miteinander verbunden – habe Theorie, Übung und Praxis systematisch miteinander verbunden), mussten unsere Probanden ihre Kompetenz auf einer Prozentskala einschätzen. Interessant wird sein, inwiefern die Selbsteinschätzungen mit den anderen abhängigen Variablen, insbesondere der Unterrichtsbeobachtung sowie dem Vignettentest, zusammenhängt.

Für uns einigermaßen überraschend zeigen sich tendenziell auch Unterschiede zwischen den verschiedenen Standorten bezüglich der Selbsteinschätzung. Diese Unterschiede sind derzeit für uns nicht zu erklären. Vielleicht liefern die Ergebnisse der anderen Instrumente Hinweise darauf, z.B. ob sich Studierende der verschiedenen Länder in ihren Persönlichkeitsstrukturen unterscheiden, oder ob in der Tat Studierende in der Schweiz das Lehramtsstudium auf einem höheren Kompetenzniveau beginnen.

Ebenfalls überraschend, da nicht übereinstimmend mit den Ergebnissen von Oser & Oelkers (2001) und Seipp (2003), sind die längsschnittlichen Ergebnisse aus Zürich. Die vorliegenden Daten deuten – zumindest für Zürich – darauf hin, dass die institutionalisierte Lehrerbildung durchaus wirksam ist, zeigen sich doch in allen untersuchten Skalen zum Teil signifikante Verbesserungen in der Selbsteinschätzung. Auch hier wird der Vergleich mit anderen Instrumenten, insbesondere der Unterrichtsbeobachtung und dem Vignettentest, sowie das Einbeziehen weiterer Daten aus späteren Semestern sehr interessant sein. Erst danach wird man zuverlässigere Aussagen über die Entwicklung von Lehrkompetenzen machen können.

Literatur

Baer M., Dörr G., Fraefel U., Kocher M., Küster O., Larcher S., Müller P., Sempert W. & Wyss, C. (2006): Standarderreichung beim Erwerb von Unterrichtskompetenz: Analyse der Wirksamkeit des berufsfeldorientierten Studiums in der Ausbildung von Lehrpersonen. Abschlussbericht. Rorschach, Weingarten, Zürich.

Baer, M. & Fraefel, U. (2003): Standarderreichung beim Erwerb von Unterrichtskompetenz in der Lehrerinnen- und Lehrerbildung: Analyse der Wirksamkeit der berufsfeldorientierten Ausbildung. Forschungsgesuch zu Händen der Internationalen Bodensee Hochschule (IBH). Kreuzlingen: Geschäftsstelle des Vorstandes des Kooperationsrates IBH.

Baer, M. & Fraefel, U. (2006): Standards erforschen. Zwischenbilanz eines laufenden Forschungsprojektes der Pädagogischen Hochschulen Zürich, Rorschach & Weingarten. Journal für Lehrerinnen- und Lehrerbildung, 6(1), 52-59.

Bartussek, D. (1996): Faktorenanalytische Gesamtsysteme der Persönlichkeit. In: Amelang, M. (Hrsg.): Temperaments- und Persönlichkeitsunterschiede. Enzyklopädie der Psychologie, Serie C, 3. Göttingen: Hogrefe, 51-105.

Blömeke, S., Reinhold, P., Tulodziecki, G. & Wild, J. (Hrsg.) (2004): Handbuch Lehrerbildung. Bad Heilbrunn: Klinkhardt.

Borkenau, P. & Ostendorf, F. (1993): Neo-Fünf-Faktoren-Inventar (NEO-FFI). Göttingen: Hogrefe.

Brandenberg, M. & Keller, B. (2002): Entwicklung von Standards – Methodisches Vorgehen und Prozesserfahrungen. Journal für Lehrerinnen und Lehrerbildung, 2(1), 61-69.

Bromme, R. (1992): Der Lehrer als Experte. Zur Psychologie des professionellen Wissens. Göttingen: Huber.

Bromme, R. (1997): Kompetenzen, Funktionen und unterrichtliches Handeln des Lehrers. In: Weinert, F.E. (Hrsg.): Psychologie des Unterrichts und der Schule. Enzyklopädie der Psychologie, Bd. DI. 3. Göttingen: Hogrefe, 177-212.

Brophy, J.E. (1997): Effective Instruction. In: Walberg, H.F. & Haertel, G.D. (Eds.): Psychology and Educational Practice. Berkeley: MacCutchan, 212-232.

Brophy, J.E. (2000): Teaching. Brüssel: International Academy of Education & International Bureau of Education. Download unter www.ibe.unesco.org/international/publications/educationalpractices/educationalpracticesseriespdf/prac01e.pdf (Stand: 21.02.2005).

Clausen, M. (2002): Unterrichtsqualität: eine Frage der Perspektive? Empirische Analysen zur Übereinstimmung, Konstrukt- und Kriteriumsvalidität. Münster: Waxmann.

Clausen, M., Reusser, K. & Klieme, E. (2003): Unterrichtsqualität auf der Basis hoch-inferenter Unterrichtsbeurteilungen. Unterrichtswissenschaft, 31(2), 122-141.

Cochran-Smith, M. & Lytle, S.L. (1999): Relationships of knowledge and practice: Teacher learning in communities. In: Iran-Nejad, A. & Pearson, P.D. (Eds.): Review of Research in Education, 24. Washington DC: AERA, 249-305.

Costa, P.T. & McCrae, R.R. (1985): The NEO Personality Inventory Manual form S and form R. Odessa FL: Psychological Assessment Ressources.

Criblez, L. (2003): Standards und/oder Kerncurriculum für die Lehrerbildung? Zur Einführung in den Themenschwerpunkt. Beiträge zur Lehrerbildung, 21(3), 329-333.

Fahrenberg, J., Hampel, R. & Selg, H. (2001): Das Freiburger Persönlichkeitsinventar (FPI-R). 7. überarbeitete und neu normierte Auflage. Göttingen: Hogrefe.

Fölling-Albers, M., Hartinger, A. & Mörtl-Hafizovic, D. (2004): Situiertes Lernen in der Lehrerbildung. Zeitschrift für Pädagogik, 50(5), 727-747.

Frey, A. (2002): Berufliche Handlungskompetenz – Kompetenzentwicklung und Kompetenzvorstellung in der Erzieherinnenausbildung. Empirische Pädagogik, 16, 139-156.

Frey, A. (2004): Die Kompetenzstruktur von Studierenden des Lehrerberufs. Zeitschrift für Pädagogik, 50(6), 903-925.

Frey, A. & Balzer, L. (2003): Soziale und methodische Kompetenzen – der Beurteilungsbogen smk: Ein Messverfahren für die Diagnose von sozialen und methodischen Kompetenzen. Empirische Pädagogik, 17(2), 148-175.

Frey, A., Jäger, R.S. & Renold, U. (Hrsg.) (2003): Kompetenzmessung – Sichtweisen und Methoden zur Erfassung und Bewertung von beruflichen Kompetenzen. Landau: Verlag Empirische Pädagogik.

Fuchs, M. & Zutavern, M. (2003): Standards als Möglichkeit zur Professionalisierung. In: Beiträge zur Lehrerbildung, 21(3), 370-383.

Hascher, T. & Thonhauser, J. (2004): Die Entwicklung von Kompetenzen beurteilen. Journal für Lehrerinnen- und Lehrerbildung, 4(1), 4-9.

Helmke, A. (2003): Unterrichtsqualität erfassen, bewerten, verbessern. Seelze: Kallmeyer.

Helmke, A. & Weinert, F.E. (1997): Bedingungsfaktoren schulischer Leistungen. In: Weinert, F.E. (Hrsg.): Enzyklopädie der Psychologie, Bd. DI. 3, Psychologie des Unterrichts und der Schule. Göttingen: Hogrefe, 105-118.

Herzog, W. (2005): Müssen wir Standards wollen? Skepsis gegenüber einem theoretisch (zu) schwachen Konzept. Zeitschrift für Pädagogik, 51(2), 252-258.

Judge, T., Heller, D. & Mount, M.K. (2002): Five-factor model of personality and job satisfaction: A meta-analysis. Journal of Applied Psychology, 87, 350-541.

Keller, H.-J. (2002): Standards in der Lehrerbildung. Blick in die USA und Ausblick auf die deutschsprachige Lehrpersonenausbildung. Journal für Lehrerinnen- und Lehrerbildung, 2(1), 20-28.

Klieme, E. et al. (2003): Zur Entwicklung nationaler Bildungsstandards: Eine Expertise. Bonn: Bundesministerium für Bildung und Forschung.

Larcher Klee, S. (2005): Einstieg in den Lehrerberuf. Untersuchungen zur Identitätsentwicklung von Lehrerinnen und Lehrern im ersten Berufsjahr. Bern: Haupt.

Lipowsky, F. (2003): Wege von der Hochschule in den Beruf. Eine empirische Studie zum Berufserfolg von Lehramtsabsolventen in der Berufseinstiegsphase. Bad Heilbrunn: Klinkhardt.

Mayr, J. (2002): Sich Standards aneignen: Befunde zur Bedeutung der Lernwege und Verarbeitungstiefe. Journal für Lehrerinnen- und Lehrerbildung, 2(1), 29-37.

Mayr, J. (2003): Persönlichkeitsfragebögen in der Lehrerforschung und Lehrerberatung. In: Samac, K. (Hrsg.): Empirisches Arbeiten in der Arbeitsgemeinschaft der Bewegungserzieherinnen und Bewegungserzieher an pädagogischen Akademien. Theorie und Praxis, Heft 20. Wien: BMBWK, 79-89.

Mayr, J. (2005): Wie sich Lehrpersonen Kompetenzen aneignen. Zur Nutzung und Wirksamkeit institutionalisierter und informeller "Opportunities to Learn". Vortrag auf der 67. Tagung der Arbeitsgruppe für empirische pädagogische Forschung (AEPF): Qualität durch Standards? 19.09. bis 21.09.2005, Salzburg.

Messner, H. & Reusser, K. (2000): Die berufliche Entwicklung von Lehrpersonen als lebenslanger Prozess. Beiträge zur Lehrerbildung, 18(2), 157-171.

Nölle, K. (2002): Probleme der Form und des Erwerbs unterrichtsrelevanten pädagogischen Wissens. Zeitschrift für Pädagogik 48(1), 48-67.

Oser, F. (1997a): Standards in der Lehrerbildung. Teil 1: Berufliche Kompetenzen, die hohen Qualitätsmerkmalen entsprechen. Beiträge zur Lehrerbildung, 15(1), 26-37.

Oser, F. (1997b): Standards in der Lehrerbildung Teil 2: Wie werden Standards in der schweizerischen Lehrerbildung erworben? Erste empirische Ergebnisse. Beiträge zur Lehrerbildung, 15(2), 210-228.

Oser, F. (2001): Standards: Kompetenzen von Lehrpersonen. In: Oser, F. & Oelkers, J. (Hrsg.): Die Wirksamkeit der Lehrerbildungssysteme. Von der Allrounderausbildung zur Ausbildung professioneller Standards. Zürich: Rüegger, 215-342.

Oser, F. (2002): Standards in der Lehrerbildung. Entwurf einer Theorie kompetenzbezogener Professionalisierung. Journal für Lehrerinnen- und Lehrerbildung, 2(1), 8-19.

Oser, F. (2005): Schrilles Theoriegezerre, oder warum Standards gewollt sein sollen. Zeitschrift für Pädagogik, 51(2), 266-274.

Oser, F. & Renold, U. (2005): Kompetenzen von Lehrpersonen – über das Auffinden von Standards und ihre Messung. Zeitschrift für Erziehungswissenschaft, 8(4), 119-140.

Oser, F. & Oelkers, J. (Hrsg.) (2001): Die Wirksamkeit der Lehrerbildungssysteme. Von der Allrounderausbildung zur Ausbildung professioneller Standards. Zürich: Rüegger.

Putnam, R.T. & Borko, H. (2000): What do new views of knowledge and thinking have to say about research on teacher learning? Educational Researches, 29(1), 4-15.

Reusser, K. (2005): Situiertes Lernen mit Unterrichtsvideos in der Lehrerinnen- und Lehrerbildung. Journal für Lehrerinnen- und Lehrerbildung, 5(2), 8-18.

Reusser, K., Hugener, I. & Pauli, C. (2005): Video-based classroom studies: Integration of different methods of video analysis for a differentiated perspective on teaching and learning processes. Paper presented at 11th Biennial Conference of EARLI (European Association for Research on Learning and Instruction), August 23-27. Nicosia, Cyprus.

Rimmele, R. (2004): Videograph. Multimedia-Player zur Kodierung von Videos (Version 2.3.2). Kiel: Leibniz-Institut für die Pädagogik der Naturwissenschaften (IPN).

Schwarzer, R. & Jerusalem, M. (Hrsg.) (1999): Skalen zur Erfassung von Lehrer- und Schülermerkmalen. Berlin: Freie Universität Berlin.

Seidel, T. (2003): Lehr-Lernskripts im Unterricht. Münster: Waxmann.

Seidel, T. (2005): Student Aptitudes and Adaptivity in Classroom Interactions – The Role of Multi-Criteria Methological Approaches in Video-Based Instruction Research. Paper presented at 11th Biennial Conference of EARLI (European Association for Research on Learning and Instruction), August 23-27. Nicosia, Cyprus.

Seidel, T., Rimmele, R. & Dalehefte, I.M. (2003): Skalendokumentation, Fragebogen Lernende. In: Seidel, T., Prenzel, M., Duit, R. & Lehrke, M. (Hrsg.): Technischer Bericht zur Videostudie „Lehr-Lern-Prozesse im Physikunterricht". Kiel: IPN, 317-388.

Seipp, B. (2003): Standards in der Lehrerbildung. Eine Befragung zur Vermittlung der Oserschen Standards in der ersten Phase der Lehramtsausbildung. Bochum: Projekt-Verlag.

Shulman, L.S. (1986): Paradigms and research programs in the study of teaching: A contemporary perspective. In: Wittrock, M.C. (Hrsg.): Handbook of research on teaching, 3rd ed. New York: Macmillan, 3-36.

Shulman, L.S. (1987): Knowledge and teaching: Foundations of the new reform. Harvard Educational Review, 57(1), 1-22.

Strittmatter, A. (2004): Die Standarddiskussion in der Schweiz. In: Journal für Schulentwicklung, 8(4), 39-46.

Terhart, E. (2002): Standards in der Lehrerbildung. Eine Expertise für die Kultusministerkonferenz. Münster: ZKL.

Terhart, E. (2003): Wirkungen der Lehrerbildung. Perspektiven einer an Standards orientierten Evaluation. In: Journal für die Lehrerinnen- und Lehrerbildung, 3(3), 8-19.

Tokar, D.M., Fischer, A.R. & Subich, L.M. (1998): Personality and vocational behaviour: A selective review of literature, 1993-1997. Journal of Vocational Behaviour, 53, 115-153.

Urban, W. (1984): Persönlichkeitsstruktur und Unterrichtskompetenz. Wien: Österreichischer Bundesverlag.

Urban, U. (2005): Theorie der personalen Ressourcen für den Umgang, die Bewältigung und Lösung komplexer Probleme in sozialen Situationen. Manuskript.

Wahl, D. (2005): Lernumgebungen erfolgreich gestalten. Wirksame Wege vom trägen Wissen zum kompetenten Handeln in Erwachsenenbildung, Hochschuldidaktik und Unterricht. Bad Heilbrunn: Klinkhardt.

Wahl, D., Weinert, F.E. & Huber, G.L. (1997): Psychologie für die Schulpraxis. Ein handlungsorientiertes Lehrbuch für Lehrer. 6. Auflage. München: Kösel.

Weinert, F.E. (1999): Concepts of Competence, DeSeCo Expert Report. Swiss Federal.

Weinert, F.E. (2002): Vergleichende Leistungsmessung in Schulen – eine umstrittene Selbstverständlichkeit. 2. Auflage. In: Weinert, F.E. (Hrsg.): Leistungsmessungen in Schulen. Weinheim: Beltz, 17-31.

Wilfried Schubarth, Karsten Speck, Ulrike Gladasch & Andreas Seidel

Ausbildungsprozess und Kompetenzen. Ergebnisse der Potsdamer LehramtskandidatInnen-Studie 2004/05

1 Einleitung und Forschungslage

Die zweite Phase der Lehrerbildung (Vorbereitungsdienst bzw. Referendariat) galt lange Zeit als der „vergessene Teil der Lehrerbildung". Mit der scharfen Schulkritik infolge von PISA ist aber auch dieser Ausbildungsabschnitt zunehmend ins Blickfeld geraten (z.b. Terhart 2000), wenngleich sich die Kritik dabei eher auf die erste, universitäre Phase als auf die zweite Phase bezieht. Dies ist zugleich der Hauptgrund, warum die empirische Erforschung der Qualität und Wirkungen des Vorbereitungsdienstes erst am Anfang steht. Zwar sind in letzter Zeit verstärkte Bemühungen erkennbar, die Qualität der zweiten Phase der Lehrerausbildung zu untersuchen, doch sind die Studien in Anlage, Erkenntnisinteresse, Umfang, Untersuchungspopulation, Methodik und Ergebnisform höchst unterschiedlich, so dass weder ein umfassender Vergleich noch eine Verallgemeinerung der Befunde möglich ist. Insbesondere bleibt die häufig gestellte Frage nach der Erklärung für die erhebliche Diskrepanz zwischen dem positiven Leistungsselbstbild der Studienseminare und der kritischen Einschätzung durch einen Teil der Absolventen offen (Walke 2004).

Dessen ungeachtet lassen die vorliegenden Analysen erste Tendenzen erkennen, z.B. eine bessere Einschätzung der zweiten Phase im Vergleich zur ersten, gewisse Defizite in der Kompetenzentwicklung bei den Referendarinnen, vor allem außerhalb des Unterrichtsbereiches, größere Kooperationsprobleme zwischen den Bestandteilen innerhalb der zweiten Phase, methodisch-didaktische Defizite in den Seminaren, Probleme bei der Betreuung, Beratung und Beurteilung, die Existenz einer Rollenambivalenz bei Referendarinnen, ihre hohe Belastung (z.B. durch Unterrichtsbesuche), bestehende Partizipationsdefizite und die ungenügend entwickelte Evaluationskultur an den Studienseminaren und Schulen. Bisherige Studien zur zweiten Phase konzentrierten sich eher auf Struktur- und/oder Prozessmerkmale, komplexe Untersuchungen zu Zusammenhängen und Wirkungsweisen im Hinblick auf die Kompetenzentwicklung der Referendarinnen stellen dagegen ein Forschungsdesiderat dar. Vor dem Hintergrund der aktuellen Debatten um die Reform der Lehrerbildung und der Diskussion um Kompetenzen und Standards auch in der zweiten Phase ist dies eine große Herausforderung für die Lehrerbildungsforschung (Beck, Horstkemper &

Schratz 2001; Blömeke u.a. 2004; Frey 2004; KMK 2004; Mayr 2001; Meyer 2001; Lenhard 2004; Oser & Oelkers 2001; Terhart 2000, 2003; Walke 2004).

2 Untersuchungskonzept der Potsdamer LAK-Studie

Die Potsdamer Lehramtskandidatinnen-Studie[1] verfolgte drei Ziele:
(1) Analyse der Qualität der zweiten Phase der Lehrerausbildung aus Sicht der Lehramtskandidatinnen,
(2) Ermittlung von Ansatzpunkten zur Verbesserung der zweiten Phase aus Sicht der Lehramtskandidatinnen (Stärken- und Schwächen-Analyse) sowie
(3) Ableitung von Ansatzpunkten zur Verbesserung der Verzahnung zwischen der ersten und zweiten Phase der Lehrerausbildung.

Die Studie wurde in zwei Etappen realisiert: In der ersten Etappe (August bis Dezember 2004) wurden das Untersuchungskonzept entwickelt, Erkundungsinterviews, Recherchen zu ausbildungsrelevanten Dokumenten und eine quantitative Befragung von Lehramtskandidatinnen durchgeführt. Im Mittelpunkt der zweiten Etappe (Januar bis März 2005) stand die Vorbereitung, Durchführung und Auswertung von Gruppendiskussionen mit Lehramtskandidatinnen im Land Brandenburg.

Gegenstand des vorliegenden Beitrages sind die Ergebnisse der quantitativen Studie. Der Fokus lag dabei auf der Perspektive der Lehramtskandidatinnen. Den Lehramtskandidatinnen kommt als zentralen Nutzerinnen und Akteurinnen der Lehrerausbildung eine entscheidende Rolle zu. Für eine Befragung von Lehramtskandidatinnen sprechen ferner partizipatorische Ansprüche. Gleichzeitig hat ein solcher Untersuchungsansatz auch Grenzen. Die Sichtweise nur *einer* Akteursgruppe ermöglicht noch keinen umfassenden Einblick in die „Realität" der zweiten Phase. Dazu bedarf es weiterer Perspektiven und Analysen. Die abgefragten Selbsteinschätzungen der Lehramtskandidatinnen lassen zudem nur begrenzt Rückschlüsse auf die tatsächlichen Kompetenzen zu. Hierfür wären umfassendere Testverfahren, teilnehmende Beobachtungen u.ä. erforderlich, die aber im Rahmen der vorliegenden Studie nicht möglich waren.

---

1 Unter „Lehramtskandidatinnen" werden im Land Brandenburg sowohl die Lehramtsanwärterinnen als auch die Referendarinnen subsumiert, die im Vorbereitungsdienst eingestellt sind. Da die Mehrheit der ausgebildeten Personen weiblich ist, wird im Beitrag die weibliche Form verwendet. Die Studie wurde vom Ministerium für Bildung, Jugend und Sport des Landes Brandenburg in Auftrag gegeben. Der Beitrag basiert auf dem Forschungsbericht (Schubarth, Speck, Gladasch, Seidel & Chudoba 2005). Für Unterstützung bedanken wir uns insbesondere bei Herrn Hanßen, Frau Dr. Junginger, Frau Dr. Gemsa, Herrn Pohlenz, Daniela Schultz, Sina Abraham und Nicole Vogel und den abgeordneten Fachseminarleiterinnen.

Durch die Einbeziehung der Perspektive einer zweiten Akteursgruppe, die der Seminarleiterinnen, konnte mittlerweile die Qualitätsermittlung der zweiten Phase vervollständig werden. Viele Befunde aus der LAK-Studie wurden dabei bestätigt, zugleich wurde das Bild weiter präzisiert, insbesondere im Hinblick auf die unterschiedlichen Wahrnehmungen von Lehramtskandidatinnen und Seminarleiterinnen sowie in Bezug auf die Arbeitssituation der Seminarleiterinnen (Schubarth, Speck, Gladasch, Seidel & Gemsa 2005).

Abb. 1: Untersuchungsmodell und -methoden der Potsdamer LAK-Studie

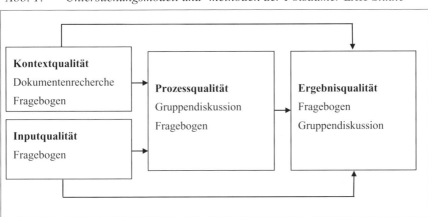

Das in Abbildung 1 dargestellte Untersuchungskonzept der Potsdamer LAK-Studie orientiert sich an ein von Stuffleebeam entwickeltes Evaluationsmodell (z.B. Stufflebeam 1984). Das sogenannte CIPP-Modell setzt sich aus vier Evaluationsbereichen – einer Context-, Input-, Process- und Productevaluation – zusammen. Durch die Kombination von Methoden in den vier Evaluationsbereichen sollte die Qualität des Vorbereitungsdienstes möglichst differenziert erfasst werden: Im Mittelpunkt der Dokumentenrecherche stand die Qualität der Vorgaben und Planungsgrundlagen. In den Gruppendiskussionen ging es vor allem um die Prozess- und Ergebnisqualität. Bei der quantitativen Befragung der Lehramtskandidatinnen wurden insbesondere Fragen zu den Eingangsvoraussetzungen und Einstellungen der Lehramtskandidatinnen, zum Ausbildungsprozess, zu den eigenen Kompetenzen und zur Gesamteinschätzungen der Ausbildung gestellt. In die quantitative Auswertung konnten 300 Fragebögen einbezogen werden (Rücklauf: 88,2%), und zwar 261 von Lehramtskandidatinnen und 39 von Lehrerinnen, die den Vorbereitungsdienst berufsbegleitend absolvierten. Die Befragung kann als repräsentativ für das Land Brandenburg gelten.

3 Kontextqualität: Rahmenbedingungen

Die Kontextqualität umfasst die allgemeinen strukturellen bzw. materiellen Rahmenbedingungen am Studienseminar, z.B. Fragen der Ausstattung, Organisation, Koordination und Betreuung (siehe Abbildung 2). Diese Rahmenbedingungen wurden über die subjektive Wahrnehmung der Lehramtskandidatinnen mittels einer Zufriedenheitsskala (von 1 „sehr unzufrieden" bis 5 „sehr zufrieden") erfasst.

Abb. 2: Rahmenbedingungen im Studienseminar (in %)

Es kann zunächst festgehalten werden, dass bei der Einschätzung der allgemeinen Rahmenbedingungen des Studienseminars – ähnliches gilt für die Ausbildungsschule – aus Sicht der Lehramtskandidatinnen insgesamt die Zufriedenheit überwiegt. Als Stärken treten u.a. die gute „Betreuung beim Einstieg" und die Hospitationsmöglichkeiten hervor, als Problemfelder die Abstimmung zwischen den einzelnen Ausbildungsbestandteilen, insbesondere zwischen dem Studienseminar und der Universität, aber auch zwischen Haupt- und Fachseminar sowie zwischen Studienseminar und Ausbildungsschule. Darüber hinaus besteht Unzufriedenheit mit den konkreten materiellen Bedingungen, vor allem an der Ausbildungsschule. Die breite Streuung der Ergebnisse ist u.a. auf die unterschiedlichen Rahmenbedingungen an den Studienseminaren und den Ausbildungsschulen zurückzuführen.

4 Prozessqualität: Ausbildungsprozess

Um Aussagen zur Prozessqualität treffen zu können, wurden u.a. Fragen zur Qualität der Haupt- und Fachseminare und der Ausbildung an den Ausbildungsschulen sowie zu den Belastungsmomenten innerhalb der Ausbildung gestellt.

Das Hauptseminar soll nach der Ordnung für den Vorbereitungsdienst (OVP) Gegenstände der Erziehungswissenschaft, insbesondere der Allgemeinen Didaktik unter schulpraktischen Gesichtspunkten sowie das Gebiet Recht und Verwaltung behandeln. Gefordert ist eine Abstimmung mit den Fachseminaren und mit der schulpraktischen Ausbildung der Ausbildungsschule. Um herauszufinden, wie die Ausbildung im Hauptseminar von den Lehramtskandidatinnen im Land Brandenburg eingeschätzt wird, wurde ihnen eine Fragebatterie mit 14 Items vorgelegt. Eine Faktorenanalyse reduziert die 14 vorgegebenen Items auf zwei Faktoren. Der erste Faktor zielt auf die „fachliche und methodische Qualität" des Hauptseminars und der zweite Faktor auf die „Beziehungsqualität" innerhalb des Hauptseminars ab.

Wie die Auswertung zeigt, lassen sich sowohl das fachliche als auch das methodisch-didaktische Niveau zu den Stärken der Hauptseminare zählen (siehe Abbildung 3). Ebenfalls positiv bewertet werden die Reflexion der Schulerfahrungen und die Beziehungsqualität in den Hauptseminaren. Schwächen liegen in der fehlenden Abstimmung mit den bereits an den Universitäten vermittelten Ausbildungsinhalten und in mangelnden Evaluationen. Die Fachseminare werden insgesamt kritischer eingeschätzt als die Hauptseminare, insbesondere was den methodisch-didaktischen Bereich, einschließlich der Notwendigkeit verstärkter Evaluation, betrifft.

Die Umsetzung der Aufgaben des Vorbereitungsdienstes erfolgt am Studienseminar und der jeweiligen Ausbildungsschule. Entsprechend unseren Befunden halten die Lehramtskandidatinnen die Ausbildungsschule für den vorrangigen Lernort. Die besondere Bedeutung der Ausbildungsschule ergibt sich bereits aus dem hohen Anteil der schulpraktischen Ausbildungsarbeit im Vorbereitungsdienst sowie ihrer Funktion bei der Einführung der Lehramtskandidatinnen in die Berufsrolle als Lehrerin. Die Ausbildungsschule und die Ausbildungslehrerinnen erhalten durch die Lehramtskandidatinnen eine insgesamt recht positive Einschätzung. Vor allem die Akzeptanz als Lehrerin bei den Schülern sowie die Möglichkeiten zum Ausprobieren eigener Unterrichtsideen werden von der überwiegenden Mehrheit hoch bewertet. Die Einschätzung der Ausbildung in der Schulpraxis findet auf zwei Ebenen statt. Zunächst spielt die fachliche und methodische Kompetenz der Ausbildungslehrerinnen eine große Rolle. Das fachliche Können der Ausbildungslehrkräfte im Unterricht wird dabei höher eingeschätzt als ihr methodisches Repertoire. Damit bleibt die Vorbildwirkung des Unterrichts der Ausbildungslehrkräfte für die Hälfte der Lehramtskandidatinnen eingeschränkt. Eine zweite Ebene bildet die Einschätzung der Arbeit der Ausbildungslehrerinnen mit den Lehramtskandidatinnen. Die Ergebnisse zeigen bei mehr als drei Viertel der Lehramtskandidatinnen in allen darauf bezogenen Fragen eine Wertschätzung dieser Arbeit. Als deutliches Defizit wird die mangelhafte Informiertheit der Ausbildungslehrkräfte über die Ausbildung am Studienseminar benannt. Kritik gibt es auch hinsichtlich der Abhängigkeit von den Lehrerinnen (von ca. 10% der Befragten) und bezüglich der mangelnden Offenheit und Kritikfähigkeit (von ca. 20%).

Abb. 3: Einschätzungen zum Hauptseminar (in %)

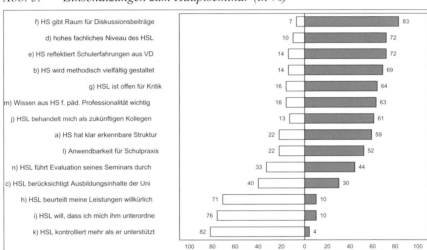

Zum Bereich der Prozessqualität gehört – nach unserem Modell – auch die Erfassung der Arbeitsbelastungen der Lehramtskandidatinnen. In unserer Befragung wurden objektive sowie subjektive Belastungen erfasst. Die Vor- und Nachbereitungszeit für den eigenen Unterricht wird z.B. als objektiver Indikator für die Belastung angesehen. Knapp zwei Fünftel geben an, bis zu 15 Stunden wöchentlich für die Unterrichtsvor- und -nachbereitung aufzuwenden. Gut die Hälfte benötigt zwischen 16 und 30 Stunden wöchentlich dafür und etwa ein Zehntel wendet sogar mehr als 30 Stunden pro Woche auf. Die subjektive Arbeitsbelastungen betrafen unterschiedliche Aspekte, wie Zeitprobleme, organisatorische Probleme, Beziehungsprobleme, Abhängigkeitsprobleme, Finanzprobleme, Selbstwertprobleme, persönliche Probleme usw. Unsere Annahme war, dass die im Vorbereitungsdienst gemachten Erfahrungen auf die subjektiven Belastungen einen mehr oder minder starken Einfluss haben. Einen Überblick gibt Abbildung 4.

Abb. 4: Persönliche Belastungssituationen (in %)

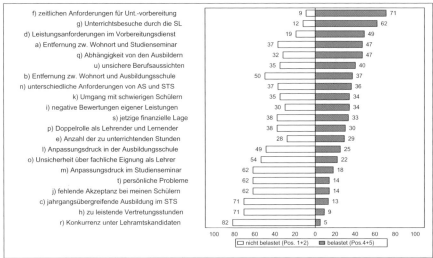

Es zeigt sich, dass der Vorbereitungsdienst zweifellos eine große Bewährungsprobe darstellt, die mit erhöhten Belastungen verbunden ist: Unterrichtsvorbereitungen, Unterrichtsbesuche sowie die Leistungsanforderungen stellen dabei die größten Belastungen für Lehramtskandidatinnen dar. Es folgen Belastungen durch organisatorische und zeitliche Probleme sowie Interaktions- bzw. Beziehungsprobleme mit den Ausbilderinnen. Unsichere Berufsaussichten, unterschiedliche Anforderungen von Ausbildungsschule und Studienseminar sowie der Umgang mit Kritik an der eigenen Leistung werden ebenfalls von einer relevanten Gruppe als belastend erlebt. Relativ gering ist die Belastung durch zu leistende Vertretungsstunden oder durch die Konkurrenz unter den Lehramtskandidatinnen.

Eine differenzierte Auswertung zeigt, dass sich die Lehramtskandidatinnen der Primar-/Sekundarstufe I im Vergleich zu den übrigen Lehramtskandidatinnen stärker belastet fühlen, was vermutlich mit deren Arbeits- und Beschäftigtensituation zusammenhängt. Männer verspüren im Vergleich zu Frauen insgesamt eine geringere Belastung. Es kann angenommen werden, dass hierbei geschlechtsspezifische Wahrnehmungsunterschiede zum Tragen kommen.

5 Ergebnisqualität: Kompetenzen und Gesamteinschätzungen

Zur Erfassung der Ergebnisqualität wurden die Lehramtskandidatinnen um eine Selbsteinschätzung ihrer berufsbezogenen Fähigkeiten gebeten, und zwar zu den Kompetenzbereichen „Unterrichten, Erziehen, Beraten, Beurteilen, Innovieren und Organisieren". Die Lehramtskandidatinnen sollten beantworten, inwiefern die aufgeführten Handlungskompetenzen a) an der Universität vermittelt, b) im Vorbereitungsdienst vermittelt wurden und c) inwiefern sie sich darin kompetent fühlen. Die vom Untersuchungsteam abgefragten Kompetenzen beruhen auf unterschiedlichen Quellen, so z.B. auf der Analyse der rechtlichen Vorschriften zur Lehrerbildung in der zweiten Phase im Land Brandenburg, auf bundesweiten Debatten, auf Studien aus anderen Bundesländern (z.b. Koblenz, Oldenburg und Niedersachsen, Hessen), auf aktuellen Anforderungen aus dem Bildungsbereich (z.b. Kooperation mit Jugendhilfe, Integrationsaufgaben) usw. Die vorliegende Untersuchung konzentriert sich dabei auf erziehungswissenschaftliche und allgemeindidaktische Kompetenzen und zwar vorwiegend auf solche Handlungskompetenzen, die im Vorbereitungsdienst vermittelt bzw. erworben werden sollen. Wichtig ist, dass die Ergebnisse zu den Kompetenzen auf (Selbst-) Einschätzungen der Lehramtskandidatinnen beruhen.

Betrachtet man in einem ersten Schritt überblicksartig die Ergebnisse zu den Stärken und Schwächen bei allen abgefragten 61 Handlungskompetenzen, dann zeigt sich – bezogen auf die erste und zweite Phase – folgendes Bild:

- Die Lehramtskandidatinnen äußern – nicht unerwartet – relativ häufig, dass die abgefragten 61 Kompetenzen nicht an der Universität vermittelt wurden. Angesichts der Fokussierung der Fragestellungen auf den Vorbereitungsdienst erstaunt dieser Befund nicht. Allerdings ist die geringe Zustimmung über fast alle Kompetenzbereiche hinweg durchaus beachtenswert.

- Die Mehrheit der Lehramtskandidatinnen stimmt noch zu, dass folgende Kompetenzen an der Universität vermittelt wurden: „den entwicklungspsychologischen Stand der Lernenden zu diagnostizieren und daran anzuknüpfen" (61%), „handlungsorientierte Lernformen anzuwenden" (59%), „spezifische Lernschwierigkeiten zu diagnostizieren" (58%) und „Themen aus der Lebenswelt der Lernenden aufzugreifen und zu reflektieren" (56%).

- Bei den übrigen 57 Kompetenzen meint eine Mehrheit, dass diese an der Universität nicht vermittelt wurden. Eine besonders geringe Zustimmung gibt es für folgende Kompetenzen, die überwiegend den Kompetenzbereichen „Beraten", „Innovieren" und „Organisieren" zuzuordnen sind: „Beratungsaufgaben eines Klassenlehrers wahrzunehmen" (3%), „ein persönliches Fortbildungs- und Zusatzausbildungsprogramm zusammenzustellen" (3%), „zur

Verfügung stehende sachliche und finanzielle Mittel sinnvoll zu nutzen" (3%), „sich mit Kolleginnen und Kollegen auf gemeinsame schulinterne Standards des Lehrens und Erziehens zu einigen" (3%), „mit freien Trägern und dem Jugendamt situationsangemessen zu kooperieren" (3%), „das Anliegen der Lehrerschaft gegenüber den vorgesetzten Stellen zu vertreten" (2%), „in schulischen Konferenzen eigene Überlegungen und Erfahrungen sachlich und pädagogisch engagiert einzubringen" (1%) und „die Zusammenarbeit in einer Fachkonferenz zu organisieren" (0%).

Was die Universität zur professionellen Ausbildung von Lehrerinnen beitragen kann und soll, ist durchaus strittig. Ihre Stärke ist vor allem die Theorievermittlung und die theoretische Reflexion von Praxis. Darüber hinaus kann sie grundlegende Ansätze zur Praxiserprobung und zur Kooperation mit der Praxis liefern, z.B. in Form von Praxisstudien oder Projekten des Forschenden Lernens. Die Universität wäre jedoch überfordert, müsste sie auch berufspraktisch ausgerichtete Handlungskompetenzen im o.g. Sinne vermitteln und einüben. Insofern muss die auf den ersten Blick geringe Kompetenzvermittlung an der Universität relativiert werden. Dennoch deuten die Ergebnisse darauf hin, dass die Universität ihrem Auftrag bei der theoretischen Fundierung der abgefragten Handlungskompetenzen aus Sicht der Lehramtskandidatinnen zumindest z.T. nicht gerecht wird. So verweisen die Lehramtskandidatinnen auch bei durchaus erwartbaren Kompetenzen auf eine fehlende universitäre Vermittlung.

Zur Vermittlung der vorgegebenen Kompetenzen im Vorbereitungsdienst äußern sich die Lehramtskandidatinnen zustimmender als zur Universität. Die Urteile fallen jedoch sehr unterschiedlich aus. Die höchste Zustimmung zur Vermittlung entsprechender Kompetenzen im Vorbereitungsdienst gibt es bei Lehramtskandidatinnen aus dem vierten Halbjahr für solche unterrichtsbezogene Kompetenzen wie „Lernziele im kognitiven, emotionalen und psychomotorischen Bereich zu formulieren" (100%), „Unterrichtsthemen aus dem Rahmenlehrplan des Faches abzuleiten" (99%) oder „die Phasen des Unterrichts eindeutig zu bestimmen und zu gestalten" (95%). Dagegen stimmen nur wenige zu, dass folgende Kompetenzen im Vorbereitungsdienst vermittelt wurden: „ein persönliches Fortbildungs- und Weiterbildungsprogramm zusammenzustellen" (11%), „mit freien Trägern und dem Jugendamt situationsangemessen zu kooperieren" (15%), „das Anliegen der Lehrerschaft gegenüber den vorgesetzten Stellen zu vertreten" (19%), „zur Verfügung stehende sachliche und finanzielle Mittel sinnvoll nutzen" (21%), „körperlich und seelisch beeinträchtigte Kinder in die Klasse zu integrieren" (23%), „die Zusammenarbeit in einer Fachkonferenz zu organisieren" (25%), „ein Leitbild für die Schule zu formulieren und im täglichen Unterricht zu realisieren" (27%) und „kulturelle Besonderheiten bereichernd und toleranzfördernd in den Unterricht zu integrieren" (28%).

Bei den Selbsteinschätzungen der eigenen Kompetenzen durch Lehramtskandidatinnen des vierten Ausbildungshalbjahres zeigt sich folgendes Bild: Bei knapp der Hälfte der abgefragten Kompetenzen fühlt sich eine Mehrheit dieser Lehramtskandidatinnen kompetent. Die größten Zustimmungswerte betreffen unterrichtsbezogene Kompetenzen (siehe Abbildung 5). Wie Abbildung 5 ebenfalls zu entnehmen ist, bestehen die größten Kompetenzunsicherheiten bei Kooperationsaufgaben, Integrationsaufgaben, Klassenlehrertätigkeiten und Strategien des Selbstschutzes. So geben ca. ein bis zwei Drittel der Lehramtskandidatinnen des 4. Ausbildungshalbjahres an, sich hinsichtlich solcher Kompetenzen *nicht* kompetent zu fühlen.

Abb. 5: Selbsteinschätzungen von Kompetenzen (in %, 4. Ausbildungsjahr)
Inwiefern fühlen Sie sich ... kompetent?
(nur Position 1+2 - „überhaupt nicht" und Position 4+5 - „in hohem Maße")

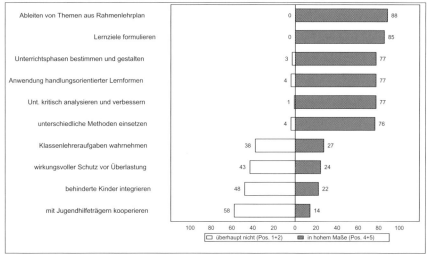

Von großer Bedeutung für die Qualität der Ausbildung ist die Frage, inwiefern im Vorbereitungsdienst tatsächlich auch eine Kompetenzentwicklung stattfindet. Dies wäre zugleich ein wichtiger Indikator für die Ausbildungsqualität in der zweiten Phase. In unserer Studie konnte dieser Frage zwar nicht mit Längsschnittdaten, jedoch über einen Vergleich der verschiedenen Halbjahre nachgegangen werden. Die Ergebnisse zeigen, dass bei fast allen abgefragten Kompetenzen eine positive Entwicklung stattfindet. Dies gilt besonders für die unterrichtsbezogenen Kompetenzen, z.B. Lernziele formulieren, Unterrichtsthemen ableiten oder Lernerfolgskontrollen durchführen. Allerdings gibt es auch Kompetenzen bzw. Bereiche, bei denen kaum eine Entwicklung nachweisbar ist. Abbildung 6 veranschaulicht diese differenzierten Kompetenzverläufe anhand ausgewählter Beispiele aus unterschiedlichen Kompetenzbereichen.

Abb. 6: Verläufe der Selbsteinschätzungen bei ausgewählten Kompetenzen

Inwiefern fühlen Sie sich ... kompetent? (nur Position 4+5 - „in hohem Maße", in Prozent)

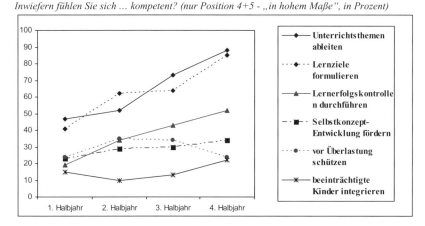

Bereits Abbildung 6 verdeutlicht, wie unterschiedlich die Kompetenzverläufe auf der Ebene der Einzelkompetenzen sein können. So können einzelne Unterrichtskompetenzen, die ohnehin am stärksten ausgeprägt sind, in ihrer Ausprägung zunehmen, während z.B. Integrations- und Anti-Burnout-Kompetenzen von einem niedrigen Niveau aus kaum zulegen können. Abbildung 7 bestätigt diesen typischen Verlauf anhand der sechs Kompetenzbereiche.

Abb. 7: Verläufe der Selbsteinschätzungen zu den sechs Kompetenzbereichen (Mittelwerte)

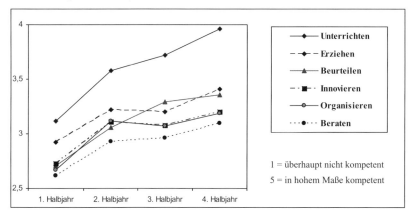

Zusammenfassend betrachtet sprechen die Selbsteinschätzungen dafür, dass sich die Lehramtskandidatinnen vorwiegend für unterrichtsbezogene Aufgaben, jedoch nur eingeschränkt für außerunterrichtliche und außerschulische Aufgaben kompetent fühlen. Im Unterrichtsbereich vollziehen sich offenbar auch die größten Fortschritte während des Vorbereitungsdienstes. Analysiert man die Zusammenhänge zwischen Vermittlung und den selbst eingeschätzten Kompetenzen, dann kommt dem Vorbereitungsdienst offensichtlich eine hohe Bedeutung bei der Vermittlung der (Unterrichts-)Kompetenzen zu, während die Universität keine besonders wichtige Rolle spielt.

Für die Untersuchung war darüber hinaus von besonderem Interesse, welche Zusammenhänge es zwischen den Eingangsvoraussetzungen (Inputqualität), den Rahmenbedingungen im Vorbereitungsdienst (Kontextqualität) und dem Ausbildungsprozess (Prozessqualität) einerseits und den selbst eingeschätzten Kompetenzen der Lehramtskandidatinnen (Ergebnisqualität) andererseits gibt:[2]

- Die Auswertung der bivariaten Zusammenhänge sowie die Prüfung auf Mittelwertunterschiede erbrachten zunächst den erstaunlichen Befund, dass weder das Geschlecht, noch die Schul- oder Studiennoten einen statistisch bedeutsamen Einfluss auf die selbst eingeschätzte Gesamtkompetenz haben.

- Geringe Zusammenhänge bestehen zwischen der Bewertung der Rahmenbedingungen und der Fachseminare einerseits und der Gesamtkompetenz andererseits.

- Bedeutsame Einflüsse auf die selbst eingeschätzte Gesamtkompetenz sind vor allem bei Merkmalen zum Vorbereitungsdienst, bestimmten persönlichkeitsbezogenen Variablen und den Bewertungen zum Vermittlungsprozess des Vorbereitungsdienstes erkennbar.

- Nicht ganz unerwartet gibt es die stärksten Beziehungen zwischen der Vermittlung von Ausbildungsinhalten und Kompetenzen und dem Ausbildungsjahr einerseits und der Gesamtkompetenz andererseits.

- Bemerkenswert ist zudem der vergleichsweise hohe Einfluss der beruflichen und persönlichen Gesamtbelastung.

---

2 Zur Analyse bedeutsamer Zusammenhänge wurde ein Summenscore über alle selbst eingeschätzten Kompetenzen der Lehramtskandidatinnen gebildet. Dann wurden ausgewählte bivariate Zusammenhänge zwischen einzelnen Variablen bzw. Skalen und der gebildeten Gesamtkompetenz der Lehramtskandidatinnen analysiert. Ergänzend fand eine Prüfung von Mittelwertunterschieden statt. Die Auswahl der einbezogenen Variablen stützte sich sowohl auf theoretische Überlegungen als auch auf empirische Befunde der Datenanalysen.

Tabelle 1 zeigt einen Überblick über die ermittelten bivariaten, meist hoch signifikanten Zusammenhänge, differenziert nach Struktur-, Input- und Prozessqualität.

Tab. 1:   Bivariate Zusammenhänge zwischen einzelnen Variablen, Skalen und Summenscores und der Variable Gesamtkompetenz (Korrelationen)

		Gesamtkompetenz (r)
Struktur-Q.:	Organisation der Abläufe im Studienseminar (Skala)	.198**
Struktur-Q.:	Betreuung und Begleitung in der Ausbildung/Schule (Skala)	.143*
Input-Q.:	Alter	.283***
Input-Q.:	Ausbildungshalbjahr	.429***
Input-Q.:	Resignationstendenz/offensive Problembewältigung (Skala)	.247***
Prozess-Q.:	Vermittlung der Kompetenzen im VD (Skala)	.627***
Prozess-Q.:	Didaktische Kompetenz der Fachseminarleiter (Skala)	.175*
Prozess-Q.:	Bewertung der Ausbildungsschule (Skala)	.269***
Prozess-Q.:	Persönliche und berufliche Gesamtbelastung (Skala)	-.392***

*** = $p < .001$ Potsdamer LAK-Studie 2004

Um die Gesamtkompetenz durch diese unabhängigen Variablen genauer vorhersagen zu können wurde in einem weiteren Schritt eine multiple, lineare Regressionsanalyse durchgeführt. Als abhängige Ziel-Variable fungierte wiederum die selbst eingeschätzte Gesamtkompetenz. Von den eingegeben Variablen verbleiben letztlich a) die Vermittlung der Kompetenzen im Vorbereitungsdienst, b) die berufliche und persönliche Gesamtbelastung, c) das Ausbildungshalbjahr und d) die Bewertung der Ausbildungsschule im Modell. Alle anderen Variablen wurden ausgeschlossen. Das Modell erklärt 55% der Varianz. Entsprechend diesem Modell haben die intensive Vermittlung der Kompetenzen im Vorbereitungsdienst, eine geringe (wahrgenommene) Belastung der Lehramtskandidatinnen, ein hohes Ausbildungshalbjahr und eine gute Qualität der Ausbildungsschulen offensichtlich einen starken Einfluss auf die selbst eingeschätzte Gesamtkompetenz der Lehramtskandidatinnen. Besonders bemerkenswert ist wiederum die relativ hohe Bedeutung der (subjektiven) Belastung für die Bewertung der Gesamtkompetenz. Grundsätzlich wird die ursprüngliche Hypothese des Untersuchungsmodells bestätigt, dass neben dem Ausbildungsprozess (Prozessqualität) bestimmte Eingangsvoraussetzungen der Lehramtskandidatinnen, z.B. Ausbildungshalbjahr und Belastung (Inputqualität) die Gesamtkompetenz (Ergebnisqualität) beeinflussen.

In einem abschließenden Teil sollten die Lehramtskandidatinnen die Ergebnisqualität mit Hilfe von Schulnoten generell bewerten, angefangen von den Ausbildungsbestandteilen an der Universität über das Hauptseminar und das Fachseminar bis hin zur Ausbildungsschule (Abbildung 8). Darüber hinaus wurden sie um ihre Meinung zu aktuellen Reformvorschlägen der Lehrerbildung gebeten (Abbildung 9).

Abb. 8:   Gesamtbewertung der Lehrerausbildung mit Schulnoten (in Prozent)
Ich würde folgende Schulnote vergeben für ...

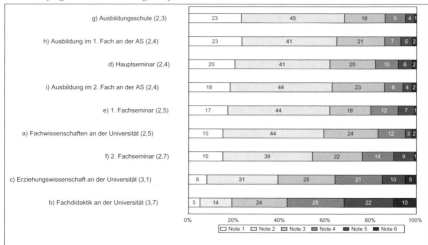

Die verschiedenen Bestandteile der Lehrerbildung werden seitens der Lehramtskandidatinnen meist mit „gut" bis „befriedigend" bewertet. Die Durchschnittsnote von allen Lehramtskandidatinnen reicht von 2,3 für den Bestandteil „Ausbildungsschule" bis zu 3,7 für den Bestandteil „Fachdidaktik". Die Beurteilung für die zweite Phase fällt insgesamt positiver aus als jene für die erste Phase. Innerhalb der ersten Phase erhält die Fachwissenschaft mit 2,5 die beste Bewertung, gefolgt von der Erziehungswissenschaft (3,1) und der Fachdidaktik (3,7). Die relativ gute Bewertung der Fächer überrascht, wenn man bedenkt, dass deren Anteil – nach Befunden unserer Studie – als zu hoch angesehen wird. Dieser scheinbare Widerspruch kann jedoch dahingehend aufgelöst werden, dass das hohe Niveau der Fachausbildung einerseits anerkannt, deren Berufsfeldbezug andererseits hingegen nicht gesehen wird. Bei der Bewertung von Erziehungswissenschaft und Fachdidaktik ist die Streuung der Noten sehr groß. Zwei Fünftel geben der Erziehungswissenschaft gute Noten, ein Viertel befriedigende Noten, der Rest die Note vier, fünf oder sechs. Ähnlich breit streuen auch die Ergebnisse für die Fachdidaktik. Diese eher negativen Bewertungen scheinen mit der Forderung nach mehr Fachdidaktik und Erziehungswissenschaft im Widerspruch zu stehen. Die divergierenden Einschätzungen könnten dadurch zu erklären sein, dass in die Benotung auch die für zu gering erachteten Anteile für Fachdidaktik bzw. Erziehungswissenschaft eingeflossen sind. Zur Verifizierung dieser Interpretation sind allerdings weitere Forschungen nötig. Unübersehbar ist jedoch insgesamt die Unzufriedenheit der Lehramtskandidatinnen mit der universitären Ausbildung. Diese kritische Einschätzung zeigt sich auch bei der Bewertung von Reformvorschlägen (Abbildung 9).

Abb. 9: Bewertung von Veränderungsvorschlägen (in Prozent)
Inwiefern stimmen Sie folgenden Veränderungsvorschlägen zu?

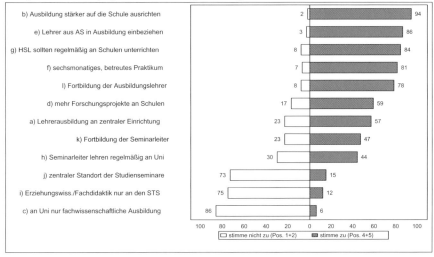

Die Lehramtskandidatinnen wünschen sich – so die Befunde aus Abbildung 9 – ein an der späteren Berufspraxis orientiertes Studium und eine engere Zusammenarbeit zwischen erster und zweiter Phase. So sind nahezu alle der Meinung, dass die universitäre Ausbildung stärker auf die Schule ausgerichtet sein sollte. Dieses Ergebnis wird durch weitere Befunde gestützt: Etwa vier Fünftel sprechen sich z.B. für ein sechsmonatiges, betreutes Praktikum im Rahmen der universitären Ausbildung aus. Ebenso viele sind dafür, dass die Universität auch Lehrerinnen aus den Ausbildungsschulen in die Lehrerausbildung einbeziehen sollte. Ähnlich hoch ist der Anteil derer, die die Auffassung vertreten, dass Hochschullehrerinnen regelmäßig an Schulen unterrichten sollten. Über die Hälfte befürwortet zudem eine Konzentration der universitären Lehrerausbildung an einer zentralen Einrichtung. Trotz aller Kritik an der universitären Ausbildung ist nur eine kleine Minderheit der Meinung, dass an der Universität nur die fachwissenschaftliche Ausbildung und nicht die schulpraktische Ausbildung stattfinden sollte. Gleiches gilt für die Frage, ob die fachdidaktische und erziehungswissenschaftliche Ausbildung in die erste oder in die zweite Phase gehört. Allerdings wird an der Universität ein erheblicher Reformbedarf gesehen: So wünscht sich über die Hälfte der Lehramtskandidatinnen, dass die Universität mehr Forschungsprojekte mit Studierenden an den Schulen durchführen sollte. Große Unterstützung finden auch die Vorschläge für eine intensivere Fortbildung der Ausbildungslehrerinnen und der Studienseminarleiterinnen. Für eine solche Weiterqualifizierung der Ausbildungslehrerinnen sprechen sich über drei Viertel, für die der Seminarleiterinnen rund die Hälfte aus.

6 Zusammenfassung und Folgerungen

Die Potsdamer Lehramtskandidatinnen-Studie hat – z.T. entgegen bisherigen Annahmen – ein erstaunlich positives Bild von der zweiten Phase der Lehrerausbildung im Land Brandenburg gezeichnet. Die Untersuchungsergebnisse, insbesondere zu den ermittelten „Stärken" und „Schwächen", lassen dabei folgende vorläufige Gesamtbilanz zu:

(1) Im Rahmen der Vorbereitung auf die berufspraktische Tätigkeit kommt – aus der Perspektive der Lehramtskandidatinnen – der zweiten Phase eine entscheidende Bedeutung zu. Im Vergleich dazu wird die Relevanz der ersten Phase, z.b. bei den abgefragten Handlungskompetenzen, offenbar deutlich geringer eingeschätzt.

(2) Die Stärken der zweiten Phase bestehen in der Berufsfeldorientierung, in der Praxisnähe und der Praxisreflexion. Hier sind es vor allem die Unterrichtserfahrung, -erprobung und -reflexion, die im Zentrum der Ausbildung stehen; entsprechende Kompetenzen sind am stärksten ausgeprägt. Ein Kompetenzzuwachs wird gerade in diesem unterrichtsbezogenen Kompetenzbereich wahrgenommen. Die Studienseminare fungieren dabei auch als Orte des Erfahrungsaustausches und der sozialen Unterstützung (Peer learning).

(3) Innerhalb der zweiten Phase erscheint die Ausbildungsschule als der zentrale Lernort, als das „tatsächliche Lern- und Arbeitsfeld" für die Lehramtskandidatinnen. Dem hohen Stellenwert der Ausbildungsschule wird die derzeitige diffuse Rollenbeschreibung der Ausbildungsschule in den Ausbildungsvorgaben, der gegenwärtige Informationsstand und Professionalisierungsgrad der Ausbildungslehrerinnen und das bestehende Auswahl- und Unterstützungssystem nicht gerecht.

(4) Die Schwächen der zweiten Phase weisen auf einen Diskussions- und Handlungsbedarf bei der Umsetzung eines modernen Lehrerleitbildes hin (z.B. Lehrer als „Experte für Lernprozesse bei Kindern und Jugendlichen", Lehrer als „Mitglied eines Teams", Evaluationskultur, Aufgreifen aktueller gesellschaftlicher Anforderungen). Zudem bestehen Probleme bei der Implementation einheitlicher Standards, bei der Leistungsbewertung, bei der

Professionalisierung der Seminarleiterinnen und Ausbildungslehrerinnen und bei der Kooperation der Ausbildungsbestandteile der zweiten Phase.

(5) Der Vorbereitungsdienst stellt für die Lehramtskandidatinnen eine harte Bewährungsprobe in vielerlei Hinsicht dar. Es ist eine Zeit voller Anspannungen, Belastungen, Ambivalenzen und Konfliktpotenziale. Die Ergebnisse sprechen für die Intensivierung der fachlichen und sozialen Betreuung und Beratung der Lehramtskandidatinnen innerhalb des Vorbereitungsdienstes.

Aus unserer Untersuchung lassen sich vor allem folgende zehn Schlussfolgerungen ableiten:

(1) Debatte zu einem modernen Lehrerleitbild,

(2) Verständigung über relevante Kompetenzen und Überprüfung der Kompetenzentwicklung,

(3) Entwicklung eines Stufenkonzepts der Kompetenzentwicklung über alle Phasen hinweg,

(4) Integration und Kooperation von Studienseminaren und Ausbildungsschulen,

(5) Integration und Kooperation von erster, zweiter und dritter Phase,

(6) Aufwertung des Stellenwertes der Ausbildungsschule,

(7) Professionalisierung der Ausbilderinnen und Aufbau eines Unterstützungssystems für die Ausbildungsschulen,

(8) Förderung der fachlichen und vor allem sozialen Betreuung und Beratung der Lehramtskandidatinnen,

(9) Überarbeitung der Vorgaben und Ausbildungsrichtlinien sowie

(10) Verstärkung der Lehrerausbildungsforschung.

Verstärkter Forschungsbedarf wird vor allem in folgenden fünf Bereichen gesehen: Zum Ersten sollten weitere Akteurinnen der zweiten Phase wie Studienseminarleiterinnen, Fachseminarleiterinnen und vor allem Ausbildungslehrerinnen und Schulleiterinnen befragt werden, um die Sichtweisen der Lehramtskandidatinnen auf die Ausbildung zu ergänzen. Zum Zweiten empfiehlt es sich, die Übergänge zwischen der ersten und zweiten Phase sowie zwischen der zweiten und dritten Phase (Berufseinstieg und Berufsleben) hinsichtlich der Kompetenzentwicklung, Begleitung und Professionsentwicklung längsschnittlich in den Blick zu nehmen. Zum Dritten sollten die Akteurinnen unterschiedlicher Ausbildungsphasen zu den hemmenden und fördernden Faktoren der Verzahnung von erster, zweiter und dritter Phase befragt werden, um gegebenenfalls entsprechende Kooperationsstrategien entwickeln zu können. Viertens sollte die Debatte um Kompetenzen und Standards in der Lehrerausbildung kritisch-konstruktiv weitergeführt werden. Und schließlich sollten fünftens die neuen Reformelemente der Lehrerausbildung, wie z.b. die neuen Bachelor- bzw. Master-Studiengänge oder das Praxissemester, einer genauen Evaluation unterzogen werden.

Literatur

Beck, E., Horstkemper, M. & Schratz, M. (2001): Lehrerinnen und Lehrerbildung in Bewegung. Aktuelle Entwicklungen und Tendenzen in Deutschland, Österreich und der Schweiz. Journal für Lehrerinnen- und Lehrerbildung, 1(1), 10-28.

Blömeke, S., Reinhold, P., Tulodziecki, G., & Wildt, J. (2004): Handbuch Lehrerbildung. Klinkhardt: Bad Heilbrunn.

Bundesarbeitskreis der Seminar- und Fachleiter/innen e.v. (BAK) (2003): Zukunftsfähige Lehrerbildung. Stellungnahme des BAK zur aktuellen Lehrerbildungsdiskussion. Download unter http://www.bak-online.de/pos1.pdf (Stand: 18.11.2004).

Frey, A. (2004): Die Kompetenzstruktur von Studierenden des Lehrerberufs. Zeitschrift für Pädagogik, 50(6), 903-925.

Kultusministerkonferenz der Bundesrepublik Deutschland (KMK) (2004): Standards für die Lehrerbildung: Bildungswissenschaften. Beschluss vom 16.12.2004.

Lenhard, H. (2004): Zweite Phase an Studienseminaren und Schulen. In: Blömeke, S., Reinhold, P., Tulodziecki, G. & Wildt, J. (Hrsg.): Handbuch Lehrerbildung. Klinkhardt: Bad Heilbrunn, 275-290.

Mayr, J. (2001): Ein Lehrstudium beginnen? Selbsterkundungs-Verfahren als Entscheidungshilfe. Journal für LehrerInnenbildung, 1 (1), 88-97.

Meyer, L. (2001): Die zweite Ausbildungsphase. Oder: Der Sprung ins Kalte Wasser. Journal für Lehrerinnen- und Lehrerbildung, 1(1), 49-57.

Oser, F. & Oelkers, J. (2001): Die Wirksamkeit der Lehrerbildungssysteme. Von der Allrounderbildung zur Ausbildung professioneller Standards. Nationales Forschungsprogramm 33, Wirksamkeit unserer Bildungssysteme. Chur – Zürich.

Schubarth, W., Herrmann, F. & Lehmann, S. (2001): Verbesserung von Unterrichtsqualität durch gezielte Förderung innovativer Lernprozesse. Forschungsbericht. TU Dresden.

Schubarth, W., Speck, K., Gladasch, U., Seidel, A. & Chudoba, Ch. (2005): Die zweite Phase der Lehrerausbildung aus Sicht der Brandenburger Lehramtskandidatinnen und Lehramtskandidaten. Potsdamer LAK-Studie 2004/05. Abschlussbericht. Universität Potsdam.

Schubarth, W., Speck, K., Gladasch, U., Seidel, A. & Gemsa, Ch. (2005): Die zweite Phase der Lehrerausbildung aus Sicht der Brandenburger Seminarleiterinnen und Seminarleiter. Potsdamer SeminarleiterInnen-Studie 2005. Abschlussbericht. Universität Potsdam.

Stufflebeam, D.L. (1984): The CIPP-Model for Program Evaluation. In: Madaus, G.F., Scriven, M. & Stufflebeam, D.L. (Ed.): Evaluation Model. Viewpoints on Educational and Human Services Evaluation, 2. printing. Boston, The Hague, Dordrecht, Lancester, 117-141.

Stufflebeam, D.L. (2001): Evaluation Models, New Directions for Evaluation, A Publication for Evaluation, Number 89. San Francisco, CA: Jossey Bass.

Terhart, E. (2000): Perspektiven der Lehrerbildung in Deutschland. Abschlussbericht der von der Kultusministerkonferenz eingesetzten Kommission. Weinheim und Basel: Beltz.

Terhart, E. (2002): Nach PISA Bildungsqualität entwickeln. Hamburg: Europäische Verlagsanstalt.

Terhart, E. (2003): Wirkungen von Lehrerbildung: Perspektiven einer an Standards orientierten Evaluation. Journal für Lehrerinnen- und Lehrerbildung, 3(3), 8-19.

Ulrich, S. & Wenzel, F.M. (2003): Partizipative Evaluation. Gütersloh: Verlag Bertelsmann Stiftung.

Walke, J. (2004): Die Situation des Ausbildungspersonals in der Zweiten Phase der Lehrerbildung. Westfälische Wilhelms-Universität Münster.

Gerhard W. Schnaitmann

Empirische Untersuchung zum Vergleich des alten und neuen Vorbereitungsdienstes für das Lehramt an allgemein bildenden Gymnasien und beruflichen Schulen in Baden-Württemberg

1 Einleitung

Man kann davon ausgehen, dass in Deutschland bislang kaum empirisch gestützte Evaluationen bzw. empirische Erforschungen von Lehrerbildung, auch von Teilen der Lehrerbildung, durchgeführt worden sind. Hinsichtlich einer Erfassung der Ergebnisse der ersten Phase im Bereich der erziehungswissenschaftlichen Studien liegen einige wenige punktuelle Forschungen vor (vgl. Terhart 2002, 36 ff.).

Ausgangspunkt für das Forschungsvorhaben, über dessen Konzeption im Folgenden berichtet wird und dafür grundlegend ist die Fragestellung, wie die bisherige, zweijährige Referendarsausbildung im Vergleich zu einer neuen, modifizierten Form von den Betroffenen eingeschätzt wird. Kennzeichen der neuen Ausbildung ist die Verkürzung der Ausbildungsdauer auf 18 Monate bei simultaner Einführung eines Praxissemesters während des Lehramtsstudiums an der Universität (siehe Abschnitt 4). Interessant erscheint auch, welche Effizienz die alte bzw. die neue Ausbildungsform im Hinblick auf die spätere erfolgreiche und zufriedenstellende Berufsausübung der Lehrerinnen und Lehrer aufweist.

Forschungsansätze können sich dabei mehrerer Quellen bedienen: Es geht dabei letztlich jeweils um die systematische Erfassung der Sichtweisen aus der Perspektive aller Betroffenen, der Referendarinnen und Referendare, der Dozentinnen und Dozenten der jeweiligen Seminare, der Schulleiterinnen und Schulleiter, der Mentorinnen und Mentoren in den einzelnen Schulen und der Schülerinnen und Schüler, die von den Referendarinnen und Referendaren unterrichtet werden.

Die vorliegende Studie wird seit 2003 im Auftrag der Kultusministerkonferenz unter Federführung des Ministeriums für Kultus, Jugend und Sport in Stuttgart zusammen mit jeweils einem Direktor eines Staatlichen Seminars für Didaktik und Lehrerbildung für allgemein bildende Gymnasien und für berufliche Schulen und dem Landesinstitut für Schulentwicklung Stuttgart an sieben Seminaren für Lehrerbildung und Didaktik und allgemein bildenden Gymnasien und beruflichen Schulen und an 35 ausgewählten Ausbildungsschulen durchgeführt.

1.1 Theoretische Vorüberlegungen: Formen der Messung

Hinsichtlich der **Vorgehensweisen** bei der Erforschung der Einstellungen zur Ausbildung und bei der Überprüfung der Erreichung der Ausbildungsziele und der Standards sind verschiedene Formen realisierbar:

(1) **Selbsteinschätzung**: Die Referendare und Referendarinnen geben selbst an, wie weit sie ihrer Selbsteinschätzung zufolge die Ausbildung sehen und die Ziele und Standards erfüllen. Diese Art der Befragung lässt sich relativ einfach durchführen, liefert jedoch eine äußerst unsichere Informationsbasis.

(2) **Testverfahren**: Die Referendare und Referendarinnen werden durch geeignete diagnostische Instrumente hinsichtlich ihrer Wissens-, Reflexions-, Könnens- und Urteilkompetenzen erfasst (Terhart 2002, 35; Nickolaus, Heinzmann & Knöll 2005; Schrader & Helmke 1987).

(3) **Beobachtung und Beurteilung**: Die Referendare und Referendarinnen werden in ihrem beruflichen Handeln (Unterrichten, Klassenführung, Beurteilungstätigkeiten etc. nach den Standards von Terhart 2002 und Oser 2003) von Fachleitern an den Staatlichen Seminaren für Didaktik und Lehrerbildung in Baden-Württemberg, ihren Schulleitern, Mentoren, Kollegen etc. beobachtet und beurteilt, inwieweit sie die Ziele der Studien- und Prüfungsordnungen erfüllen (vgl. „Beurteilungsbogen zur Bewertung des Unterrichts", Mayer & Nickolaus 2003; sowie „Mentorenberichte der Universität Koblenz-Landau", Blumenstock & Bodensohn 2006, 11-20).

(4) **Lernleistung/Erfahrungen der Schüler**: Anhand von (Einstellungs-)Befragungen bei Schülern und der Ermittlung ihrer Lernleistungen wird ermittelt, welche Lehrer die Ziele aus den Prüfungsordnungen und Standards am deutlichsten erfüllen. Dabei werden Instrumente zum Sozialklima und zur Motivation eingesetzt: LASSO (von Saldern & Littig 1987), AVI (Thiel, Keller & Binder 1979), LAVI (Keller & Thiel 1998), Schulbarometer vom IFS Dortmund (IFS 1999), Schul- und Klassenklimafragebogen (Eder 1998), Leistungsmessungen, Testbatterien zur Schulleistung aus TIMSS (Baumert et al. 1995), PISA (Baumert et al. 2001), DESI (Klieme et al. 2001) und Schulnoten.

1.2 Theoretische Vorüberlegungen: Messbereiche

Eine Evaluation der Lehrerausbildung sollte nicht nur den gegenwärtigen Stand dokumentieren und positive oder negative Abweichungen von dem angetroffenen Durchschnitt kenntlich machen. Vielmehr sollte die Wirklichkeit und Wirksamkeit von Lehrerbildung (hier: Referendariatsausbildung) anhand vorab definierter Kriterien oder Standards erfasst und evaluiert werden.

Durch die Formulierung von Standards wird empirisch kontrollierbar gemacht, was zentraler Bestandteil der Lehrerbildungsdiskussion ist: Vorstellungen über den gut ausgebildeten Lehrer, geeignete Ausbildungsorganisationen und -inhalte sowie geeignete Prüfungsverfahren etc. Es werden Standards (Terhart 2002; Oser 2003) für die erste, universitäre Phase der Lehrerbildung sowie für die zweite Phase im Studienseminar (Referendariat) ausgewählt. Diese betreffen in beiden Phasen:
- die Unterrichtsfächer
- die Fachdidaktiken
- das erziehungswissenschaftliche Studium und
- die schulpraktischen Studien

Dies spielt für die Evaluation der neuen Ausbildungsordnung besonders deshalb eine wichtige Rolle, weil bereits in der universitären Ausbildungsphase schulpraktische Studien und die Schulpraxis selbst durch das Praxissemester Eingang gefunden haben.

Aus den Standards lassen sich dann entsprechend Items für einen Fragebogen oder für Unterrichtsbeobachtungen und Interviews zusammenstellen bzw. Instrumenten zuordnen, die bereits existieren. Zuordnungen sind auch möglich zu den Zielen der „Ausbildung in Pädagogik und Pädagogischer Psychologie", der „Organisation und Inhalte der Ausbildung und Prüfung im Vorbereitungsdienst für die Laufbahn des höheren Schuldienstes an allgemein bildenden und beruflichen Gymnasien". Diese werden hier im Einzelnen nicht aufgeführt (vgl. daher ausführlich Terhart 2002 und Oser 2003). Relevant für eine Gesamterhebung wären auch die Praxis des Vorbereitungsdienstes, die einzelnen Prüfungsphasen und die Einstellungspraxis.

2 Bestimmung des theoretischen Rahmens

2.1 Vergleich der Referendarsausbildungen „alt" und „neu"

Ein Vergleich der beiden Referendarsausbildungen ist nur dann möglich, wenn ein theoretisches Bezugssystem entworfen wird, innerhalb dessen die Gleichheit oder Ungleichheit von Strukturelementen aufgezeigt werden kann. Sinnvoll erscheint der Ansatz, in den Mittelpunkt der Überlegungen das Ergebnis-Prinzip zu stellen (*outcomes question*), also zu vergleichen, ob am Ende der beiden Ausbildungsformen die Absolventen bei den durch die Überprüfungsinstrumente vorgegebenen Dimensionen gleich oder verschieden abschneiden. Unter Hinzuziehung eines explizit oder implizit durch die theoretische und praktische Anlage der Untersuchung vorgegebenen *Bewertungskatalogs* wird es dann möglich, eine elaborierte Stellungnahme über Gleichheit oder Ungleichheit beider Ausbildungsformen abgeben zu können.

Diese Ergebnisorientierung der Untersuchungskonzeption fordert eigentlich lediglich nur einen Messdurchgang (das Kompetenzniveau bzw. der Professionalisierungsgrad der Referendarinnen und Referendare beim Abschluss ihrer Ausbildung). Eine Eingangsmessung ist nur deshalb nötig, um das jeweilige Ausbildungsergebnis gegen Zeitwandeleffekte bzw. Stichprobenunterschiede abzusichern.

2.2 Definition des übergeordneten Ziels der Referendarsausbildung

Für die hier vorliegende Untersuchung gilt folgende Festlegung: Ziel beider Formen der Referendarsausbildung ist, den Referendarinnen und Referendaren Techniken in vielerlei Bereichen der Praxisausübung als Lehrerin bzw. Lehrer zu vermitteln, die sie im kognitiven und emotional-motivationalen Bereich und im Verhaltensbereich befähigen, die Tätigkeit einer Lehrerin bzw. eines Lehrers mit einem überprüften Grad an Professionalität ausüben und bewältigen zu können. Der Professionalisierungsgrad wird zum einen durch den Rahmen der staatlichen Prüfung und zum anderen als Ergänzung durch den theoretischen Bezugsrahmen dieser Untersuchung (Standards, Kompetenzen und Potenziale, s.u.) bestimmt.

2.3 Bezugsrahmen zur Einordnung der subjektiven Selbstaussagen (Selbsteinschätzungen) der Referendarinnen und Referendare

- **Einführung**

Aus Gründen der Forschungsökonomie ist der weitaus am häufigsten eingesetzte methodische Ansatz bei Evaluationsuntersuchungen, Selbsteinschätzungen von Personen einzuholen, die mit dem Untersuchungsgegenstand (dem Evaluationsfeld) in Verbindung stehen oder von ihm betroffen sind. Deshalb liegt es nahe, auch in dieser Evaluationsuntersuchung zumindest einen Teil der Ergebnisse mittels dieser Methode zu gewinnen. Dabei handelt es sich um Selbsteinschätzungen der Referendarinnen und Referendare.

Die folgenden Festlegungen dienen dazu, den dimensionalen Bereich abzustecken, innerhalb dessen die Selbsteinschätzungen positioniert sind.

- **Festlegung von Standards**

Wie schon oben ausgeführt, beschreiben Standards den dimensional-kategorialen Bereich, der das Lehrerhandeln ausmacht, zumindest nach den neuesten (deutschsprachigen) wissenschaftlichen Ansätzen.

- **Kompetenzen**

Anders als Terhart (2002), der dem Begriff *Kompetenzen* sehr kritisch gegenüber steht, verwenden wir ihn, weil er immer mindestens ein „mehr" oder „weniger", also eine erste, bescheidene Form der quantifizierenden Aussage bzw. quantitativen Messung zulässt.

- **Potenzial**

Die Begrifflichkeit *Potenzial* wurde während der konzeptionellen Arbeit zur Entwicklung eines Fragebogens zur Evaluationsuntersuchung der Fortbildungsreihe „Berufsbegleitung von Berufseinsteigern" erarbeitet.[1] Die Fragebogen wurden am Landesinstitut für Schulentwicklung in Stuttgart auf der Grundlage von *Standards der Lehrerbildung* (Terhart 2002; Oser 2003) konzipiert. Durch die Formulierung von Standards wird empirisch kontrollierbar gemacht, was zentraler Bestandteil der Lehrerbildungsdiskussion ist: nämlich Vorstellungen über den gut ausgebildeten Lehrer, Vorstellungen über geeignete Ausbildungsorganisationen und -inhalte sowie Vorstellungen über geeignete Prüfungsverfahren. Die Standards betreffen:

---

[1] Thiel et al. (2002): Fragebogen zur Evaluation der Fortbildungsreihe „Berufsbegleitung in der Berufseinstiegsphase". Stuttgart: Landesinstitut für Schulentwicklung.

- die Unterrichtsfächer
- die Fachdidaktiken
- das erziehungswissenschaftliche und psychologische Studium und
- die schulpraktischen Studien

Dies spielt für die Evaluation der neuen Ausbildungsordnung besonders deshalb eine wichtige Rolle, weil bereits in der universitären Ausbildungsphase schulpraktische Studien und die Schulpraxis selbst durch das Praxissemester Eingang gefunden haben.

Aus den Standards wurden dann entsprechend alle Items und Kategorien für den Fragebogen zusammengestellt. Dabei sind auch Zuordnungen zu den Zielen der „Ausbildung in Pädagogik und Pädagogischer Psychologie", der „Organisation und Inhalte der Ausbildung und Prüfung im Vorbereitungsdienst für die Laufbahn des höheren Schuldienstes an allgemein bildenden und beruflichen Gymnasien" in Baden-Württemberg möglich.

3 Grundlegenden Hypothesen zur Evaluationsuntersuchung „Seminarausbildung alt und neu im Vergleich"

Die folgenden Hypothesen dienen zur Präzisierung und Festlegung des Untersuchungsdesigns, einschließlich der Vorbereitung der Bewertung der Untersuchungsergebnisse. Die Zusammenstellung stellt nur eine Auswahl dar (Ref-N bedeutet „Neue Referendariatsausbildung", Ref-A bedeutet „Alte Referendariatsausbildung"). Die folgenden positiven Veränderungen im Verhalten und in den Lehrkompetenzen und -fähigkeiten bei den Referendaren im neuen Vorbereitungsdienst (Ref-N im 18-monatigen gegenüber dem Ref-A im 24-monatigen) werden aus den Zielen und Erfahrungen des Schulpraxissemesters während des Lehramtsstudiums an der Universität abgeleitet:

- Die Berufssicherheit ist bei den Referendaren von Ref-N zu Beginn ihrer Referendarsausbildung größer.
- Die (subjektive) Belastung, das Belastungserleben ist bei den Referendaren von Ref-N während der Ausbildung weniger stark.
- Die Eingangskenntnisse in den Bereichen Allgemeine Erziehungswissenschaften bzw. pädagogische Psychologie sind bei den Referendaren von Ref-N und Ref-A gleich gut.

- Bei den fachwissenschaftlichen Kenntnissen unterscheiden sich die Referendare von Ref-A und Ref-N nicht.
- Bei den Leistungsergebnissen, die in den Noten des ersten Staatsexamens ausgedrückt sind, unterscheiden sich die Referendare alt und neu nicht.
- In der Geschlechterverteilung unterscheiden sich die Kurse alt und neu nicht.
- In der Studiendauer bis zum ersten Staatsexamen unterscheiden sich die Referendare von Ref-A und Ref-N nicht.
- Die Diskrepanz zwischen theoretischen Leistungsergebnissen (z.B. Abschlussarbeit) und praktischen Beurteilungen (z.B. Lehrproben) ist bei den Referendaren von Kurs alt größer.
- Die Bedeutung der Schulentwicklung ist für das subjektive Kompetenzprofil von Referendaren der Ref-N höher.
- Die Wertigkeit der Medienkompetenz wird bei den Referendaren der Ref-N höher eingeschätzt.
- Beim Abschluss der Referendarsausbildung unterscheiden sich die Referendare der beiden Ausbildungsgänge nicht, was ihre fachdidaktische Kompetenz betrifft.
- Beim Abschluss der Referendarsausbildung unterscheiden sich die Referendare der beiden Ausbildungsgänge nicht, was ihre (unterrichts-)methodische Kompetenz betrifft.
- Die Dozenten (Fachleiter) beurteilen das durchschnittliche fachdidaktische Kompetenzniveau der Referendare in den beiden Referendarsausbildungsgängen als gleichwertig.
- Die Dozenten (Fachleiter) beurteilen das durchschnittliche unterrichtsmethodische Kompetenzniveau der Referendare in den beiden Referendarsausbildungsgängen als gleichwertig.
- Die Dozenten (Fachleiter) beurteilen die durchschnittliche Fähigkeit der Referendare in den beiden Referendarsausbildungsgängen in Bezug auf ihre erzieherische Kompetenz als gleichwertig.
- In den Schulbeurteilungen (Mentoren und Schulleiter) gibt es keine Unterschiede hinsichtlich der Einschätzung der Referendare in den beiden Referendarsausbildungsgängen in Bezug auf ihr durchschnittliches fachdidaktische Kompetenzniveau.
- In den Schulbeurteilungen (Mentoren und Schulleiter) gibt es keine Unterschiede hinsichtlich der Einschätzung der Referendare in den beiden Referendarsausbildungsgängen in Bezug auf ihr durchschnittliches unterrichtsmethodisches Kompetenzniveau.

- In den Schulbeurteilungen (Mentoren und Schulleiter) gibt es keine Unterschiede hinsichtlich der Einschätzung der Referendare in den beiden Referendarsausbildungsgängen in Bezug auf ihre erzieherische Kompetenz.

- Die Dozenten (Fachleiter) beurteilen das durchschnittliche Problembewusstsein der beiden Referendarsausbildungsgänge in Bezug auf (die Erweiterung) ihre(r) Medienkompetenz als ungleichwertig; die Ref-N werden als durchschnittlich höher kompetent beschrieben.

- Die Ref-N weisen beim Abschluss ihrer Referendarsausbildung eine höhere Bereitschaft zur kollegialen Kommunikation und Zusammenarbeit auf.

- Die Ref-N weisen beim Abschluss ihrer Referendarsausbildung einen erheblich umfassenderen (mehrfaktoriellen) Kompetenzbegriff, was das Tätigkeitsfeld eines Lehrers betrifft, auf.

- Die Ref-N weisen beim Abschluss ihrer Referendarsausbildung eine wesentlich größere Bereitschaft auf, Fragen der Weiterbildung, des Zeitmanagements, kollegialen Austauschs, Stressbewältigungsstrategien etc. als ebenso wichtig anzusehen wie solche, die sich mit fachdidaktischen Ansätzen oder Sozialformen und Unterrichtsmethoden beschäftigen.

- In der Studiendauer bis zum ersten Staatsexamen unterscheiden sich die Referendare von Ref-A und Ref-N nicht.

4 Forschungsdesign

Es geht bei dem Projekt um den Vergleich des 24-monatigen Vorbereitungsdienstes mit dem 18-monatigen Vorbereitungsdienst. Dem (neuen) 18-monatigen Vorbereitungsdienst geht während des universitären Lehrerbildungsstudiums ein Schulpraxissemester voraus, das heißt, die Lehramtsstudierenden müssen während ihres Studiums (meist zwischen dem vierten und fünften Semester) an den baden-württembergischen Universitäten ein Schulpraxissemester absolvieren. Im Schulpraxissemester hospitieren die Studierenden an ausgewählten Schulen den Unterricht in ihren Fächern, unterrichten teilweise und besuchen Begleitseminare an den Seminaren für Didaktik und Lehrerbildung.

Es ist bei den Hauptuntersuchungen zu beiden Vorbereitungsdiensten (zum „alten" 24-monatigen Vorbereitungsdienst und zum „neuen" 18-monatigen Vorbereitungsdienst) methodisch wichtig, dass es zwei Messzeitpunkte gibt, dass jeweils Untersuchungen zu Beginn und am Ende des Referendariats durchgeführt werden. Dadurch lassen sich die beiden Vorbereitungsdienste am Anfang und am Ende auf jeweils gleichen Niveaus miteinander vergleichen.

Aus zeitökonomischen Gründen war bei allen Untersuchungsdurchgängen ausschließlich eine Befragung in Form von Selbsteinschätzungen der Referendare und Referendarinnen möglich. Die Befragten geben dabei an, wie weit sie ihrer Selbsteinschätzung zufolge die Ausbildung (an der Universität – zu Beginn des Referendariats – im Seminar – am Ende des Referendariats) sehen und wie diese Ausbildungsinstitutionen die Ziele und Standards erfüllen. Diese Art der Befragung lässt sich relativ einfach durchführen, liefert jedoch letztlich eine unsichere Informationsbasis. Deshalb werden zusätzlich zu den Referendarinnen und Referendaren auch die Fachleiterinnen und Fachleiter sowie die Mentorinnen und Mentoren zur Einschätzung der Referendare und Referendarinnen in Bezug auf ihre fachwissenschaftlichen, fachdidaktischen, pädagogischen, psychologischen und praktischen Kompetenzen und Fähigkeiten am Beginn und am Ende des Vorbereitungsdienstes befragt.

Die untersuchten Jahrgänge bei den Hauptuntersuchungen sind je ein Jahrgang „Ausbildung alt" (Beginn Schuljahr 2004/2005 im September 2004, Abschluss Juli 2006, zweijähriger Vorbereitungsdienst) und „Ausbildung neu" (Beginn Schuljahr 2005/2006 im Januar 2006, Abschluss Juli 2007, 18-monatiger Vorbereitungsdienst). Die Stichprobengröße umfasst pro Jahrgang zwischen 350 und 450 Referendare und Referendarinnen und jeweils 105 Fachleiter und Fachleiterinnen und Mentoren und Mentorinnen.

Der ersten Hauptuntersuchung ging eine Pilotuntersuchung, ein so genannter *Probelauf* voraus. Im *Probelauf* (die Eingangsuntersuchung war im November 2003, die Ausgangsuntersuchung im Mai 2005) ging es um die Akzeptanz und Verständlichkeit des Fragebogens für die Referendarinnen und Referendare, Fachleiterinnen und Fachleiter und Mentorinnen und Mentoren.

Bisher durchgeführte Statistikanalysen

Es lassen sich zum Zeitpunkt der Vortragsfassung dieses Beitrags (September 2005) noch keine Vergleichsergebnisse zu den beiden Ausbildungsformen nennen, da die Eingangsuntersuchung zum 18-monatigen Vorbereitungsdienst erst im März 2006 durchgeführt wurde. Deshalb sollen hier nur die bisher durchgeführten Statistikanalysen bei den Untersuchungen zum 24-monatigen Vorbereitungsdienst angeführt werden:

- Deskriptive Analysen zur Gesamtpopulation Referendare und den Teilpopulationen Referendare/Fachleiter/Mentoren (7 Seminare, 35 Schulen, 450 Referendare und 105 Mentoren und Fachleiter).

- Reliabilitätsanalysen zu den acht Fragebogenskalen(-kategorien) bei den ReferendarInnen und zu den 5 Fragebogenskalen(-kategorien) bei den MentorenInnen und FachleiterInnen (die Skalenwerte (Cronbach's alpha) liegen zwischen 0.65 und 0.92).

- Itemstatistiken und Skalenkennwerte zu allen Teilpopulationen (diese werden in einem Skalenhandbuch zusammengefasst).

- T-Tests bei unabhängigen Stichproben (männlich/weiblich, allgemein bildendes Gymnasium/berufliche Schulen ohne Seiteneinsteiger/berufliche Schulen mit Seiteneinsteiger, Staatsexamen-Notenniveaus).

- Transkription und inhaltliche Kategorisierung der Aussagen in den offenen Items (Fragen zum Fragebogen und zur Einschätzung der neuen Seminarausbildung). Die Kategorisierungen und die Textanalysen werden mit Hilfe des Textanalyseprogramms MAXqda2 (Kuckartz 2005) durchgeführt.

Die bislang vorliegenden Berichte zu den einzelnen Untersuchungen, zu den Teilpopulationen und Einzelergebnissen sind im Referat 11 (Grundlagen der Evaluation und Qualitätsentwicklung) im Fachbereich I des Landesinstituts für Schulentwicklung in Stuttgart einsehbar (schnaitmann@abt1.leu.bw.schule.de).

Literatur

Baumert, J. et al. (2001): PISA – Programme for International Student Assessment. Basiskompetenzen von Schülerinnen und Schülern im internationalen Vergleich. Opladen: Leske + Budrich.

Baumert, J., Lehmann, R. et al. (1995): TIMSS (Third International Mathematics and Science Study) Dritte Internationale Mathematik- und Naturwissenschaftsstudie. Berlin: Max-Planck-Institut für Bildungsforschung.

Blumenstock, L. & Bodensohn, R. (2006): Empfehlungen der Mentorinnen und Mentoren der Universität in Landau zu beruflichen Handlungskompetenzen am Ausgang des zweiten Blockpraktikums. In: Blumenstock, L. & Bodensohn, R. (Hrsg.): Regelungen zur Durchführung des Blockpraktikums für Praktikanten und Praktikantinnen der Universität Koblenz-Landau. Campus Landau. Download unter http://www.uni-landau.de/schulprakt-studien/regelungen_1203.pdf (Stand: 07.05.2006).

Eder, F. (1998): LFSK 8-13: Linzer Fragebogen zum Schul- und Klassenklima für die 8. bis 13. Klasse. Göttingen: Hogrefe.

Institut für Schulentwicklungsforschung (IFS) (1999): IFS-Schulbarometer. Dortmund: IFS-Verlag.

Keller, G. & Thiel, R.-D. (1998): LAVI: Lern- und Arbeitsverhaltensinventar. Göttingen: Testzentrale.

Klieme, E. et al. (2001): DESI: Deutsch-Englisch-Schülerleistungen-International. Frankfurt a.m.: Deutsches Institut für Internationale Pädagogische Forschung (DIPF).

Kuckartz, U. (2005): Einführung in die computergestützte Analyse qualitativer Daten mit MAXqda2. Wiesbaden: VS Verlag für Sozialwissenschaften.

Mayer, J.K. & Nickolaus, R. (2003): Der Unterrichts-Beurteilungsbogen zur Bewertung von Unterricht. Stuttgart: Universität Stuttgart, Institut für Erziehungswissenschaft und Psychologie, Abteilung Berufs-, Wirtschafts- und Technikpädagogik. Download unter http://www.uni-stuttgart.de/bwt/Inhalte/forschung/publikationen.htm (Stand: 07.05.2006).

Nickolaus, R., Heinzmann, H. & Knöll, B. (2005): Ergebnisse empirischer Untersuchungen zu Effekten methodischer Grundentscheidungen auf die Kompetenz- und Motivationsentwicklung in gewerblich-technischen Berufsschulen. Zeitschrift für Berufs- und Wirtschaftspädagogik, 101 (1), 58-78.

Oser, F. (2003): Professionalisierung der Lehrerbildung durch Standards. Eine empirische Studie über ihre Wirksamkeit. 7. Beiheft der Zeitschrift Die Deutsche Schule. Professionalisierung der Lehrerbildung. 71-82

von Saldern, M. & Littig, K.E. (1987): LASSO: Landauer Skalen zum Sozialklima für 4. bis 13. Klassen. Göttingen: Testzentrale.

Schrader, F.-W. & Helmke, A. (1987): Diagnostische Kompetenz von Lehrern: Komponenten und Wirkungen. Empirische Pädagogik; 1(1), 27-52.

Terhart, E. (2002): Standards für die Lehrerbildung. Eine Expertise für die Kultusministerkonferenz. Münster: Institut für Schulpädagogik und Allgemeine Didaktik, Westfälische Wilhelms-Universität Münster.

Thiel, R.-D., Keller, G. & Binder, A. (1979): AVI: Arbeitsverhaltensinventar. Göttingen: Testzentrale.

Verzeichnis der Autoren

PD Dr. Jürgen Abel
Otto-Friedrich-Universität Bamberg
Projekt: Neuorientierung der Grundschullehrerausbildung
juergen.abel@ppp.uni-bamberg.de

Prof. Dr. Matthias Baer
Pädagogische Hochschule Zürich
baerbern@bluewin.ch

Prof. Dr. Günter Dörr
Pädagogische Hochschule Weingarten
Fakultät I – Erziehungswissenschaft
doerr@ph-weingarten.de

Prof. Dr. Gabriele Faust
Otto-Friedrich-Universität Bamberg
Lehrstuhl für Grundschulpädagogik und -didaktik
gabriele.faust@ppp.uni-bamberg.de

Dipl.-Päd. Frank Foerster
Otto-Friedrich-Universität Bamberg
Lehrstuhl für Grundschulpädagogik und -didaktik
frank.foerster@ppp.uni-bamberg.de

Prof. Dr. Maria Fölling-Albers
Universität Regensburg
Lehrstuhl für Grundschulpädagogik und -didaktik
maria.foelling-albers@paedagogik.uni-regensburg.de

Prof. lic. phil. Urban Fraefel
Pädagogische Hochschule Zürich
urban.fraefel@phzh.ch

Dipl.-Psych. Ulrike Gladasch
Universität Potsdam
Institut für Pädagogik
gladasch@rz.uni-potsdam.de

Prof. Dr. Andreas Hartinger
Universität Hildesheim
Institut für Grundschuldidaktik und Sachunterricht
hartinger@rz.uni-hildesheim.de

cand. lic. phil. Mirjam Kocher
Universität Zürich
mikocher@gmx.net

Dipl.-Päd. Oliver Küster
Pädagogische Hochschule Weingarten
Fakultät I – Erziehungswissenschaft
kuester@ph-weingarten.de

Dipl.-Psych. Susanna Larcher
Pädagogische Hochschule Rorschach
Kompetenzzentrum Forschung & Entwicklung
susanna.larcher@phr.ch

Dr. Ingelore Mammes
Otto-Friedrich-Universität Bamberg
Lehrstuhl für Schulpädagogik
ingelore.mammes@ppp.uni-bamberg.de

Dr. Dženana Mörtl-Hafizović
Universität Regensburg
Lehrstuhl für Grundschulpädagogik und -didaktik
dzenana.hafizovic@paedagogik.uni-regensburg.de

Dr. Peter Müller
Pädagogische Hochschule Rorschach/St. Gallen
Kompetenzzentrum Forschung & Entwicklung
peter.mueller@unisg.ch

Nina Strobel
nina.strobel@googlemail.com

Dipl.-Hdl. Andreas Rausch
Otto-Friedrich-Universität Bamberg
Lehrstuhl für Wirtschaftspädagogik
andreas.rausch@sowi.uni-bamberg.de

PD Dr. Gerhard W. Schnaitmann
Landesinstitut für Schulentwicklung Stuttgart
schnaitmann@abt1.leu.bw.schule.de

Prof. Dr. Wilfried Schubarth
Universität Potsdam
Institut für Pädagogik
wilschub@uni-potsdam.de

Dr. Andreas Seidel
Universität Potsdam
Lehrstuhl für Allgemeine Pädagogik, Erziehungs- und Sozialisationsforschung
eseidel@rz.uni-potsdam.de

Dr. Jürgen Seifried
Otto-Friedrich-Universität Bamberg
Lehrstuhl für Wirtschaftspädagogik
juergen.seifried@sowi.uni-bamberg.de

lic. phil. Waltraud Sempert
Pädagogische Hochschule Zürich
waltraud.sempert@phzh.ch

Dr. Karsten Speck
Universität Potsdam
Institut für Pädagogik
speck@rz.uni-potsdam.de

Prof. Dr. Karsten D. Wolf
Universität Bremen
Fachbereich Erziehungs- und Bildungswissenschaften
wolf@uni-bremen.de

cand. lic. phil. Corinne Wyss
Universität Zürich
cowyss@gmx.ch